世经政丛书
之"一带一路"系列

系列主编：张宇燕

"一带一路"与"亚欧世纪"的到来

薛 力◆著

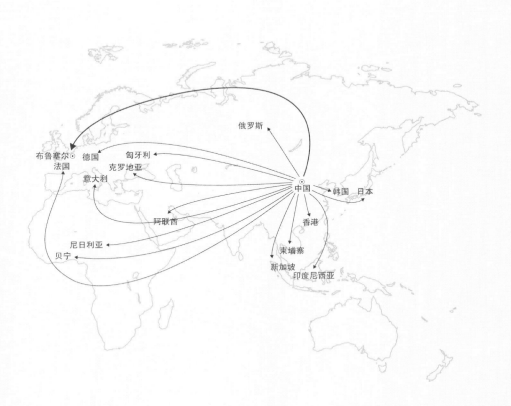

中国社会科学出版社

图书在版编目(CIP)数据

"一带一路"与"亚欧世纪"的到来/薛力著.—北京:中国社会科学
出版社,2016.5(2017.9重印)

(世经政丛书之"一带一路"系列)

ISBN 978 - 7 - 5161 - 8034 - 1

Ⅰ.①一… Ⅱ.①薛… Ⅲ.①区域经济合作—国际合作—研究—中国
Ⅳ.①F125.5

中国版本图书馆 CIP 数据核字(2016)第 079741 号

出 版 人 赵剑英
责任编辑 王 茵
责任校对 张依婧
责任印制 王 超

出 版 中国社会科学出版社
社 址 北京鼓楼西大街甲 158 号
邮 编 100720
网 址 http://www.csspw.cn
发 行 部 010 - 84083685
门 市 部 010 - 84029450
经 销 新华书店及其他书店

印 刷 北京君升印刷有限公司
装 订 廊坊市广阳区广增装订厂
版 次 2016 年 5 月第 1 版
印 次 2017 年 9 月第 2 次印刷

开 本 710×1000 1/16
印 张 23.5
字 数 325 千字
定 价 86.00 元

系列序一

张宇燕 *

主权、安全和发展利益构成中国涉外国家利益的三大要素，三者相辅相成、三位一体。维护并最大化国家利益，乃是我国对外战略目标所在。如果说主权是关键，安全是首要，发展是基础，那么夯实发展的基础便是"一带一路"。真理应该是具体的、简单的，我们可以从器物、制度、货币和理念四个角度理解和把握"一带一路"战略构想。

首先是器物角度。相对于大多数沿线国家，中国在基础设施建设、装备制造等领域拥有明显的绝对优势和比较优势，而"一带一路"沿线许多发展中国家拥有丰富的资源与劳动力，尤其是有着快速工业化的愿望。通过产能合作，打造以基础设施建设和互联互通为器物条件的跨区域生产网络，势必有利于产业链的延伸、分工与专业化的深化、市场规模的扩大、生产要素更有效的配置、"得自贸易之收益"的实现，最终有利于使各国凝结成牢固的命运共同体。

其次是制度角度。制度在此指的是保证、维持和拓展国家间分工与贸易的国际规则。"一带一路"沿线各国内部外部的制度环境各不相同，现行国际规则又大多具有"非中心"的特征（这意味着同样的规则对不同的国家意味着不同的事情）。中国和沿线发展中国家一道，可以通过双边与多边合作，继承、改进、整合、创新现有国际规则体系，既让交易成本

---

* 张宇燕，中国社会科学院世界经济与政治研究所所长，此文以《多角度理解"一带一路"战略构想》为题，发表于《世界经济与政治》2016 年第 1 期。

大为降低，更让国际制度趋于中性，甚至更有针对性地维护发展中国家的利益，实现全人类的共同繁荣与发展。

再次是货币角度。肇始于美国的次贷危机最终演化为国际金融危机，基本原因之一在于世界经济对美元的过度依赖。推进人民币或"华元"国际化与"一带一路"建设相辅相成。"华元"在"一带一路"沿线区内计价、结算和储备功能的拓展与加强，除了使沿线各国在降低交易成本、规避汇率风险、提升经济一体化程度等方面获得直接好处外，亦有利于推进国际货币体系多元化进程，并最终使国际货币金融新秩序朝着更加公正合理的方向迈进。

最后是观念角度。当今世界有人将中国所走的和平发展道路视为"新殖民主义"，认为中国是为了获取原材料和输出过剩产能；也有人将中国视为"另起炉灶"，认为中国想建立一个平行体系与西方体系抗衡。有鉴于此，"一带一路"战略构想意在从获得理解开始，逐步达成共识，然后形成集体行动，真正让"和平合作、开放包容、互学互鉴、互利共赢"之共同发展理念不断展开，获得持久的世界性影响力，最终成为人类精神殿堂的宝贵财富。

系列序二

邹治波[*]

"一带一路"倡议是我国在新的历史条件下实行全方位对外开放的重大举措,是我国与沿线国家"共商、共建、共享"和平与发展之路的重要合作平台,外交将在此伟大蓝图构建中发挥开拓、通融、助推和引导作用,时代和使命要求我应有与这种作用相适应的外交思维、外交战略和外交方式。

首先,我国应持大国思维、大国胸怀和大国心态。怀有中华民族伟大复兴之志,我应着眼长远、坚定目标,保持持久耐力和定力,不为一城计利,不为一时所迷,不与大国争强锋,不与小国争微利。在"一带一路"建设中,基于各国发展目标、形态和文化、政策等的差异,不免会遇到一些误解、怀疑甚至阻挠,对此,我应以一种开放透明、和善包容、合作共赢的心态和理念,与有关国家充分协商、协调、协作,消除误解、化解阻力,取得对方的理解、融入和支持,要让各国感受到对其经济发展和民生带来的实实在在的益处,感受到"一带一路"的正能量。正如习主席所说:"要以我国发展为契机,让更多国家搭上我国发展快车,帮助他们实现发展目标。我们要在发展自身利益的同时,更多考虑和照顾其他国家利益。要坚持正确义利观,以义为先、义利并举,不急功近利,不搞短期行为。"

---

* 邹治波,中国社会科学院世界经济与政治研究所研究员、副所长。

其次，我国应有与"一带一路"建设相对应的外交战略。"一带一路"是一条横跨欧亚大陆、穿越几大文明区涉及 60 多个国家的世界上最大的经贸文化线，其建成将对地缘政治和世界战略格局带来深远影响，各国特别是大国对此怀有复杂心态、采取不同政策。对此，外交上我需采取对域外大国开放协调，对域内大国平等协作，对中小国家怀柔合作的策略，构建一个域外大国不杯葛、域内大国相配合、中小各国均支持的政治外交格局。这种格局将给"一带一路"倡议，创造一个安全、平稳、有效实施的国际和地区环境。正如习主席所说："要统筹我国同沿线国家的共同利益和具有差异性的利益关切，寻找更多利益交汇点，调动沿线国家积极性。"

最后，在外交方式上应基于"一带一路"建设的特点，采取全方位、多层次、宽领域立体外交模式。政府是暂时的，人民是永恒的，政策是一时的，文化是长久的。只有得到沿线国家人民的理解和支持，"一带一路"才能得到当地政府、政策的配合与合作，"一带一路"才有持久的生命力。为此，我国应坚持大外交思路和思想，围绕"一带一路"建设，采取全方位、多层次、宽领域的立体外交模式，做好各国社会各个层面的工作，争民心、顺民意。为此，应大力开展民间交往、交流，特别要抓好对智库、媒体这两个对民众影响大的方面的工作。正如习主席所说："真正要建成"一带一路"，必须在沿线国家民众中形成一个相互欣赏、相互理解、相互尊重的人文格局。民心相通是"一带一路"建设的重要内容，也是"一带一路"建设的人文基础。要坚持经济合作和人文交流共同推进，注重在人文领域精耕细作，尊重各国人民文化历史、风俗习惯，加强同沿线国家人民的友好往来，为"一带一路"建设打下广泛社会基础。"

作为专门从事世界经济和国际政治研究的智库与学术研究机构，世界经济与政治研究所将"一带一路"作为所重点研究领域之一，从战略、安全、外交、经贸等多个方面进行深度研究，并与沿线国家智库合作开展学术交流活动，包括举办"一带一路"专题国际研讨会、进行人员交流和研究合作等。迄今为止，所里的研究人员已经出版或发表了大量与"一带一路"相关的学术论文、研究报告、时事评论，并参与国家相关部门的决策咨询活动，接受海内外媒体的许多采访，形成了相应的学术与社会影响力，一些政策建议被国家有关部门采纳。为了充分展示相关研究成果，并推动一带一路研究，我们决定推出"世经政丛书之一带一路系列"，交由中国社会科学出版社出版。

第一批出版两部，第一部为《"一带一路"与"亚欧世纪"的到来》，汇集了我所国际战略研究室主任薛力自"一带一路"倡议 2013 年出台以来所发表的相关成果，并按照研究的对象进行了分类。薛力深入思考"一带一路"建设中面临的问题，并提出了自己的应对思路。他分别从全球、地区、双边和国别层面，分析了中国推进"一带一路"建设的外交环境，探究了中国应持的外交方略和对策。其研究结论对实施"一带一路"外交，对企业走出去，以及对"一带一路"民间交流等，都有较多教益和帮助。

第二部为《"一带一路"：中外学者的剖析》，汇集了十几个国家知名学者的几十篇文章或学术论文，展示他们眼中的"一带一路"，评估已经取得的成果，提出问题和挑战，并就未来"一带一路"建设给出改进建议。这些将有助于读者了解中外对"一带一路"的理解和看法。

中国有一句名言，即"要致富先修路"。而要修好"一带一路"，则需修好民心之路。民心相通则一通百通。我坚信，"一带一路"建设将始于人文归于文化。也就是说，对于中国而言，"一带一路"始于沿线国的了解、理解、接受、支持与合作，待"一带一路"建成通达之后，最终将归于沿线国乃至更多国家的接纳、融合、欣赏、向往与推动。对沿线国家来说，则是获得按照自己的意愿发展的机遇与有利条件，搭上中国发展的快车，通过改进基础设施、提升制造业能力、强化与外界的交往，多方面地增进国民的福利。"一带一路"由中国首先提出，但其成功有赖于沿线国家的互相理解与共同努力。"一带一路"的成果，也将由沿线国家共享。中国的进一步发展需要沿线国家的配合与支持，而沿线国家的发展也是中国所乐见的。一言以蔽之，"一带一路"建设没有单赢，不能共赢就是共输。让我们共同致力于共赢。本系列祈在这方面贡献绵薄之力。

序言　风物长宜放眼量

——关于"一带一路"的再思考

张蕴岭*

关于"一带一路"，已经有很多的讨论，发表的研究成果也多得读不过来，我也写过一些东西。不过，还是经常有人问我，中国为什么要提出"一带一路"倡议？这里谈一些我的想法。

中国提出倡议，首先当然是基于本身发展的需要。从地缘看，中国陆地与亚欧大陆相连接，其中有古丝绸之路，东边是浩瀚的太平洋。往南过南中国海，西穿印度洋，登陆非洲，这是郑和下西洋的海上通道。由此可以看出，欧亚大陆、西太平洋—印度洋及此两洋中的国家构成中国的大基础地缘区域。近代，由于中国衰落，那些曾用于友好交往的陆海通道，反而被外强用来进犯中国，于是，它们也成为中国保卫自己安全的拒阻线。中国实施改革开放，打开了对外交往的大门，首先利用的是海洋大通道，在沿海地区建立开放经济区，实行引进—加工—出口的政策，以沿海带动其他地区的发展。随着中国的发展壮大，与外部的联系也逐步扩大了，不仅引进外部资源，也为外部国家提供市场和投资，由此，被隔断的陆地通道也逐步开通，中国成为越来越多国家的最大贸易市场，双方之间的人文交往也变得多了起来。

---

* 张蕴岭，中国社会科学院学部委员，国际研究学部主任。

　　然而，中国与外部的陆地联系还是受制于两个大瓶颈：一是落后的基础设施，中外之间没有发达的公路、铁路交通网络；二是大多数周边国家的经济不够发达，发展的基础环境较差；海上的联系也主要体现在贸易通道上，与沿路各国的经济联系并不深入，而大多数国家的经济发展也受到诸多条件的限制。如今，中国的发展和对外联系进入到一个新的阶段，对内深化改革，实现发展的转型，提升整体发展水平；对外扩大开放，与外部建立更为广泛和深入的联系，形成新的关系结构和格局。"一带一路"倡议就是为了把中国发展的转型和与外部建立新的发展关系紧密联系起来，通过中国对外投资，转移生产能力，与外部国家一起改善基础设施与综合发展环境，实现中国的新发展与外部发展的联动，创建亚—欧—非广大地区新的发展动力。

　　从地缘视野看，通过这样的发展，可以在共同发展的基础上，通过陆海链接，把中国与外部世界更为紧密地联系起来，让亚—欧—非陆海大区域成为中国未来发展的延伸带，这样，中国的陆海地缘优势才可以凸显出来。西方国家崛起主要靠的是海洋优势，我国改革开放以后主要靠的也是依海的便利。然而，中国是一个陆海型国家，以陆地为基，如果陆上也便利了，就具备了新的和更大地缘区位优势。如今，特别是今后，通过现代技术的发展，建设起国内和跨国的高速公路与高速铁路网络，可以让陆地优势回归。这样，中国就有了两个优势：陆地和海洋。就贸易交通物流而言，现在通过海路从上海到欧洲的货船大约要走一个月的时间，这已经很方便了，但如果修通了亚欧高铁网，大概只需要两天的时间就够了。从现在已经联通的亚欧铁路线看，已经胜过海路，把从中国到欧洲的运输时间缩短到 10 天以内，将来进一步提升，发展起高速铁路网，建立起无障碍的物流系统，那么，时间还可以大大缩短。"一带一路"的建设以新技术为支撑，建成亚欧大陆的快捷大交通网不是梦。正如中国政府发布的关于"一带一路"《愿景与行动》文件里所提出，一边是增长的东亚，一边是发达的欧洲，"一带一路"把亚欧大陆连接起来，形成新的地缘发展带，为两个地区，为世界增添新的发展活力。显然，"一带一路"倡议不仅仅是为了中国本身的发展，也是为了地区和世界的发展，是让中国和世界的发展相连接，让中国在世界新的发展中发挥更大的作用。

"一带一路"由中国倡议，但需要沿线各国合作。它的建设是基于两个重要的原则：一是共商、共建和共享原则，即中国与其他国家一起来建设，共同分享成果，不是中国一家的事情；二是与当地发展规划与建设相对接的原则，即着眼于当地的发展和意愿，不是靠强行推进，不是只考虑中国方面的利益。中国所倡议的重点推进方向包括两个部分：一是支持和参与相关国家的国内发展项目，二是规划与建设跨国的联通网络，在内容上，既包括经济发展，也包括政治、安全和人文交流合作。"一带一路"是大手笔、大目标，光靠中国推动不行，光靠现有的机制不行，需要凝聚高度的共识，需要务实合作规划，需要创建新的合作机制。

"一带一路"建设已经开局，初见成效。在建立新的合作机制方面已经取得显著进展。"亚投行"，"新开发银行"，还有中国设立的"丝路基金"都已经开始运转。今后，还需要有更多新合作机制建起来。同时，"一带一路"的地理范畴虽然集中于亚—欧—非地区，但它的建设是开放的，不是排他的。也就是说，不是由中国主导或独霸的，而是向任何国家、任何企业和任何国际机构开放的，欢迎各国政府、企业和国际机构全方位参与。

回到中国的倡议角度。经常有人问我，中国提出"一带一路"倡议的理念含义是什么？我简单地归纳为三个"观"：

第一是"新大国观"，中国已经崛起成为大国，向强国迈进。世界都很关注，中国成为大国、强国后会干什么？尽管中国一再宣示走和平发展的道路，不走传统大国崛起争霸、称霸的老路，但人们还是有些不信。原因很简单，哪有大国会和平崛起、不搞扩张的？"一带一路"倡议就是一个回答，因为它所倡导和推动的是开放、合作、发展与和平，而不是搞扩张、争霸或殖民，这不就是中国的"新大国观"实践吗?!

第二是"新合作发展观"，开放是当今世界发展的突出特征，开放发展是大潮流，但是，光有开放发展不行，还需要合作发展。合作发展谈起来容易，做起来很难，关键是要解决共同参与问题，共享成果问题和发展融资问题。"一带一路"的倡议就是基于共同参与、共享成果和建立新融资机制的考虑，把中国发展的能动性与外部世界发展的需要连接起来，把各国的国内规划与外部的建设连接起来，把本国资源能力与国际融资支持连接起来，因此，可以称之为新型发展合作的理念，在"一带一路"这个大平台上实现共谋发展，共同建设，共享红利。比如，基础设施建设是发展的基础，也是建设能力的瓶颈，"亚投行"就是为了突破瓶颈问题而建立的。中国是一个发展中大国，能更好地从发展的角度构想，提出基于合作发展的新理念，并且积极推动这样的新机制建立。

第三是"新海洋秩序观"，中国提出"21世纪海上丝绸之路"倡议，一是为了推动中国与沿海相关国家的合作发展，二是为了推动新海洋秩序的建设。西方大国崛起倚重的是海洋和霸权。人们担心，中国要做海洋大国，必然要谋求海洋霸权。"21世纪海上丝绸之路"的核心是推动沿海国家的开放合作发展，促进海上航行的自由与安全。这表明，中国的意图不是谋求海洋霸权，而是推动新世纪的新海洋秩序建设。美国声称要捍卫海上航行自由，实际上是在维护其在海上的主导地位，保证在全球海上畅通无阻。

"一带一路"建设是个长期工程，是"百年大计"，"百年工程"。让这样大的地区通过现代基础设施连接起来，实现共同的发展，让各国的人民共享和平发展的成果，是一件很不容易的事情。说说容易，达成共识不易；让大家了解容易，开展诚信合作不易；推动一阵子容易，长久坚持做不易。正因为如此，才需要坚持不懈，才需要知难而进。"一带一路"提出了一个大思路，提供了一个大平台。干起来，必有成果，坚持下去，必有大成效，对此要有信心。"风物长宜放眼量"，"一带一路"不能只看眼前，更要看长远，不能只盯着一时一事，更要观大局。没有大视野，缺乏意志力，干不成这样的大事业。

　　薛力博士从多角度研究"一带一路"问题，发表了很多成果。他思路敏捷，研究眼界开阔，提出了很多独到的见解。"一带一路"倡议作为一个"新生事物"，需要进行深入的研究，既要有宏观大视野方面的研究，也要有"解剖式"的细微研究；既需要论证性的分析，也需要挑战性的探索。薛力博士希望我为他的书作序，对他的书本身，我难做出到位的评论，只是写下一些自己的认识，作为本书的一个引子。

谨以此书献给

薛谋洪教授

目　录

导　读 ……………………………………………………………… （1）

第一部分　"一带一路"与外交转型

1.1　中国崛起的标志 …………………………………………… （13）

1.2　"一带一路"：战略还是倡议 ……………………………… （16）

1.3　中国崛起面临的六大挑战 ………………………………… （21）

1.4　"一带一路"战略面对的三大外交风险 ………………… （29）

1.5　"一带一路"战略与中国外交方略调整 ………………… （44）

1.6　"一带一路"与中国外交决策机制改革 ………………… （52）

1.7　"一带一路"战略与对外话语体系重塑 ………………… （67）

1.8　中国如何看待周边大国之间的交往 ……………………… （73）

1.9　"一带一路"与中国海洋利益分类 ……………………… （79）

1.10　"一带一路"与亚投行 …………………………………… （85）

1.11　"一带一路"与 APEC ……………………………………… （90）

第二部分　"一带一路"与区域外交方略

2.1　"一带一路"与周边外交方略 …………………………… （97）

2.2　周边国家如何看待"一带一路" ………………………… （105）

2.3　"一带一路"与对亚洲大国外交 ………………………… （112）

2.4 "一带一路"与对中东外交方略 …………………………（117）

2.5 "一带一路"与对欧洲外交方略 …………………………（123）

2.6 "一带一路"与对拉丁美洲外交方略 ……………………（130）

2.7 "一带一路"与东盟共同体建设 …………………………（135）

2.8 日印走近与亚洲格局 ……………………………………（155）

2.9 "一带一路"与对非洲外交方略 …………………………（159）

2.10 21世纪海上丝绸之路：安全风险及其应对 …………（173）

第三部分 "一带一路"背景下的双边关系

3.1 中美新型大国关系的构建 ………………………………（209）

3.2 中国走向蓝水与中美海上竞争 …………………………（216）

3.3 南海争端与大国博弈 ……………………………………（230）

3.4 美国对华政策解读：围堵还是再平衡 …………………（235）

3.5 "一带一路"与中日关系 …………………………………（238）

3.6 "一带一路"与中菲关系 …………………………………（242）

3.7 "一带一路"与中缅关系 …………………………………（246）

3.8 "一带一路"与中泰关系 …………………………………（253）

第四部分 "一带一路"背景下的国别研究

4.1 克里米亚变局与乌克兰危机的前景 ……………………（259）

4.2 日本政治走向探析 ………………………………………（266）

4.3 越南调整海洋政策探因 …………………………………（271）

4.4 苏格兰公投与英国政治特点 ……………………………（274）

4.5 利比亚局势前景 …………………………………………（277）

4.6 欧洲天然气来源从俄罗斯转向美国的前景 ……………（280）

4.7 习近平外交的五大特点 …………………………………（285）

4.8 习近平外交:2015 年成果分析 ·································· (288)

APPENDIX ·· (291)

    Appendix Ⅰ: The main challenges facing China ················· (291)

    Appendix Ⅱ: The main foreign risks facing B&R ················ (302)

    Appendix Ⅲ: Rethinking China's diplomacy ·················· (309)

    Appendix Ⅳ: Reform of China' foreign policy making ··········· (311)

    Appendix Ⅴ: China's neighborhood diplomacy ················ (318)

    Appendix Ⅵ: Sino-ASEAN relations ······················ (324)

    Appendix Ⅶ: China and main powers in Asia ················ (327)

    Appendix Ⅷ: Sino-Japanese relations ···················· (334)

    Appendix Ⅸ: Sino-Thai relations ······················· (336)

    Appendix Ⅹ: Sino-Myanmar relations ···················· (339)

    Appendix Ⅺ: Sino-Latin relations ······················ (344)

后 记 ··· (350)

导　读

　　"一带一路"是新一届中国政府2013年提出的对外关系顶层设计，旨在进一步推进中国的崛起进程，实现中国梦。依据这一设计，周边国家在中国外交中的地位将显著提升，成为中国外交新的重中之重。重视周边是大国外交的一般特征。中国也意识到，自己位居亚洲中心与亚欧大陆东端，要想进一步发展以实现崛起目标，就需要一个稳定、可靠、繁荣的周边依托带。而"五通"建设就是实现这一目标的有效途径。因此，中国提出愿意让周边国家搭便车以分享发展成果。同时，中国认为自己与欧洲没有战略冲突，繁荣、稳定的欧洲不但是中国的主要经济合作对象之一，还是中国推进亚欧大陆发展的合作伙伴。中国也重视发展与非洲、拉丁美洲、北美洲的关系，但从地理角度看，中国最重视的是亚欧大陆特别是亚欧大陆的中东部地区，包括中东部地区附近的岛屿国家。一旦亚欧大陆中部地区也发展起来，并且亚欧大陆的各个文明之间实现了和平共处与共同发展，亚欧大陆无疑将成为全球政治经济文化的中心板块。很难预言这一目标何时能成为现实，但这是可能的，中国愿意为此做出努力。"一带一路"这一顶层设计演化成对外大战略与国际合作倡议，就与此有关。"改变自己，影响世界"依然有效，但重心已经不限于埋头发展自己，而是增加了"与周边共谋发展"的内涵。因此，无论"一带一路"是战略、倡议还是顶层设计，主客观上都在促成亚欧世纪的到来。

本书分析"一带一路"战略提出及实施过程中所面对的种种挑战与中国的战略应对，全书分为四个部分：第一部分论述"一带一路"与外交转型；第二部分为"一带一路"与区域外交方略，包括21世纪海上丝绸之路建设；第三部分为"一带一路"背景下的双边关系；第四部分为"一带一路"背景下的国别研究。

第一部分为概括性的研究和对一些"一带一路"外交实践的分析，共11章。涉及的问题包括："一带一路"与和平崛起的关系，如何设定中国崛起的指标，"一带一路"的性质与称呼如何使用为好，中国在下一阶段所面对的主要内外挑战，需要处理的三大外交风险。为了应对这些挑战与风险，中国应如何调整外交方略、外交决策机制与对外话语体系，中国的海洋利益应该如何分类。针对周边大国（如日本与印度）之间加强交往的行为，中国应该如何看待。

"一带一路"战略将助推中国的和平崛起进程。这个战略的推出是适时和必要的，其存在的不足应该在推行的过程中逐步克服。但是，中国崛起的标志是成为综合实力第一的全球大国，主要体现在国内生产总值、国防开支等指标方面。在教育水平、科技实力、吸纳移民的数量与质量、构建全球机制等方面，要超过美国比较困难。美国的全球角色是基于其文明背景、在特定的历史时期下形成的，在和平状态下很难被取代。更为重要的是，中华文明是一种区域性文明，影响主要限于亚欧大陆的东部，这明显限制了中华文明在基督教、伊斯兰教国家的影响力。整体而言，中国不大可能取代美国在全球的角色地位。故而，中国不应该谋求取代美国在全球的角色地位，这是中国在追求崛起的过程中需要十分警惕的一点。

改革开放以来，中国经济取得了巨大的成功，并成功维持了社会稳定。但正面临新的局面。中国下一步所面临的内外挑战主要包括：环境污染治理、可持续发展政治经济框架建立、核心价值观确立、国家统一的维护、经济发展乏力、来自美国的战略压力。只有克服这些挑战，中国的崛起才能顺利进行。在实施"一带一路"的过程中，需要面对的三大外交风险中，第一个就是如何判断美国亚太再平衡战略的性质，笔者认为美国并非遏制，而是恢复因为中国力量增长所带来的地区力量失衡，以便美国继续发挥"离岸平衡手"的角色。第二个是如何让沿线国家理解与支持"一带一路"战略。这方面，减少乃至化解周边国家的不信任与猜忌是关键。第三个风险来自"一带一路"沿线国家政治不稳定、经济落后的现实。这方面，选定一些政治上相对稳定、安全上对中国需求较大的国家是关键；在经济领域，这些国家在化解中国的过剩产能上作用有限，对于把大量来自外汇储备的资金投向这些国家，应该持慎重态度。

"一带一路"是综合性的国家对外大战略，成功的关键是让沿线国家意识到参与比不参与好、参与将实实在在获益，而不是纠缠于一些技术性问题。在落实"一带一路"战略的过程中，中国有必要调整整体外交方略，从韬光养晦变成奋发有为是必然的。为此，需要改变现有的外交决策机制，包括重构对外话语体系，对海洋利益进行分类。对于周边国家尤其是日本、印度这样的次区域大国之间强化关系之举，中国应有高度的信心，以平常心理解他们建立与强化战略伙伴关系的行动。毕竟，推行伙伴外交是包括中国在内的许多国家的普遍做法。

过去两年里，主办 APEC 会议与成立亚投行是中国外交中的两件大事，因此，作者分别分析了 APEC 与亚投行对中国与世界的价值。主办 APEC 并提出建立亚太自贸区，凸显中国在构建国际机制上"做加法"的一面。而在建立亚投行方面，则是"互补与创新并重"。毕竟，创建一些自己主导的国际机制是崛起国通常的做法。以和平手段追求这一目标，无可厚非。因此，美国虽然不赞成，却不好全力阻拦盟友加入亚投行。中国如果在军事领域采取类似行动，美国的反应很可能不同。

第二部分集中分析"一带一路"背景下中国的区域应对方略，总共10章。作为崛起中的国家，中国正在从"有全球影响力的地区大国"走向"综合性全球大国"。新一届中国政府为了推进这一进程，于2013年下半年提出建设"一带一路"，它既是处理对外关系的顶层设计，也是未来若干年对外关系的总体战略。

历史地看，世界大国通常把全球分为不同的区域，采取不同的区域外交方略。中国正在学习做大国，借鉴这方面的经验无疑是必要的。作者探讨了东盟、欧洲、拉美、中东、非洲等地区在中国全球外交中的地位与作用，特别是，在实施"一带一路"战略的过程中，中国对这些区域应该采取什么样的外交方略。

这一部分也分析了日本与印度走近对亚洲政治格局的影响，认为这整体上属于正常国家间关系范畴，其强化战略伙伴关系的一系列外交举措，与中国的类似举措没什么区别。主要源于超强的文化自信与大国抱负，印度不会与任何国家结成军事同盟，印度经济实力赶上中国的前景现在还看不到。因此，中国对印日走近不必太在意。由于印日两国的局限，其强化伙伴关系的做法对亚洲格局的影响不大，至少不及中俄伙伴关系强化所带来的影响。

此外，这一部分用两章分析21世纪海上丝绸之路建设。一般认为，海上丝绸之路有两条路线，一条从中国沿海一带经过南海、马六甲海峡、印度洋到中东、东非、地中海与欧洲，一条从沿海一带经过南海到南太平洋。这是中国对外贸易的主要通道，而且发展潜力较大。如何建设好海上丝绸之路，是"一带一路"战略需要应对的重大议题，我们因此分析了海上丝绸之路建设中存在的主要风险，并提出了相应的应对建议。

第三部分聚焦"一带一路"背景下的双边关系，总共8章。确定了对外关系的总体战略后，中国有必要对全球不同区域推行不同的外交方略。但是，中国与单个国家之间的双边关系依然是外交关系不可缺少的一个环节。为此，结合一些议题，探讨了中缅、中日、中菲、中泰、中美关系，以及围绕南海问题的大国博弈。中美关系长期以来是中国外交的重中之重。"一带一路"战略实施以来，周边国家在中国外交中的地位明显提升。就提升的空间而言，显然超过了对美外交。但是，美国是全球唯一的超级大国，对中国的崛起有着多方面的影响，中美关系也被誉为最重要的国家间关系。处理对美关系依然在中国外交中具有重要的地位，因此，这一部分有 4 章涉及中美关系。各用一章分析中日、中菲、中缅与中泰关系，分别探讨了日本在中国外交中地位的变化、舆论对中菲关系的影响、中国如何处理对缅甸外交、中国如何处理中泰铁路等。

美国是唯一能对中国"一带一路"战略产生重大影响的国家。因此，中国致力于建设的新型大国关系，首先是与美国。新型大国关系的塑造与实践是一个长期过程，2013 年 6 月中美两国首脑在加州举行的"庄园会晤"确立了中美新型大国关系的政治基础，有助于两国未来 3—10 年的关系稳定，第五次中美战略与经济对话则是新型大国关系的首次实践与第一块试金石。

美国推行亚太再平衡战略，主要目标是应对中国的崛起。在美国看来，亚太再平衡战略的目标就是"恢复因为中国快速崛起而导致的亚太力量失衡"，而不是像对待苏联那样遏制中国。美国实施亚太再平衡战略包括经济、军事、政治等几个方面：经济方面以 TPP 为抓手；军事上包括强化同盟关系、增加对亚太伙伴的军事支持、强化自己在亚太特别是东亚的军事部署；政治上，则是促使更多的国家在一些争端议题上站到美国一边，朝鲜半岛、钓鱼岛、台湾问题、南海争端都是美国的抓手，从而形成所谓的"四海联动"。这对"一带一路"战略的实施是一个重大的挑战。最近两年比较明显的趋势是：一方面中国与周边国家的经济联系、人员往来在增加；另一方面，周边国家对中国的信任感并没有相应地增加，相反，出现了疑虑与担心增加的情况，以至于李显龙 2016 年 4 月初在接受《华尔街日报》采访时公然表示，现在中美在亚洲争夺领导权，亚洲国家心里更倾向美国，如果采取"秘密投票"，本地区国家都希望美国增加在该地区的介入。[①] 他的话在中方听来比较刺耳，但他敢于这么说，显然是基于他的一系列外交感受，一定程度上反映了一些周边国家的心态。一个不争的事实是，美国近几年明显增加了在亚洲的军事与安全存在，而且看不到扭转的势头。没有本地区国家的支持与配合，美国很难做到这些。结果是，周边国家"经济靠中国，安全靠美国"的势头还在发展。这对中国的周边外交构成了新的挑战。

中国希望以自己的方式实现和平崛起，"结伴不结盟"依然是中国处理国家间关系的原则。随着国力的增长与海外利益的扩展，中国海军从近海走向蓝水是必然趋势。因此，中国海军需要处理好与美国海军的关系。核大国之间不可能爆发全面战争，中国追求的是和平崛起。那么，中国海军力量的发展目标就不是全面赶超美国海军，而应该是：在蓝水有能力制胜美国以外的其他海军；在近海保持对这一地区美国常规海军部署的相对优势。因此，中国海军的全球目标是"必要时有能力控制少数关键节点以防止主要海上通道被堵塞"，而不是"通过对全球16个关键节点的控制等措施来全面抗衡美国海军，以确保海上通道安全"。中国海军的近海目标是确保近海安全并主导本地区海上安全机制。

日本并非海上丝绸之路沿线国家。曾几何时，日本在中国外交中的重要性仅次于美国。但现在，对日外交在中国的大国外交中的地位已经明显下降，总体上低于俄罗斯、东盟，在政治上明显弱于巴基斯坦，也弱于韩国，在经济上也有被韩国赶超的趋势。2015年上半年中韩贸易额已经超过中日贸易额。但从长远看，中日关系依然是有潜力的。如果中日能像法德般合作，将实现优势互补并让本地区获得巨大受益。但这也许需要一代人的时间。至少在安倍执政期间，中日建立战略互惠的基础已经不存在

---

① 《李显龙制华 为何乐此不疲?》，引自东方头条，http://mini.eastday.com/a/160406131642147.html。

了。中国致力于建设"一带一路",日本则致力于国家正常化。两国均对对方的战略心存疑虑。因此,未来几年中日关系整体上可能会处于磕磕碰碰的状态,双方应侧重发展经济关系并避免政治关系的大起大落。

阿基诺三世执政期间,中菲关系恶化,两国民众对对方的恶感明显上升,这并不符合两国的长远利益。中国的意见领袖就菲律宾问题发表意见时,应该基于客观的事实,避免恶化两国关系的表述。

中缅关系正在经历变局,但彻底闹僵的可能性不大。双方都不愿意走到这一步,也没有必要走到这一步。双方依然有一些共同的利益,并愿意扩展共同利益。无论是丝绸之路经济带建设,还是21世纪海上丝绸之路建设,都与缅甸有关,这就需要中国准确衡量与研究对缅方略。

中泰关系一直比较友好,泰国也有望成为中国"一带一路"建设中的支轴国家。即便如此,中国也有必要清醒意识到,"一带一路"项目原则上是商业项目,中泰铁路项目中方坚持不降低利率是对的,否则将开启一个很不好的先例。

第四部分是"一带一路"背景下的国别研究,总共8章。 涉及对日本、越南、英国苏格兰、乌克兰、利比亚等国家或地区。在分析热点问题时,本书尽量做到战略视野与具体议题相结合。最后回到中国具体的外交实践,用两章概括了习近平外交的主要特点与2015年的实施成果。

乌克兰的文化特点与在地缘战略中的重要性,已经被布热津斯基、亨廷顿等大家所关注,相关论点影响甚广。在这样的议题中如何出新是个大挑战。笔者在相关文章中,除了进行地缘政治分析外,还探讨了身份认同与领导人认知因素,并选择乌克兰公民的宗教结构为分析重点。作者认为,2014年3月克里米亚并入俄罗斯后,乌克兰东部顿涅茨克、哈尔科夫和卢甘斯克三个州不会也并入俄罗斯。但俄罗斯会保持对这三个州的强大影响力,以便使得乌克兰成为俄罗斯所希望的联邦制国家。欧美可以勉强接受克里米亚并入俄罗斯，但不能接受东部三个州也并入俄罗斯或被俄主导。诸种力量协同作用的结果是，乌克兰将维持一种比较脆弱的统一状态，进一步分裂的可能性不大。如果俄罗斯不对乌克兰东部进行军事干预，西方对俄罗斯的制裁将是有限的。

第二次上台的安倍变成了强势领导人，他采取的策略是：强化日美关系以加快国家正常化进程，修改宪法解释就是一个步骤。从中曾根康弘开始，历届日本政府都把日本"成为正常（普通）国家"当作追求目标。安倍挟高民意支持率，加快了这一进程。安倍吸取了前任民主党政府的教训，意识到通过拉开与美国距离的方式无法实现国家正常化目标，转而推行"强化日美同盟以推进国家正常化"的策略。但是，如果把军国主义定义为"把国家置于军事控制下，使政治、经济、教育等各个方面均服务于扩军备战和对外战争的思想和政治制度"，则可以说，国际环境、国家制度设计、国内民意等共同决定了日本不大可能恢复军国主义。

经过详细研究，越南在 2009 年前后调整了海洋政策特别是南海政策，并大力推进南海问题国际化，以便更有利于维护自己的利益，实现自己的南海主张。从几年来的实践看，越南大致达到了预期目的。南海问题将继续成为中越关系的主要障碍，但双方都不会让这个问题失控。

苏格兰公投对英国、对欧洲、对世界政治都是一件大事，在应对民族主义这个棘手问题上，盛景不再的日不落帝国做了一件引领性的事情，折射了大英帝国昔日的辉光。苏格兰独立公投是英国妥协政治的体现，但也昭示这个昔日帝国的吸引力仍在下降。苏格兰公投可能还会再次进行，但苏格兰独立在可以预期的未来不会获得成功。

利比亚在后卡扎菲时代的安全形势是全球关注的一大热点。笔者曾在文章中通过一些指标分析，认为卡扎菲倒台后，世俗派政府与宗教民兵之间、东西部之间的冲突使得利比亚陷于动荡之中，国内冲突有愈演愈烈之势，以至于 2014 年成立的临时政府难以在首都的黎波里立足。但是，由于世俗派受到欧美的支持，长远来看将占优势，2014 年下半年起，利比亚国内安全形势将走出低谷。利比亚不大可能成为下一个索马里。但两年来的经历表明，作者当时对形势的估计偏乐观了。西方的支持对于推翻卡扎菲具有重要作用，但在恢复战后秩序上西方的作用有限。世俗派并没有压倒宗教派，随着 ISIS 势力向利比亚的转移，利比亚仍然有可能索马里化。

能源政治是笔者关注的领域之一。克里米亚危机发生后，欧盟希望能从美国获得天然气供应，以便减少对俄罗斯天然气的依赖。水平井压裂技术的成熟与使用，导致美国天然气产量大幅度提升，并具有出口的能力。奥巴马也在乌克兰危机爆发后声称可以向欧盟提供天然气。但是，美国认为乌克兰问题对欧盟的影响明显大于美国，奥巴马政府又在全球奉行"战略收缩"，加上天然气出口禁令，这些因素共同决定了美国无法替代俄罗斯成为欧盟天然气的主要供应国。值得一提的是，欧盟对俄罗斯石油的依赖程度比天然气更高。

由于有五年候任领导人的经历，习近平在出任最高领导人后不久，就得以形成自己的外交风格与特征，并在 2015 年大力实施。大致而言，习近平外交强调中国的实力地位与外交责任，进取性明显，在重视周边、强调公共外交的同时，强化外交底线意识。这些方面在 2015 年的外交实践中得到了明显展示：在大国外交中体现为平衡与责任，在与周边国家交往中侧重经济合作的落实，通过体育、文化、第一夫人等方面落实公共外交。

附录部分的 11 篇已经发表的英文文章，翻译或者节选翻译自本书中的中文文章。这些英文文章发表在 *China Daily*、*Global Times*、*The Diplomat* 等报纸、杂志上。"一带一路"是新一届中国政府确定的对外关系顶层设计，将在未来相当一段时间里统括中国对外关系，但其他国家对此了解还不多。中国社会科学院是全球规模最大的智库，作为这一机构的学者，除了在中文媒体发声外，向世界传递中国学者的声音是必要的。这些文章是这方面的初步尝试。

第一部分
"一带一路" 与外交转型

　　为了推进中国的和平崛起进程与实现中国梦，新一届中国政府推出了"一带一路"对外战略。那么，如何衡量中国崛起的程度？中国下一阶段面临哪些挑战？"一带一路"到底表述为战略好，还是表述为倡议好？如果是战略，这一战略面临的主要风险是什么？为推行"一带一路"，中国的外交方略、外交决策机制、对外话语体系应该如何调整？海洋利益如何确定？如何理解亚投行的角色与功能？APEC在中国外交中处于什么样的地位？还有，周边大国之间的交往，中国应该如何看待？这是我们在这一部分探讨的问题。

1.1 中国崛起的标志

核心观点：中国崛起的标志是综合国力超过美国，而不是取代美国的全球角色。

中国正在跑步进入"一带一路"时代。如何评价名为倡议实为战略的"一带一路"，已经摆在每一个战略研究者的眼前。

一方面，这意味着中国天下治理理念的大调整，从"远人不服则修文德以来之"变为"走出去、和平建立各种共同体"，而且是共商、共建、共享，强调与沿线国的发展战略对接。也就是说，从在自己家里埋头"修文"，转为到别人家里帮助"修基"（指代互联互通，也包括其他投资项目，以第二产业为主），而且是和平方式（区别于搞砸了中国与东南亚国家关系的输出革命），这是几千年来的一大巨变，但属于一种适时的转换，有助于中国从有全球影响的地区大国转变为综合性全球大国。

作为新一届中国政府制定的对外总体战略，2013 年是"一带一路"规划年，2014 年是布局年，2015 年则是落实年。迄今为止，"一带一路"战略已经取得了不少成果：政治与安全领域的亚信机制与双轨思路，经济领域的几个经济走廊（孟中印缅、中国—巴基斯坦、中蒙俄）与升级版中国—东盟自贸区，基础设施领域若干海陆大通道的规划，贸易领域的亚太自贸区倡议，金融领域若干实体的建立（亚投行、金砖国家新发展银行、丝路基金，以及规划中的上海合作组织银行）。

这些国际机制或构想，或由中国倡议建立，或由中国发力推进。而人民币国际化、高铁进军海外，则为此提供了现实的例证。最引人注目的无疑是亚投行（应该叫亚基行），其创始会员国报名之踊跃，远远出乎美日之意料。隐隐然，亚投行有变成亚欧开发银行乃至"第二世行"的势头。而且，中国的GDP在2030年前超越美国可能性很大。这是否意味着中国已经可以开始替代美国构建自己的国际体系，并且首先从经济领域、周边国家、加上某些全球功能领域开始？这就需要评估中国崛起的限度与崛起的标志，从而为中国参与世界秩序（首先是经济秩序）的重建提供比较理性、客观的参考坐标。

中国的综合国力可以超过美国，但在全球的影响力难以取代美国。中国实现崛起的标志（即实现中国梦的标志）是综合国力超过美国而非全球影响力超过美国。这是第一个判断。

基于上述判断，以及中国比较优势在第二产业产能、基础设施建设经验、资金、国家动员能力等方面，服务业方面还属于待开发的领域，科技创新能力也不足等现实情况，中国把欧亚大陆尤其是周边国家列为"一带一路"的重点实施区域，无疑是明智的。

但还应该注意到中国优势中隐藏的不足：国家动员能力强、以国有企业为主的对外投资格局，使得中国的风险抵抗能力更高，可以进入一些高风险国家、地区与项目，如伊朗、10年前的伊拉克、20世纪90年代的苏丹、现在的南苏丹，以及接手哈萨克斯坦阿克纠宾项目。中国在这些国家与地区也取得了不错的效益。但是，南苏丹的现状表明，风险依然存在。而且，油价下跌正在使得中石油在哈萨克斯坦的项目面临巨额亏损，有可能吃掉历年来所获得的收益。如果是私人投资，可能会出手阿克套项目等，但国家项目不大可能。

中国的资金丰裕，主要是3.65万亿美元（截止到2015年7月底）的外汇储备，是为亚投行、丝路基金、中国东盟合作基金的资本金主要来源。中国地方政府已经负债累累，中央政府的情况其实也类似。外汇储备是虚拟政府收入，持有是有成本的。在现行的外汇管理体制下，可以当作不必偿还的对外资本使用（至少超过 1 万亿美元以上部分是如此），中央政府能微微任性地使用的也就是这一块。但如果资本项目放开，经济下行导致外资流出，外汇储备大规模减少，压力将传导到基于外汇储备的投资领域与项目。而基础设施项目本身周期长、获利能力差，又多是在经济比中国落后、政局比较动荡、腐败普遍存在的地区实施，项目管理无法与私人投资项目相比。因此，有可能出现大批量的烂尾工程。这将严重影响"一带一路"项目的持续性。

基于上述原因，我们认为，"海外中国"投资项目应该逐步变为以私营企业为主。有必要现在就开始为此建立一系列措施：加大对华为等公司的支持力度，探讨海外项目私营公司承包，丝路基金中对私营项目的支持比例逐步扩大，考虑建立国际合作署。

回到亚投行，笔者的观点是：投票权比例可以降低，乃至20%，但否决权不能让，除非美国放弃在世行与IMF的否决权。这叫有样学样，现阶段的中国没必要羞于承认。

总体上，参与国际政治秩序、安全秩序、文化秩序等构建，中国现在还没有能力置喙。"着眼周边地区、侧重功能领域（经济为主）、保持适度开放"应该是指导思想。亚投行为此开了一个好头，亚信应该跟进，亚洲文明对话应该是下一个发力点。

（本文以《中国崛起的标志：国力还是影响力？》为题，发表于《中国与世界观察》2015 年第 2 期。英文版以 "The Indicator of China's Rise：Comprehensive Power or Global Role?" 为题发表于《共识网》2015 年 12 月 14 日）

1.2 "一带一路"：战略还是倡议

核心观点：**"一带一路"是中国的大战略，中国成为崛起大国的一大阳谋。倡议的说法弊大于利。**

"一带一路"是新一届中国政府确定的对外关系顶层设计，这没有疑义。但是，到底是战略还是倡议，则意见不一。学者层面，出于内外有别、减少外界疑虑、弱化中国色彩等考虑，许多人主张最好不用"战略"而用"倡议"。或者即使用也限于国内交流时。许多中国学者还在国际会议场合专门对此进行解释。官方层面，自从 2015 年 3 月两会记者招待会将之翻译为倡议（initiative）后，大部分的官方文件都按照这种说法进行外译。但 2015 年 9 月份新华社受权发布、《人民日报》9 月 17 日全文刊发的《中共中央国务院关于构建开放型经济新体制的若干意见》中，则明确使用了"加快实施'一带一路'战略"的说法。

那么，到底用哪种说法好？笔者反复思考得出的结论是：还是用"战略"为好。

《现代汉语词典》第五版对"战略"的解释是：决定全局的策略。对"倡议"的解释是：首先提出的主张。一般而言，"策略"具有很强的操作倾向，而"主张"则未必。从实践层面看，"一带一路"系由最高领导人宣布、中央层面成立专门机构负责、有关部委分工合作、地方政府竞相参与的，有规划、有落实手段、全面系统、将持续相当一段时间的对外关系整体性策略，且志在必行。这是典型的国家对外大战略，而不是可做可不做、缺乏保障措施的政治宣言或主张。

从国际上的反应看，美国认为中国推出"一带一路"是为了应对亚太再平衡。中国周边国家中积极回应者众。当然也有国家消极应对乃至采取针对性措施。非洲一些与中国关系密切的国家则有失落感。不同反应体现的共性是：比较重视"一带一路"，认为是中国的一项重大决策，或者是中国发起的一个重大规划。而且，由于中国的实力，将对全球产生重大的影响。很少有国家认为这是一个可以不予理会的单方倡议。笔者接触的各国学者与官员，也普遍将"一带一路"理解为中国的国家战略。中国国内更鲜有人认为这是一个倡议。一种中国人普遍不信的说法，却希望外国人相信，宁可得乎？明知道外人不信，也坚持这么说，明智乎？

把"一带一路"解释成一种倡议，除了看上去比较好听外，实际作用不大，很难起到减少疑虑、弱化单边色彩的作用。有些人主张"内外有别"，这种做法不适用于"一带一路"战略，坚持那么做只会让外国人觉得中国言不由衷乃至言行不一。与其如此，不如大大方方承认，这是我们的对外大战略。重要的不是是否采用战略一词，而是让人觉得可接受乃至欢迎这一战略的实施。也就是说，让沿线国家切实感受到，这不是仅仅服务于中国国家利益的战略，而是一种旨在实现共赢、体现中国大国责任的整体设计。"坚持共商共建共享""积极推进沿线国家发展战略的相互对接"不是迷惑人的口号，在参与的过程中将切实体会到对自己的益处，不参与是损失。同时，中国也没有强迫任何国家参与其间。时间或将证明一切。

许多国人对阴谋论缺乏抵抗力，觉得国家之间总是充满了尔虞我诈，不可以对外界展示自己的真实意愿与行为动机。战略乃国之利器，不可轻易示人。因此，即便"一带一路"是战略，也不宜明说。这是内政思维模式的外延，也是不自信的表现，属于弱者思维，与近代以来中国长期受辱的历史有关。但是，大环境已经发生了变化。崛起的中国已不是弱者，没有国家可以欺负中国，倒是许多国家因为不理解中国、国力相对弱小等原因，对中国产生了敬畏感与疏离感。

中国现在面临的一大挑战是学习如何做大国与强国。大国、强国的处世之道迥异于小国、弱国。小国与弱国在面对大国时，需要掩饰自己的不足与弱点，展示自己的优点与强处，因而政策上强调内外有别、保持神秘感等。对于大国与强国来说，有足够的自信展示自己的真实面目，包括优点与弱点。在制定对外战略政策时，阳谋整体上是好事：对内容易凝聚共识，落实政策；对外有利于树立威望与信誉，也便于他国的理解与应对（包括配合与对抗）。

这方面美国是现成的例子。"二战"后的美国在全球治理上奉行的就是"大国阳谋"原则：建立世界银行、国际货币基金组织、关贸总协定等国际性经济组织，确定美元的国际地位，都是先挑明原则与目标，包括自己的领导地位。然后让其他国家选择是支持、参与，还是反对、不参与。最典型的例子是冷战时期的对苏战略，完全是"明人不说暗话"，明确宣布对苏联实施遏制（围堵）战略，并通过杜鲁门主义、马歇尔计划、北约、第四点计划、多个双边军事同盟等一系列政策措施加以实施。而冷战后，美国对华战略整体上属于两面下注（hedging），表现为既接触（engagement）又防范（prevention）。从卡特到小布什，总体上以接触为主，欢迎与鼓励中国的对外开放，寄望于把中国拉入现有的国际政治经济体系，防止中国"脱轨"或者"另起炉灶"。最近几年美国发现，中国在快速崛起的同时并没有变得更加"民主化"，反而在一些外交议题上变得日趋强硬（assertive），甚至有"另搞一套"的苗头。于是，对中国防范的一面在增强。2010年通常被认为是个转折点，"防范中国"的声音在华府开始占上风。即使如此，美国也没有放弃接触中国的一面。美国官方与学界都很清楚，中国不是苏联，不适用于遏制（围堵）政策。也有人认为"美国冷战后对华推行的是遏制政策"，但这种判断不属于中美两国的主流认知。

新一届中国政府希望推进中国的崛起进程，为此制定了对内对外的发展计划，对内主要有长江经济带与京津冀协调发展两大国家战略。对外则是"一带一路"战略，并为此进行了大规模、全方位的谋划与投入，投入的资金堪称规模空前。许多人担心，2008年实施的四万亿经济刺激计划副作用巨大，而"一带一路"的投入也很巨大，而且经济效益很可能还不如四万亿计划，巨大的投入最后可能制造出巨大的国际性烂尾工程。不能说这种担忧没有道理。问题在于，以中国目前所处的阶段与环境，推行"一带一路"是比较合理的选择与设计。而且，对于"一带一路"的实施，不能只算经济账，还要算国际政治账、国家与国民安全账、大国责任账、全球与地区发展账、民族信心账等。因此，不能寄望项目普遍获益。最终结果大概是：有些项目经济效益不错，有些项目基本持平，有些项目肯定没有效益。有些项目，即使没有经济效益也要做。中国领导人曾明确表示，"要用相当数量来援助，中国发展以后不要忘记这一点"。实施"一带一路"战略，只要经济投入整体上在国力所能承受的范围就行。

以中国巨大的体量与能力，通过"五通"的实施，带动周边一批国家的发展是可能的。一旦显示成效，就将切实证明中国践行了几代领导人的承诺："我们真正发展起来了"，"应该对于人类有较大的贡献"，"我们将尽最大努力支持和帮助其他发展中国家加快发展"。现在的中国并非勒紧裤腰带去帮助别人，而是谋求共同发展。当然，中国在实施"一带一路"的过程中，也应避免急躁冒进，为树立样板而挥洒外汇储备与国家能力。"一带一路"是谋求共同发展的长期战略，与其求快不如求稳。在实施的过程中，除了中国擅长的有形工程（硬工程）外，还应该注重无形工程、软实力工程、民心工程等软工程的建设。

长远看，中国非常有必要倡导并力行一套能为沿线国家普遍接受并欣赏的亚洲价值观。任何单个国家制定的战略都存在这样的问题：有可能给其他国家带来利益，但不容易引发其他国家的精神共鸣。一个国家的存在与发展需要人民拥有共同的价值目标，一个地区、一群国家的合作与发展也离不开共同价值目标的引力与凝合。基于亚洲的政治、经济、文化、地理等方面的特点，亚洲价值观至少应该包括以下内容：多元共存、自主参与、谋求发展、重视共享。这个议题需要专文阐述。

总之，既然中国真心相信"一带一路"的实施既利己也利人，并为此倾情投入，就没有必要因为战略一词的某种军事色彩而不敢大胆使用。外人在意的是中国所做的，而不是中国所说的。中国有足够的信心昭告世界："一带一路"是我们的对外大战略，一个大国阳谋。

（本文以同名发表于 FT 中文网 2015 年 12 月 14 日。本文的构思受益于与一位著名女外交家的一次交谈，谨致谢忱）

1.3 中国崛起面临的六大挑战

核心观点：改革开放以来中国经济快速发展的同时保持了社会整体稳定，这有四大原因，但目前出现了值得注意的两个现象。中国下一步发展将面临六大挑战，如果处理不好，这些挑战将成为中国崛起过程中的陷阱。

常在海外行走的中国学者们应该都有这个体会：中国的崛起真可谓全球瞩目，经常听到的一句话是：国际会议不能没有中国人参会。而"一带一路"战略一旦获得成功，无疑将使中国在方方面面跃上新台阶。但是，一个拥有 13 亿人口的巨型国家的崛起，是人类历史上前所未有的事业，内外两方面都将面临众多挑战，其中有些挑战也可以说是陷阱。

◇◇ 对中国快速发展的若干总结

过去三十多年，中国在经济快速发展的同时，保持了社会的总体稳定，这取决于几个因素：经济绩效带来的政权合法性（或叫 GDP-based legitimacy）这是最主要的因素；在维持社会稳定上进行了巨大而强力的投入（问题是，维稳投入增长的速度与强度是有限度的，维稳经费已经高于军费了，再提升的空间有限）；官方对政治、经济、文化精英的摄纳，政治上允许入党、给予人大代表与政协委员的资格、参加政府领导人的出国访问团等，经济上允许乃至支持其商业活动（吉利收购沃尔沃是典型例子）；文化上给予一些权力与好处（这一点在知识圈中比较明显），一些知识精英获得机会从政或者给政府出谋划策，而且经济上有丰厚的收入；一般人尤其是精英阶层存在的怕乱心理，觉得好不容易过上几天稳定日子，比上不足比下有余，"咱就不要折腾了，老百姓主要关心过好自己的小日子"。

◇◇ 值得注意的两个社会现象

当下的中国有两个值得注意的社会现象：第一，普遍的不满意。无论是左派、中间派还是右派，无论是激进派、稳健派还是保守派，无论是高级干部、中层领导还是基层干部，无论是富裕的阶层、不那么富裕的阶层乃至比较贫困的阶层，似乎都对社会现状与自己的境况不满意，尤其是并不少见的仇富心态和仇官心态。

第二，普遍的不安全感。大小官员、大中小企业家、学者特别是人文与社会科学领域的知识分子、工人、农民工、农民，基于不同的原因，都有某种不安全感：有的是因为财产，有的是因为官位，有的是因为思想表达，有的是因为医疗保障，有的是因为自己产业的发展前景，有的是因为在大城市的定居权以及与之相关的孩子在大城市的教育权利，有的是因为自己的责任田责任山，如此等等。

官员把财产与妻儿转移到国外、富人们把相当部分财产转移到国外、一些企业家把公司注册地点放在境外，一些农民对自己的责任田与责任山（树林、草地、果园）进行掠夺式经营，这些都是不安全感的体现，一般人对此也比较熟悉。比较少被注意到的是，在大城市（特别是北京上海）

一些中产阶级的境遇。他们在这些大城市打拼十来年，有了孩子与房子，与老家的环境已经格格不入，除了户口，已经是城里人。突然有一天发现，他的孩子因为户口问题进不了好的小学与初中。特别是，孩子不能在本地上高中，因为必须回老家参加高考。他们的选择是：或者放下现有的工作全家回去待几年，或者夫妻分居几年其中一方回去看孩子，或者让孩子自己回家单独上学，或者让孩子凑合着上个城里的高中然后考职业学院，如此等等。可对他们来说，无论哪种选择都代价巨大。他们内心的纠结，所产生的不满意、不安全感乃至愤怒，是可以想象的。这些人绝对数量也许不大，但具有象征意义。这提醒政府：户口问题对于 2.74 亿农民工来说，已经成为他们痛苦的主要来源，其重要性可能超过了自留地与宅基地。他们是中国真正城市化的试金石，社会稳定的压舱石。

上述两个现象在八十年代是不存在的，九十年代开始出现，现在已经到了比较严重的程度。这说明我们这个社会病了，需要治疗。许多人会觉得，这些是发展中出现的问题，"发展中出现的问题只能通过进一步的发展来解决"。可是，有的问题与经济发展关系并不大，有的则根本无关。

◇◇ 面临的挑战与陷阱

第一，是环境污染，这是中国下一阶段需要应对的一大挑战，这一点已经逐步成为共识。有些地方依然持发展优先的理念，但已经有地方宁愿在发展经济上做出些牺牲，也要治理环境；有的地方虽然比较落后，也注意选择污染少的经济发展方式。从发达国家的经验看，治理污染、恢复环境是可以做到的，但比较昂贵。这适用于"通过发展来解决"的范畴。

第二，缺乏可持续发展的政治经济框架。改革开放已经 30 多年，但中国依然没有建立起一个可持续发展的政治经济框架。经济方面，整体上市场经济已经占据主导地位，但还存在一些明显的不足。政府对经济过度干预、不当干预的问题并没有很好解决，股市依然有明显的政策市特征，近期的典型例子是前一阵子的暴力救市。遗憾的是，很快就有证据表明，这种行为不但效果并不好，还成为海外质疑中国实行市场经济的有力证据。好在政府已经意识到这一点，正在调整应对，新的应对很可能更为符合市场经济的要求。虽然非公有制企业解决了大部分劳动力的就业问题并贡献了大部分国内生产总值，但对非公有制企业的限制与歧视在一些方面依然存在，许多行业限制或者禁止非公有企业进入。公有制企业比重过大、效率低下、受到特别关照（如垄断地位、特殊补贴）的状况依然不少见，这既导致了市场的不公平，也导致了经济资源的浪费与逆向流动。

政治方面，各级地方领导人对于所管辖区域整体影响太大，一把手缺乏有效监督的问题没有得到有效解决。领导人一换，经济发展规划、城市建设规划、官员体系也出现大调整。地方债务的增长在本地缺乏制约机制则是另一个大问题，按照欧美的标准衡量，中国一些地方政府实际上已经破产。

第三，缺乏官方与民间都普遍信仰并切实体现在行动中的一套核心价值观，或者说一套文化与政治信仰体系。金钱拜物教在中国得到了很充分的展示，一个典型例证是，在神州大地的各个寺庙道观，民众除大把投钱捐赠之外，还习惯于用投硬币来表达自己的各种宗教与非宗教诉求。于是，成堆的硬币在神龟背上、放生池中、佛像脚下，散发出闪闪的光芒，似乎在践行"钱能通神""有钱能使鬼推磨""神仙也是可以收买的"等俗语。在商品经济的一定阶段出现这种现象是可以理解的，但不能认为这是正常的。这种现象折射的是民众宗教信仰的缺乏与金钱拜物教的统治，外加中国人实用心理的作用。

从文化角度看，核心价值观展示族群的文化特征，是族群凝聚力的源泉。从经济角度看，核心价值观影响族群的经济行为方式，新教、伊斯兰教、犹太教都对此有很典型的展示。从政治角度看，核心价值观是国家认同的主要来源，对于多族群的国家来说，还关系到国家的统一与稳定。也就是说，没有一套核心价值观的支撑，将影响一个国家的存在与稳定，一个国家的发展与崛起也缺乏坚实的根基。因此，建立一套官民共信的文化与政治信仰体系是中国需要解决的最根本问题。这个问题解决起来不容易，也可以说很困难。但中国没有选择，只能面对，而且越早越好。只要意识到了这一点并达成了共识，就有解决的可能。

第四，分裂势力。这与第三个有关但不完全一样。中国的分裂势力包括两部分：大陆的分裂势力与台湾的分裂势力。大陆方面以"疆独"与"藏独"为代表。香港的分裂势力，虽然是新现象，也难以成气候，但依然值得注意，中央政府应探索治本之道。关于"藏独"，有必要抓紧时间与达赖喇嘛谈判，这可能对中国更有利，毕竟他与中国政府有几十年打交道的历史，互相比较了解，其主张比年轻一代要温和，至少没有公开主张独立。2015 年他已经八十周岁了。

关于"疆独"，中国政府过去几年采取了"多管齐下"的措施：对于露头的"疆独"势力与行为，坚决打击；开展群防群治，把"疆独"势力消灭在苗头状态；强化边防管控，防止"疆独"势力非法越境，同时采取措施便利普通民众正常出入境；大力发展经济以弱化三股势力滋生的经济土壤，包括内地对口支援、设立经济特区、扶持民众的生产与经商、增加民众的就业岗位，等等；发展教育，提升民众的谋生技能与对"三股势力"的识别、抵御能力。上述措施对于防范与打击新疆境内的"三股势力"起到了明显的作用。但也要让基层注意，在打击"三股势力"时，避免给普通民众正常宗教活动造成不便。其他省份在"打击三股"势力时，也应避免给新疆民众的经商、旅游等造成不便。现在的问题是，新疆的"三股势力"有向外省、境外发展的趋势，发生恐怖袭击事件的地方，既有北京、广州、沈阳、昆明这样的大城市，也有温州等中小城市。一些中国的分裂势力在东南亚国家出现，也是不争的事实。"三股势力"越境参加训练后回到国内实施恐怖行动的案例在增加。很显然，不大可能做到各个省份都采取新疆那样的防范与打击措施，境外更是如此。这些暴恐行为的很大部分还是在新疆。所以，如何采取治本措施，是新疆与中央政府需要应对的一大挑战。这里没有展开但值得高度注意的是，"三股势力"中暴力恐怖势力与民族分裂势力因为他们所制造的一些事件而对媒体等影响比较大，但是，真正危及新疆长远稳定与发展的却是宗教极端势力：侵蚀维吾尔人的民族文化、影响普通民众的日常生活乃至世界观，还试图削弱地方政权。

"台独"无疑是一个挑战。马英九任职台湾地区领导人时期，两岸政治关系相对稳定，经济联系得到强化，但接替马英九的很可能是蔡英文。她的精神导师是李登辉，而李登辉属于"每个毛孔都散发着台独气息"的人物。李登辉1999年提出"特殊两国论"，她这个"国安会"与"国统会"的"委员"谋划有功。陈水扁2002年弄出个"一边一国"，作为"陆委会主委"的蔡英文更是功不可没。这是一个有知识、有韬略的主儿，在信仰并推行"台独"上，她将展示什么叫"不让须眉"。不能因为她的一些竞选言论而轻信其政治主张发生了改变。她如果上台，很可能利用一切机会推进法理台独或事实台独。如果大陆因为经济形势不佳而导致社会矛盾激化，就可能成为她推进法理台独的一个机会，从而触及大陆的底线。一旦大陆因而采取武力行动，美国与日本将会分别依据《与台湾关系法》与《美日安保条约》而介入。战争范围的扩大将严重打击中国外贸，从而进一步恶化中国的经济形势。

第五，经济问题。经济增长呈现周期性，已经高速增长几十年的中国经济，在一定时候转为低增长、零增长或者负增长，都属于正常现象。而一旦出现，将导致多方面的连锁效应：既可能来自内部（如社会上的群体性事件，也可能来自党内。苏联的案例表明，一些家财丰厚的党员干部一直在寻找机会实现个人财产的公开化与合法化，这种"国家不幸个人幸"心态在一定情况下将成为国家稳定的负能量），也可能来自外部（如被美国利用）；既有经济的，也有政治的；可能在大陆发生，也可能在台湾发生（如被蔡英文利用）。

现在的市场经济高度依赖虚拟经济如证券、期货、金融等，一定程度上可以说是一种信用经济。这使得经济受心理因素的影响远远大于以前。这一点对于经济陷入麻烦的国家是非常不利的因素。另外，对于经济增长、GDP 等也不能看得过重。根据国家统计局的数据可以算出，中国 2014 年的 GDP 是 1978 年的 293.57 倍。可见，只要社会稳定、政府与民众一心谋发展，经济发展对于中国来说并不是很困难。1990 年中国 GDP 是俄罗斯的 68.61%；1995 年俄罗斯的 GDP 却变成了中国的 54.77%，1999 年则下降到中国的 18.07%，2014 年也只是中国的 19.81%。这说明一个稳定的政治经济发展框架的重要性。中国经济已经进入新常态，经济减速被许多经济学家认为是增长速度换挡期、结构调整阵痛期、前期刺激政策消化期"三期叠加"的后果，未来十年潜在的经济增长率有 6.2% 左右。但这只是一种看法。如果并非如此，而是开始走向通常的经济波谷期呢？该如何应对？这对任何政府都是棘手难题。

第六，外部威胁，主要是美国。西化中国始终是美国对华战略的长期目标。把中国拉入现有的世界体系是中期目标，也是一种西化手段。信奉现实主义哲学的美国人，在中国经济形势良好时，并不把西化中国列为近期目标，而是努力与中国实现合作共赢。但在中国陷入麻烦的情况下，美国将会调整政策目标。当中国出现经济停滞、社会群体性事件频发、大陆分裂势力膨胀、台湾推行法理台独或事实台独、中国大陆对台湾动武的情况下，西化中国、从根本上消除中国挑战美国的能力等，将成为美国的现实目标。

改革开放以来，美国对华战略的主流是"接触为主防范为辅"。但是，2010年左右转为"两手并重"。2014年以来，有变成"防范为主接触为辅"的势头。南海问题则成为美国观察中国外交政策走向的试金石。美国的南海政策，已经从"不持立场"转向"持有立场"，从"间接介入为主"转向"直接介入为主"，从"当导演"变成"既当导演又当主演"。但南海不大可能成为美国西化中国的扳机点与主要抓手。美国采取上述行为的主要目的，不是为了遏制中国（就像冷战时期对付苏联那样），而是旨在"通过平衡中国来维持地区力量平衡、保持地区形势稳定、维护自己的利益"。为此，美国需要对中国的南海政策目标有比较清晰的判断，因而难以接受中国采取"模糊政策"。但是，南海不属于美国的核心利益，不大可能因此而与中国打一场战争。中美双方都没有在南海打一场战争的计划。南海争端处于各方有效管控之下。中国也在调整自己的南海政策以便落实二十一世纪海上丝绸之路战略。中美双方需要在南海问题上保持沟通以便达成更多的共识，避免误判。

总之，中国如果能成功应对上述六大挑战，就不会倒在进入发达国家的门槛上，而会继续发展，直到成为综合实力全球第一的国家。这是中国复兴的指标。但是，如果不能有效应对，这些挑战有可能成为中国崛起路上的陷阱。

（本文以《中国崛起下一步面临的陷阱》为题，2015年10月8日发表于FT中文网。英文版以"China's Potential Pitfalls"为题，分五次在The diplomat网站连载，发表日期为2015年1月10—14日。作者感谢王逸舟教授、林民旺博士、李开盛博士、薛江先生所贡献的洞见）

1.4 "一带一路"战略面对的三大外交风险

核心观点："一带一路"战略的实施需要面对三大问题：判断美国"亚太再平衡"战略的性质是遏制还是两面下注，获得"一带一路"沿线国家的配合与支持，规避"一带一路"战略实施过程中可能给中国带来的政治与经济风险。

2014 年中国外交的关键词是"一带一路"（the Belt and Road）。"一带一路"战略已经成为中国的对外大战略，中国政府未来 8—10 年将从经济、政治、军事、文化等各个领域推进这一战略。中国学术界的普遍看法是：2013 年是这一战略的规划年，2014 年是布局年，2015 年则是全面落实年。

2014 年"一带一路"的布局工作可圈可点：政治与安全领域的亚信机制（CICA）与双轨思路（dual-track approach），经济领域的几个经济走廊（孟—中—印—缅、中—巴、中—蒙—俄）与升级版中国—东盟自贸区，基础设施领域的若干海陆大通道，贸易领域的亚太自贸区（FTAAP），金融领域的若干实体［亚投行（AIIB）、金砖国家新发展银行（BRICS New Development Bank）、丝路基金（Silk Road Fund），以及规划中的上合组织银行］。这些机制或构想，有的由中国倡议建立，有的由中国发力推进。它们传递出一个强烈的信号：中国对外战略正经历大调整，"韬光养晦"的色彩急速淡化，"有所作为"已不能充分描述新一届中国政府的外交抱负,"奋发有为"很可能成为中国外交的新主旋律,而"主动布局、周边开始、聚焦经济、兼顾其余"似乎是贯彻这一战略的行动原则。因此,周边外交在中国外交中的重要性充分凸显,并有可能超过长期被当作"重中之重"的对美外交。

"一带一路"从 2013 年 9 月提出蓝图到 2014 年成为外交战略,再到 2015 年初出台具有操作性的规划,历时一年半左右。作为改革开放以来最大的外交转向,这一战略要获得成功,需要解决的问题众多,但以下三个可能是最重要的:第一,如何评估美国亚太再平衡战略的性质:是遏制(或曰围堵)还是两面下注?第二,如何获得"一带一路"沿线国家的认可与配合:是"你们申请,我选择性支持",还是"我帮你们规划并实施"?第三,中方如何尽可能规避经济与政治风险:现有的规划是否会导致大量的"国际烂尾工程"?

◇◇ 如何判断美国"亚太再平衡"的性质

如果这个地球上没有美国,中国崛起的目标大致已经实现。美国推出亚太再平衡战略的主要目的是应对中国的崛起。而新一届中国政府规划"一带一路"战略的目标之一,就是化解"亚太再平衡"给中国带来的不利影响。

因此,对"亚太再平衡"战略目标的判断将在很大程度上决定中国的应对原则与实施手段。如果美国推行亚太再平衡是为了全面遏制(或曰围堵,英文为 contain)中国,是冷战时期对苏遏制战略的 21 世纪版本,那么,中国的选择只能是对抗性的:通过构建与扩大同盟、增加准同盟与友好国家等方式,逐步扩大自己的势力范围,以便从周边开始,逐步排除、推开、推回美国的影响力。这是传统的崛起国应对模式。

但如果美国再平衡的目标不是遏制中国，而是要传递这样的信息：美国有能力与中国全面对抗，但那是最后手段；美国首先要做的是约束中国，促使中国尽可能以国际社会能接受的手段在周边与全球拓展国家利益，实现和平崛起；为此，美国愿意让中国在国际事务中发挥更大作用，如参加 20 国集团、增加人民币在国际货币基金组织中的份额。总之，这是一种又接触又防范的两面下注战略（hedging strategy）。那么，中美的战略目标之间就有了大量的交集和合作空间，"既竞争又合作"将成为一种新常态。

许多人认为美国要"围堵中国"大概基于如下原因：美国在意识形态与政治制度上一直试图西化中国，安全上通过强化同盟关系与支持中国的争端对手来牵制中国，军事上封锁高精尖技术与武器流向中国，经济上诱导中国进一步推行市场经济，文化与教育上通过人员交流与人才培养对中国进行渗透。

然而，上述诸领域只有"意识形态与政治制度的西化"一项符合围堵的标准，其余各项都可以用两面下注进行解释。但是，肇始于乔治·华盛顿的孤立主义在美国依然有强大的势能，而整体上信奉实用主义哲学的美国，像伊拉克与阿富汗这样已经实现了军事占领的小国家都无法"摆平"，更没有能力西化中国这样一个具有自身文明体系、经济总量飞速提升、综合国力直追美国的国家。美国现在的对华政策，并不迫切追求西化中国，奥巴马政府推行的亚太再平衡战略，虽然增添了"山巅之城"（city on the hill）的救世情怀，但整体上还是在执行盎格鲁—撒克逊国家的传统对外战略。这一战略，大英帝国在欧洲与殖民地已经实施了几百年，美国在"二战"后将之应用于全球治理而已。

追求商业利益是大英帝国全球扩张的主要动因，"实现力量平衡以维护地区稳定"有利于上述目标的实现，因而成为大英帝国国际战略思维的精髓，其主要做法是：扶助弱国一方以实现某一地区的力量平衡，防止地区大国进一步"坐大"继而冲击自己的安全与利益。这方面最典型的例子是英国实行了几百年的"大陆平衡政策":支持弱的一方,促成欧洲大陆的力量平衡;如果欧洲大陆已经实现了力量平衡,英国则"袖手旁观"。这被进攻性现实主义理论的倡导者约翰·米尔斯海默概括为"离岸平衡手"(offshore balancer)战略。实际上,英国在殖民地经常采用的"把少数民族扶持为统治阶层"也是这种战略思维的体现。"二战"后实力独步全球的美国,则把这一战略当作"区域战略原则":在欧洲支持西欧对抗苏联及其东欧盟国、在中东支持以色列对抗阿拉伯国家、在南亚支持巴基斯坦对抗印度、在东亚通过一系列双边同盟(美日、美韩、美菲、美泰)对抗社会主义国家(如中苏同盟、苏越同盟、中朝同盟)。现在则表现为在东海问题上支持日本,在南海问题上支持东盟声索国,以制衡崛起的中国。

冷战以后,作为全球唯一的超级大国,美国面临的最大挑战可能是:如何应对经济快速发展、军事能力快速提升、追求全球大国地位的中国。乔治·赫伯特·沃克布什政府在 1990 年和 1991 年的国家安全战略报告中都强调与中国接触和磋商。① 克林顿政府时期确立的对华战略是"接触+防范"(engagement + prevention)。由于当时中国的综合实力与美国差距较大,并没有对美国的国际地位与全球影响力构成实际挑战,美国的侧重点是"接触",旨在把中国进一步拉入美国主导的国际政治经济体系内,防止中国"另搞一套",出现类似冷战时期输出革命那样的"脱轨行为"。

进入 21 世纪特别是 2008 年全球金融危机后,中国在全球的政治与经济地位凸显:与美国经济总量的差距迅速缩小,赶上美国不过是时间问题,美国也明显感受到了中国在全球的经济影响力;军费开支的持续增长与军事技术的快速发展提升了中国的军事实力,令美国感到自己在亚洲的

---

① 樊吉社:《美国战略东移与中美关系》,载张蕴岭主编《国际热点问题报告》,中国社会科学出版社 2012 年版,第 80 页。

军事优势受到了挑战。为此，奥巴马在 2009 年 1 月就任总统后，先是试图以 "G2" 笼络中国。① 发现中国 "不接招" 后很快转而采取 "防范中国" 的战略，表现为提出并执行 "重返亚洲"（pivot to Asia）与 "重返亚太" 政策。② 但 "重返" 的说法备受争议，于是修正为 "亚太再平衡"（Rebalance toward Asia-Pacific region）。③ 但美国很快又发现，仅仅依靠亚太国家已不足以制衡中国，有必要把南亚国家特别是印度也纳入。这可能是太平洋战区司令萨缪尔·洛克利尔三世（Samuel J. Locklear Ⅲ）2013

---

① 这一政策的倡导者是老布什时代的国务卿詹姆斯·贝克，但 G2 的词语出现较晚，为美国彼得森国际经济研究所所长弗雷德·伯格斯登 2009 年 6 月提出。

② 重返亚洲政策出台的几个标志是：2009 年 7 月 22 日美国为参加东亚峰会而加入《东南亚国家友好合作条约》；同日，时任国务卿希拉里·克林顿在与东盟国家外长会晤前的新闻发布会上说，美国已重返东南亚地区；她 2010 年 1 月 22 日在夏威夷东西方中心的演讲中提到 "the United States is back in Asia. But I want to underscore that we are back to stay"；库尔特·坎贝尔则将 "重返亚洲" 发展为相对准确的 "重返亚太"，时间点是 2010 年 1 月 21 日，他在参议院听证会上提出美国介入亚太事务的原则。参见史先振、张秋来《美国加入〈东南亚友好合作条约〉》，2009 年 7 月 23 日，新华网，http://news. xinhuanet. com/world/2009 - 07/23/content_ 11755884. htm；Hillary Clinton, *Remarks on Regional Architecture in Asia*：*Principles and Priorities*, Honolulu, Hawaii, January 12, 2010, http://www. state. gov/secretary/20092013 clinton/rm/2010/01/135090. htm；Kurt M. Campbell, *Principles of U. S. Engagement in the Asia-Pacific*, Testimony before the Subcommittee on East Asian and Pacific Affairs, Senate Foreign Relations Committee, Washington, D. C., January 1, 2010, http://www. state. gov/p/eap/rls/rm/2010/01/134168. htm。

③ 亚太再平衡政策出台的标志有两个：2011 年 10 月，希拉里在《外交政策》杂志上发表《美国的太平洋世纪》一文，主张美国转向亚太；11 月，奥巴马在澳大利亚国会讲话中提到，美国应该把注意力转向具有巨大潜能的亚太地区。但它没有使用 "再平衡"（rebalance）一词。根据迈克尔格林的考证，rebalance 正式出现（coined），是在 *2012 Defense Strategic Guidance* 中，表述为 "we will of necessity rebalance toward the Asia-Pacific region"。参见 Hillary Clinton, "*America's Pacific Century*", *Foreign Policy*, No. 189, 2011, pp. 56 - 63；Department of Defense, *Sustaining U. S. Global Leadership*：*Priorities for 21ˢᵗ Century Defense*, Washington, D. C., January 2012, http://www. defense. gov/news/Defense_ Strategic_ Guidance. pdf；Michael Green, Revitalizing the Rebalance, *Washington Quarterly*, Fall, 2014, p. 45。

年3月在国会作证时提出"印亚太"（Indo-Asia-Pacific）概念的主要动因。① 虽然太平洋战区司令部新闻官唐纳莉强调，用这个新词取代亚太一词不是在排除中国，而是为了彰显亚太地区除了太平洋还包括印度洋。② 但这种解释说服力不足，也难以被中国学者接受。③ 在笔者看来，美国提出印亚太这一概念主要是为了拉入印度等南亚国家，以便构建规模更宏大的"印太再平衡"。即使坚持不结盟政策的印度不那么配合，多少还是能发挥一点作用。因此，美国的"亚太再平衡"战略在2013年3月演化为"印太再平衡"战略。

值得一提的是，负责亚太事务的助理国务卿库尔特·坎贝尔2010年1月21日在参议院听证会上提出美国介入亚太事务的原则时，明确提到美国在亚太地区奉行的是接触战略。④ 这里，作为亚太政策主要操盘手的他，强调的是接触的一面。遏制政策与接触（engagement）不兼容，只有两面下注战略才包括接触。为了防止形势发展到需要动用"防范"的手段，"保持一个地区的力量平衡"也就成了现实选项。

对于美国的印太再平衡战略，胸怀"成为有声有色的大国"抱负的印度所采取的立场是：以我为主，看情况利用某些有利因素，但拒绝从根本上修正其奉行了半个世纪的不结盟政策。巴基斯坦则因为反恐问题与美国冲突连绵。澳大利亚与新西兰的态度是：总体接受但不希望影响到与中

---

① 选择由太平洋战区司令发表这个概念的另外一个原因是，该战区的防区是从印度洋的迪戈加西亚到美洲的西海岸。

② 隗静：《不妨欢迎美国进军"印太亚洲"》，环球网，2013年3月19日，http://opinion. huanqiu. com/opinion_ world/2013 – 03/3744867. html。

③ 郑永年：《美国"重返亚太"战略及其失误》，早报网，2014年4月22日，http://www. zaobao. com/forum/expert/zheng-yong-nian/story20140422 – 335131。

④ 他的原话是"our engagement strategy with the region"，参见：Kurt M. Campbell, *Principles of U. S. Engagement in the Asia-Pacific*, Testimony before the Subcommittee on East Asian and Pacific Affairs, Senate Foreign Relations Committee, Washington, D. C. , January 1, 2010, http://www. state. gov/p/eap/rls/rm/2010/01/134168. htm。

国的经济关系。韩国的立场与澳大利亚和新西兰相似，但在强化与美国的军事关系上更谨慎些。日本、东盟成员国（尤其是南海声索国）则从各自的利益出发，对印太再平衡战略持欢迎态度：日本越来越意识到，在亚洲事务中靠自身无法与中国争锋，因此消极对待"东盟＋3"的东亚整合进程，主张把印度、澳大利亚与新西兰拉入这一进程构成"东盟＋6"以平衡中国的力量。东盟一直试图主导东亚整合进程，但综合实力不足，加上部分成员国与中国围绕南海问题存在领土与海洋权益争端，因此希望在分享中国经济增长红利的同时，为自己购买"安全再保险"，强化与美国的安全关系于是成为一些东盟国家的当然选项。

◇◇ 如何缓和与化解周边国家的猜忌与不信任

2013 年 9 月初习近平在访问哈萨克斯坦时提出建设丝绸之路经济带，10 月初访问印度尼西亚时又提出构建"21 世纪海上丝绸之路"。两大构想正在得到越来越多的回应，截止到 1 月 23 日，"一带一路"涉及的 60 多个国家中，已有近 60 个表态支持。① 这无疑是好消息。但从口头上的支持到项目实际操作，再到实现共赢目标，中间还有许多不确定因素。

目前的情况是：中国是全球 120 多个国家最大的贸易伙伴，70 多个国家的最大出口市场。② 其中包括大部分中国周边国家。但这些周边国家采取的是"经济靠中国、安全靠美国"的双重取利战略。"一带一路"战

---

① 邱逸：《一带一路规划将发多个语言版本 已赢得 60 国参与》，新华网，2015 年 1 月 23 日，http：//news. xinhuanet. com/finance/2015 – 01/23/c_ 1274119 73. htm。

② 王勇：《"一带一路"与中国国际经济新战略的展开》，2014 年 11 月 23 日，共识网，http：//www. 21ccom. net/articles/world/zlwj/20141223117980_ 2. html。

略的成功实施，有赖于"一带一路沿线国家"（以下简称"沿线国"）的大力支持。因此，有必要让沿线国确信，参与"一带一路"建设对自己安全上无害乃至有利，经济上利大于弊，文化上不会受到冲击。为此，中国需要换位思考：从沿线国的视野审视"一带一路"战略。

"二战"后的历史事实是，一些沿线国把自己的安全建立在与美国的同盟关系上（如日本、韩国、泰国、菲律宾）。一些沿线国（如蒙古、新加坡、越南）虽然不是美国的盟友，其中有的国家对美国还有各种不满，但基于种种原因（没有更好的选择、不担心美国对自己提出领土要求、美国在维持亚洲地区安全中的实际作用），还是选择在安全问题上或多或少地依靠美国，一些国家最近几年还强化了与美国的安全与军事合作。微妙的是，菲律宾在 20 世纪 90 年代通过修改宪法赶走了美国驻军，现在则谋求美军实质性的重返：2014 年 4 月，美国与菲律宾签署了一项允许美军短期驻扎的 10 年期协议。日本追求正常国家地位的重要目标之一是希望减少对美国的安全依赖，但为了实现这个目标，民族主义色彩强烈的安倍却不得不先强化日美同盟。

对外政策的不确定性是国家崛起过程中必然出现的现象。这很容易引发周边国家的安全疑虑。中国在"一带一路"战略推出的过程中，这一因素尤为明显。中国尝试构建自己主导的各种国际机制、对大国关系的强调、奉行不结盟政策、在海洋争端中采取某些进取性措施，都导致周边国家担心，中国在追求国家利益的过程中会推行不利于他们的政策。

中国为实现和平崛起，有必要尽可能消除（至少是缓解）周边国家对中国的种种疑虑，尤其是在安全领域。这可能是中国推进"一带一路"战略过程中面临的最大挑战。应对的方法上，或许可以尝试从具体的功能领域着手，构建小多边安全机制，比如在南海建立共同休渔制度、开展联合巡逻、进行双边与多边军事演习，等等。

经济方面，中国在推进"一带一路"的过程中，主打经济牌，通过投资建厂、合作兴建基础设施等方式，让沿线国分享中国经济增长的果实。但其中的中小国家则有自身的顾虑，担心对中国的经济依赖程度太高，担心成为新版的"香蕉共和国"，担心中国人的大量涌入，担心增加官员的腐败。这些问题在发达国家当年进行对外投资的过程中并不存在或者影响不大，中国现在则不得不下功夫应对。

另一个挑战是，一些沿线国担心大型项目对生态环境的副作用，沿线小国担心大规模投资将改变自己的文化传统与生活方式。这些问题在中国国内尚处于摸索解决的阶段，却被要求在对外投资中先行解决。这些问题解决起来虽然困难，却难以回避。

◇◇ 如何尽可能规避政治和经济风险

一个国家在崛起的过程中，希望构建自己的政治、安全、经济、文化空间，乃普遍现象。从历史上看，这种空间通常是排他性的。即使美国现在力推的亚太再平衡，也旨在构建排他性的安全、经济机制：基于亚洲的政治、经济、文化、地缘特性，美国在冷战期间未能在亚洲构建起类似北约的集体安全体系，只是建立起一系列由双边同盟与小多边同盟构成的不完全地区安全体系。冷战结束后这种同盟关系有弱化的趋势（如减少在日本与韩国的驻军，菲律宾通过修改宪法废止了美军基地）。但为了应对中国的崛起，最近几年美国重新强化在亚太的双边与小多边同盟或准同盟关系，为此或增加在亚太的军力比重（典型如在关岛，一定程度上也包括日本），或增加军力（如在澳大利亚），或实现实质性重返（如在菲律宾），或实现变相的驻军（如在新加坡），也增加了对印度尼西亚、马来西亚的军事援助：解除对印度尼西亚特种部队的制裁并与印度尼西亚发展军事合作，向马来西亚出售先进武器与军事技术。此外，甚至与越战对手越南举行联合军演。① 经济领域，美国长期倡导基于市场经济的自由贸易，为此而倡导建立了关贸总协定与世贸组织。但时迁事移，美国在货物贸易领域已经没有比较优势，在服务贸易领域则依然保持比较优势。为此，美国在推行再工业化的同时，转而在货物贸易领域主张"公平贸易"，只是在服务贸易领域继续力推自由贸易机制，典型例子是针对欧洲的 TTIP 与针对亚太的 TPP。但是，与囊括欧洲主要经济体的 TTIP 不同，针对亚太的 TPP 则把中国排除在外。众所周知，中国经济发展水平高于越南，也比越南更接近 TPP 标准。

与美国的做法不同，中国正在构建的地区机制如亚信、亚太自贸区与亚投行，都力邀美国参与。反而是一度倡导建立亚太自贸区的美国，态度犹疑乃至充当刹车器：2014 年 APEC 北京峰会上中国提出建立亚太自贸区后，美国态度消极；对于建立亚投行，除了自己不参与，还以种种理由阻拦日本、韩国、澳大利亚等盟友参加。可见，与美国在亚太的做法相比，中国的做法体现了开放性与包容性，总体上更具有道义优势。这不由让人怀疑：如何让中国相信美国的太平洋世纪②是个善意的表述？美国还能声称自己是亚洲稳定与繁荣的建设者与参与者吗？更重要的是，美国在建立北美自由贸易区后又试图将之扩展到南北美洲与加勒比地区。难道亚洲人没有权利建立自己的自由贸易区吗？

构建自己的区域与领域空间，是中国成为全球性大国的必要历练。但中国的主要优势在经济领域，"一带一路"的主要内容也是经济合作，包括投资建厂，以及道路、桥梁、港口、机场等基础设施建设，加上电网、通信网、油气管网等互联互通项目。许多人因而将之称作"中国版马歇尔计划"。马歇尔计划是冷战大背景下，在经济发达的欧洲进行经济重建，

---

① 朱锋：《美国确立重返亚洲的战略》，《世界知识》2010 年 11 月 10 日。

② 美国前国务卿希拉里·克林顿 2011 年 10 月 11 日在《外交政策》杂志 11 月号发表的文章就叫《美国的太平洋世纪》。

实际实施的时间只有 4 个财政年度（1947—1951 年）。而"一带一路"则主要是在经济落后地区推动经济发展，涉及的国家达 60 多个，是一项前无古人的宏大设想，整体实施难度远大于马歇尔计划。中美之间也不是美苏之间那种遏制与反遏制的关系。坦率地讲，把"一带一路"沿线国的经济都带动起来超过了任何国家的能力与责任，中国所能做的不是替这些国家规划与实施基础设施与经济现代化计划，而是在这些国家提出要求的基础上，根据自己的能力给予配合，中国总体上是配角而不是主角。为此，中国不得不考虑"一带一路"战略实施中所蕴含的经济风险，甚至政治风险。

减少外汇储备、转移过剩产能（或曰优势产能）被许多人视作实施"一带一路"战略的国内经济动因。但是，初步研究表明，"一带一路"战略很难实现这两大目标。如果仓促铺开并大力实施，很可能酿成规模巨大的国际烂尾工程。2008 年仓促出台的 4 万亿人民币经济刺激计划从经济效果上看难说成功，造成的不良后果还要许多年才能消化。中国应该尽力避免再酿造一个国际版 4 万亿计划。

"外汇储备是对外的国民财富"这一性质决定了外汇储备只能用于对外经济活动。它并非财政收入，而是银行对公民与企业财富的借贷，属于虚拟政府收入（virtual government income）。因此，管理外汇储备的三原则是安全性、流动性与盈利性，其中安全性居于首要地位，明显优先于盈利性。这是中国把大部分外汇储备投资于美国、欧洲等国家政府与机构债券的主要原因。不是因为这些债券多么理想，而是不容易找到符合三原则，尤其是安全性更佳的投资目标。

"一带一路"沿线国的投资环境整体上不如中国与欧美发达国家，中国无论是投资于基础设施还是第二产业，其投资回报率都不容乐观，其中一部分很可能成为坏账。把来自外汇储备的投资变成坏账，违背了管理外汇储备的三原则，中国有必要尽量加以避免。

　　"一带一路"战略在转移过剩产能方面能有多少效果呢？目前还没有公布投资项目等信息，难以知道其具体规模。以产能过剩的典型钢铁产业为例，假定"一带一路"所带动的钢铁需求量与国内铁路建设相同（这已经非常可观），2014年铁路建设带动的钢铁消费量为2100万吨。[①] 而中国钢铁工业协会副秘书长迟京东认为过剩钢铁产能达到4.5亿吨。[②] 也就是说，只能转移掉过剩产能的4.6%。从中可见，中国的过剩产能规模巨大，无法通过转移到沿线国来化解，"就地关闭"很可能是唯一有效选择。这虽然疼痛，却不得不采取。

　　总之，逾4万亿美元外汇储备是中国不合理经济结构与经济政策的必然结果，庞大的过剩产能则与仓促出台的4万亿人民币刺激措施有重大关系。作为超大型经济体，中国的经济问题只能靠内部调整来解决，切不可把希望寄托在经济欠发达、投资环境不佳的"一带一路"沿线国。

　　实施"一带一路"战略的政治风险也不能忽视。许多沿线国家或者政局动荡，或者腐败现象严重，或者面临恐怖主义威胁，或者兼而有之。如何寻找一些政治稳定、经济有潜力、愿意与中国合作的国家或项目，从而串起"一带一路"，应该成为下一步研究的重点。这里仅做简单分析。大致上，沿线国家可以分为四类：一般中小国家，主权争议国家，支点国家，次区域最强国。

　　针对一般的中小国家，如蒙古、塔吉克斯坦、吉尔吉斯斯坦、乌兹别克斯坦、伊拉克、伊朗、沙特、土耳其，以及外高加索3国，他们一般不属于"一带一路"重点实施对象，但在某些方面具有合作潜力，因此，适用于2002年以来陆续提出的一系列周边外交原则，如与邻为善、以邻

---

　　① 大宗商品咨询网站卓创资讯的数据，引自《"一带一路"难解钢铁产能过剩之忧》，中国发展网，2014年11月27日，http：//www.ceh.com.cn/UCM/wwwroot/development/cj/gc/2014/11/792059.shtml。

　　② 《中国钢铁工业协会：产能过剩导致消费不足》，中国行业研究网，2014年8月22日，http：//www.chinairn.com/news/20140822/100907896.shtml。

为伴，睦邻善邻富邻，亲诚惠容，建设命运共同体等。

对于主权争议国家，特别是高度关注南海问题的东盟声索国（ASEAN Claimant States），这些原则依然适用。中国所需要的是把南海问题放在"中国—东盟"整体框架下来处置，"管控分歧、强化合作"是现实途径。为此，有必要加快落实"双轨思路"、提速"南海行为准则"制定进程。

周边支点国家是"一带一路"战略实施的重点对象。成为支点国家必须符合两个条件："靠得住"，且有一定力量。如果把中国周边国家分为东北部（东北亚）、东南亚（东南部与南部）、西南部（南亚、西亚）、中亚4个次区域，有望成为中国支点国家的通常都不是次区域最强国，而是次强国乃至小国，如南亚的巴基斯坦、东南亚的柬埔寨与新加坡、中亚的土库曼斯坦，这些国家在经济与战略上都需要中国，也希望被中国认为"靠得住"，因而成为支点国家的可能性甚大。乌兹别克斯坦是中亚人口最多的国家，但对于区域整合持一种怨妇心态，在欧亚联盟、上合组织内不时充当合作进程的刹车器，很难成为支点国家。东北亚的韩国、东南亚的泰国、缅甸、马来西亚在经济上也比较需要中国，战略上对中国有一定的需要，同样有望成为中国的支点国家。但由于力量相对有限，上述潜在支点国家对于次区域内最强国的影响力不够大，也难以在其区域内发挥领导作用。这些国家通常是"一带一路"的重点实施对象，中国对这一类国家的处置原则应是：告诉我你希望的合作领域与项目，我评估后尽量满足要求，但肯定不会越俎代庖或大包大揽。

需要侧重强调的是周边大国，即次区域最强国。俄罗斯是中国的全面战略协作伙伴，无疑是"一带一路"战略的重要合作国。西亚缺乏公认的次区域大国，几个中等大国都只有某些方面的优势。但中国西边的哈萨克斯坦，西南部的印度，东南部的印度尼西亚与东北部的日本则是典型的次区域强国（当然，这不是说他们的强国地位仅限于某个次区域范围）。

对于这类国家，目前的中国外交似乎缺乏系统性应对。全球性大国在全球事务中的作用是中小国家所不能取代的，地区性大国在地区事务中的作用也是地区内其他国家所不能取代的。因此，中国的"一带一路"战略，必须重视这个环节。为此，中国可以借鉴"二战"后美国全球治理的经验。鉴于中国与这四个国家在安全与军事领域建立合作机制的时机尚未成熟，应该首先从经济与文化领域着手。经济上，为了推进亚洲经济合作并强化五国间的经济联系，应考虑建立"亚洲五国经济论坛"（G5-Asia）。文化上，利用亚洲多文明并存的特点，推动成立"亚洲文明对话"机制。①

对于是否把日本列入 21 世纪海上丝绸之路沿线国，目前存在争议。即使将之列入，也应制定特定的战略。

◇◇ 总 结

本文分析的三个问题或曰风险，固然是"一带一路"战略所需应对者，但所涉及的对外环境评估和发展策略调整，则属于中国在崛起过程中需要常做的功课。"一带一路"战略的提出，意味着本届政府确定了中国成为综合性全球大国的路线图。

"一带一路"战略与"亚太再平衡"战略构成竞争关系，将从不同方面分别检验中国与美国的国家能力。中国如果处理得好，有可能把"美国的亚太"转化为"中国的周边"。而如果处理不好，"一带一路"或成为"中国的麻烦，美国的机会"。但是，"一带一路"战略是中国从"有世界影响的地区大国"转变为"综合性的世界大国"的一种尝试，一种路径。

---

① 薛力：《中国需要亚洲版大国外交》，FT 中文网，2015 年 2 月 9 日，http：// www.ftchinese.com/story/001060539。

中国没有更好选择，只能直面应对，并争取最好的结局。规划已经制定，细节将决定成败。中国的国家实力已经比较强大，但在实施这一战略的过程中，要选择重点、量力而行，避免成为"沿线国的发改委加财政部"。

（本文发表于《国际经济评论》2015 年第 2 期。此文源于作者 2014 年 12 月 30 日发表于 FT 中文网的一篇文章，为"一带一路与中国外交转型"系列评论的首篇）

1.5 "一带一路"战略与中国外交方略调整

核心内容:"一带一路"战略的出台是中国自身认知变化的结果,旨在推进中国梦的实现。这促使中国外交从"韬光养晦"转向"奋发有为"。这一战略的实施希望发挥的经济效果包括五个方面,外交上则导致外交排序的变化:美国依然是重点,但"周边"作为整体从可改进的空间角度看甚至超过了美国;俄罗斯、中亚、东盟的重要性上升,韩国与日本的地位相对下降;作为海上丝绸之路的第一个枢纽地区,东盟成员国在中国外交中的重要性将出现分化。

◇◇ "一带一路"战略的经济效果

新一届中国政府推出的"一带一路"战略,是未来8—10年中国外交的顶层设计,将统领这一时期的对外工作。中国推出这一战略,希望在经济上能发挥几个方面的效果。

第一,促进全球经济复苏。我们知道,中国现在是世界第一出口大国,是120多个国家的最大贸易伙伴。2008年金融危机后,全球经济陷入低迷,2010—2013年全球经济增量中的26.2%是中国提供的,从增量角度看已经超过美国。原来说美国经济打喷嚏世界经济就要感冒,现在也许还不能把这种说法套用在中国身上,但可以说:中国经济打喷嚏,世界经济也要打喷嚏。众所周知，中国经济已经进入新常态，据估算潜在的年经济增长率为6%—6.5%。近两年GDP年增长率为7%—8%，但无论是与美国、日本、欧盟等发达经济体比，还是与印度以外的其他金砖国家比，依然是很亮眼的。考虑到中国经济总量已经很大，未来几年中国经济如果发展得好，无疑将有力推动全球经济复苏。

第二，营造中国的周边环境。打一个比方，当村子里面只有一个人比较富时，大家可能会去吃大户，富人的负担会很重，想进一步发展更是困难。这个富人如果能带动大家都变得比较富裕，情况就不一样了。中国现在提出"一带一路"，搞"五通"，就是想利用自己的比较优势与成功经验，帮助地球村的小伙伴们——尤其是周边的小伙伴们——实现小康。当然，前提是这些小伙伴愿意参加，所以《愿景与行动》强调的是共商共建共享，以及与沿线国家的发展战略对接。

第三，推进经济结构的转型升级。经济转型升级是经济发展过程中的普遍现象。中国企业不可能一直停留在全球价值链的下端，而且，随着人工成本的提高与劳动力短缺的出现，沿海有些企业必须向其他地方转移。向中西部转移是一个途径，但还不够，向周边其他国家转移是不可避免的。尤其是，中国大量的富余产能（与四万亿经济刺激计划有很大关联），只能向外转移，不然就要就地关闭。中国与哈萨克斯坦搞的产能合作就是一个典型案例，既符合中国的"一带一路"战略，也满足了哈萨克斯坦实现工业化、推进基础设施建设的需要。

中国政府现在需要考虑的一点是：如何帮助中国大陆土生土长的民营企业进行跨国生产。笔者最近参加全国无党派人士"一带一路"调研团到福建进行调研，对此有切身的体会。中国台湾与日本的企业有跨国转移企业的经验，许多已经转移到东南亚的越南等地。中国大陆成长起来的企业则转移的不多，因为它们面临企业经营者的代际更替与产业升级的双重冲击。创业一代不愿意到海外进行二次创业，但一些企业（特别是劳动密集型企业）如果不转移，很快就难以生存了。

第四，促进国内各个地区的协调发展。中国搞了十几年的西部大开发，东西部的差距总体上没有缩小，而且还在扩大。怎么解决这个问题？中西部人口向东部转移、接受东部地区的产业转移是必要的，但还不够。是否可以通过对外开放变原来的"末梢"为"前沿"？能不能成功不知道，但在没有更好的办法前，值得一试。

第五，调动与凝聚全球华人的经济力量大概也是一个考虑。全世界有多少华人华侨？目前并没有准确的统计数据，也不可能有。原因有几个：中国政府定义的华人华侨其他国家未必接受；一些国家对华人进行同化政策，鼓励华人华侨与当地人通婚、入籍乃至使用当地名字；对于华人与其他族裔通婚后所生后代，哪些可以列入华人，也没有定义；一些国家在进行人口统计时并没有把华人华侨单独列为一类；许多人出于各种原因的考虑在人口统计时不愿意承认自己的华人华侨身份。因此，即使是国务院侨办也难以获得准确的数据，最接近的数据来自 2008 年国侨办委托厦门大学庄国土教授进行的课题研究，结果是，大约 73% 的华人华侨生活在东南亚国家，数量比较多的有印度尼西亚、马来西亚、泰国等。海外华人华侨总体数量大致有 5000 万，其中近 1000 万是近三十年出去的，叫做新移民或新华侨，主要分布在欧美等地。

不管怎么说，华侨在海外的力量是非常大的，特别是在东南亚。新加坡就不用说了，华人占到人口的 75% 左右。泰国也比较有特色，一个是它从来没有成为殖民地，一直保持了政治独立。另外一个是它奉行的同化政策很成功，华人与当地人通婚很普遍，加上华人重视教育、善于经商等特征，使得现在的泰国精英具有华人血统成为普遍现象。在印度尼西亚和菲律宾，华人人口比例虽然不高，但对于所在国的经济有很大的影响力，许多富豪都是华人。中国在改革开放的过程中，吸引的外资有相当部分来自华人华侨。如何进一步发挥这些人的作用，以及如何支持这些人的经济发展，已经成为落实"一带一路"政策的组成部分。

◇◇ "一带一路"的动因与导致的外交政策调整

一个国家推出一个大战略是综合考虑多种因素的结果。经济实力是国力的基础，因此，我们首先分析了"一带一路"战略的经济效果。接下来谈谈中国推出这一战略的非经济原因，以及这一战略推出后会导致哪些外交政策的调整。

作为崛起的大国，身份与利益的调整乃至重构是普遍现象。新一届中国政府推出"一带一路"战略，表明中国的身份与认同发生了变化。地理上，从"东亚国家"调整为"亚洲中心国家"与"欧亚大陆东端大国"。利益追求上，本届政府的使命是推进中国梦的实现，即把中国从"有全球影响力的地区大国"建设成为"综合性的全球大国"。

过去三十多年里，中国外交的一大特征是"向东看"：近看韩国、日本，远看太平洋那一侧的美国，再看大西洋东侧的欧洲。这是主线。副线是东南亚国家，也包括中国台湾、香港等地区。再加上"辅线"大洋洲、非洲与拉丁美洲。而基本上"忽略"了"向西看"。这客观上是把自己当作东亚国家。现在则意识到，自己一直是华夷秩序下的中心国家，地理上也天然地位于亚洲中心，而且，就欧亚大陆而言，无疑是位于其东端的巨型国家。那么，外交上怎么能仅仅向东看呢？还有必要朝北看、朝西看、朝南看。这才是中央国家应有的外交之道。而且，向这几个方向发展，有利于发挥自己的比较优势。

中国新一届国家领导人上任后确立的执政理念就是实现中国梦，即实现中华民族的伟大复兴。怎么才算是实现了这一目标呢？从量化指标看，单单经济实力世界第一还不够，应该是综合实力世界第一。这是中国历史上强盛期的状态。为了实现这个目标，就不能继续奉行"韬光养晦"的外交原则，这只有在经济实力比较弱小、整体上比较不引人注目的情况下才行得通。现在中国一举一动都受到广泛关注的情况下，要进一步发展自己，就需要主动谋划如何拓展自己在政治经济文化等各个领域的国际影响力。因此，以"奋发有为"取代"韬光养晦"就成了必然选择。也就是说，中国除了继续奉行对外开放政策外，也可以走出国门，开始"开放别人"了。

历史地看，这意味着中国放弃奉行了几千年的"远人不服则修文德以来之"的天下治理理念，要到"四服之外"去搞"五通"了。坦率地说，中国在这方面经验并不足，风险也很大。显然，中国不能大包大揽，当"一带一路"沿线国的"发改委加财政部。"共商共建共享也罢，与沿线国的发展战略对接也罢，都意味着需要区别对待，寻找有强烈的发展意愿又愿意与中国合作的国家，将他们确立为支点国家进行重点合作。从目前看，哈萨克斯坦等国或属于这类国家。有些国家只愿意与中国在某些领域进行大规模的合作，中国也应该尊重他们的意愿，围绕这些重点领域进行合作。有的国家虽然愿意与中国合作但有顾虑，对此，中国需要耐心等待并做大量的沟通与说服工作，俄罗斯对"一带一路"从持保留态度到公开表示支持，就是一个典型的例子。对于一时持保留态度的国家，中国也应该尊重他们的选择并开拓新的合作领域，比如印度，不公开表态支持"一带一路"，还提出了针对21世纪海上丝绸之路的"季风计划"，以及针对丝绸之路经济带的"香料之路计划"。但中国依然可以与印度在高速铁路、移动通信、制药等众多领域进行合作。日本不但不参与亚投行，还提出针对性颇强的1100亿美元亚洲基础设施建设资助计划，以及在南海等问题上采取一些对抗性行动。对此，中国不妨耸耸肩，继续做自己的事情。体量庞大的中国的崛起必然会引发周边中小国家的一些担忧与疑虑。只要中国坚持和平崛起，经济继续发展，并充分建立起"地区带头大哥"

的信誉，周边国家疑虑减少并向中国靠拢是可预期的。

◇◇ 周边国家在中国外交中的地位变化

改革开放以来，中国的大国外交，主要是指针对美国、日本、欧盟、苏联/俄罗斯等国家的外交，这些国家或者综合实力强于中国，或者经济实力强于中国，或者军事实力强于中国。随着中国国力的提升，现在中国的大国外交，是指综合实力仅次于美国的中国，对上述国家以及巴西、印度、南非等区域大国的外交。

在实施"一带一路"战略的过程中，一些国家在中国外交中的地位将发生变化。具体表现为：美国依然是重点，但重要的程度相对下降，而中国周边国家的重要性上升，"周边"作为整体的重要性已经不逊色于美国，从可改进的空间角度看甚至超过了美国；周边国家中，俄罗斯、中亚、东盟的重要性上升，韩国与日本的地位相对下降，尤其是日本；东盟是海上丝绸之路的第一个枢纽地区，其内部成员在中国外交中的重要性将出现分化，详后述。

美国在中国外交中重要性相对下降的主要原因是：由于缺乏战略互信，两国间关系进一步改善的空间不大，"既竞争又合作"将成为中美新型大国关系的"新常态"，中国将用"保持接触、强化自我"应对美国的"两面下注、强化防范"。日本在中国外交中的地位将明显下降，整体上排在俄罗斯、东盟之后，在政治与安全领域，甚至排在哈萨克斯坦、巴基斯坦之后。主要原因是：日本不适应中国的崛起，并采取了"强化美日同盟以实现国家正常化"的策略。中日关系将在相当一段时间里处于"经温政凉"的状态。

俄罗斯是中国的全球战略协作伙伴，中俄两国的政治关系已经处于

"准同盟"状态，进一步提升的空间有限。这种战略协作关系是两国都需要的。但是，俄罗斯对于中俄边境地区的经济合作采取"防范中合作"的方针（如在东北地区不大愿意修建跨界桥梁，哪怕中国出全资），很难像哈萨克斯坦那样积极主动呼应"一带一路"，其主导的欧亚经济联盟与中国的丝绸之路经济带存在一定的竞争关系，加上俄罗斯的经济结构不合理、经济体量不大，中俄关系未来将处于"政治上高度友好、战略上中度配合、经济上有限度合作"的状态。

政治上、战略上中国眼下对"一带"的重视程度超过了"一路"，而哈萨克斯坦与巴基斯坦既是次区域大国，又热情呼应丝绸之路经济带建设，因此自然而然地成为"一带一路"建设中的支点国家。泰国、柬埔寨也会是中国的重点合作对象。孟加拉国、西方解除制裁后的伊朗可望成为重点合作对象，至少在某些领域是如此。缅甸与斯里兰卡则需要自身不再"摆动"、进一步体认与中国合作的价值后，才能重新唤起中国的合作热情。

中国政府强调丝绸之路经济带，并不意味着21世纪海上丝绸之路不重要，毕竟，海上贸易始终是中国外贸的大头。而东盟地区既是历史上海上丝绸之路的枢纽，中国现行规划的两条海上丝绸之路路线又都经过东盟地区。从一定意义上可以说，东盟是中国建设海上丝绸之路的试金石。但是，东盟成员国在海上丝绸之路建设中的地位将出现分化：印度尼西亚的重要性上升，可能成为支点国家；泰国、柬埔寨、老挝、马来西亚、新加坡依然受到重视；中国与菲律宾可能将维持"政冷经温"的关系；越南则处于比较尴尬的地位：经济上希望进一步分享中国的发展红利，政治上与中国关系密切，但两国民间互相没有好感，越南方面的程度更强烈些，南海争端严重阻碍两国关系的进一步发展，因此，越南迄今没有公开表态支持"一带一路"。这种状态短期内难以改变。

南海争端与"一带一路"的关系，是一个值得研究的问题。南海争端仅仅是中国与东盟关系的一个方面，但客观上已经成为中国东盟关系的短板，而且已经事实上国际化（准确地说，是全球化）了。美国在南海问题上的角色已经从"导演"变成了"导演兼主演"，南海争端事实上变成了三个层次：声索国之间、中国与东盟之间，中国与美国等大国之间。模糊策略与等待政策未必符合中国的整体长远利益，也明显不利于海上丝绸之路建设。考虑到领土主权争端的解决需要一个比较长的过程，但管控分歧、扩大共同利益是必要的。因此，签署"南海行为准则"是大势所趋。中国政府已经提出了双轨思路，并同意在协商一致的基础上尽早签署这一准则。为此，中国不妨采取一些新的措施，加快这一进程。

（此文以《一带一路战略与中国外交调整》为题，2015年8月19日发表于《南方都市报》。系作者2015年8月9日在南方公众论坛上的演讲稿整理）

1.6 "一带一路"与中国外交决策机制改革[*]

核心观点:"一带一路"战略的实施,促使中国外交从"韬光养晦"转向"奋发有为",这要求中国外交决策机制进行相应的改革,包括观念、制度、人才使用三个方面。观念上从整体与长远角度处理与周边国家关系;制度上强化中央国家安全委员会在对外事务上的统摄功能,实行大外交部体制;建立政务官与事务官分类制度,强化外交官的离岗培训,把有经验的相关领域的专家学者吸收到外交决策部门中。

2015 年 3 月在北京召开的"两会",出现了一个以前没有的新现象:对"一带一路"的讨论从 31 个省级两会会场汇聚到北京,并引发全球关注。在 3 月 8 日的记者会上,外交部长王毅称"一带一路"为 2015 年中国外交的重点。2002 年历史学家章百家先生在一篇影响广泛的文章中,论证中国发挥世界性影响的方式是:"改变自己、影响世界。"① 从那以后,中国的经济实力又有了明显的增长。2008 年西方受金融危机影响,经济陷入衰退且迄今没有恢复元气。反观中国,在成功举办 2008 年奥运会后,经济继续高速增长,GDP 在 2010 年超越日本,

———————————

* 笔者感谢以下人士在本文写作与改写过程中给予的指点与帮助:王逸舟教授、王存刚教授、林民旺博士、左希迎博士、赵明昊博士、韩宏才先生、徐晏卓博士。当然,文责自负。本文 2015 年 3 月 9 日发表于 FT 中文网,原文约 5000 字。

① 章百家:《改变自己 影响世界——20 世纪中国外交基本线索刍议》,《中国社会科学》2002 年第 1 期,第 4—19 页。

2014 年已经是日本的两倍，美国的 70%。可见，十几年来中国对世界的影响力又上了一个台阶。

值得关注的是，中国对世界的影响力将因为"一带一路"战略的实施而更加凸显。原因在于，这一战略的实施不仅意味着大笔的对内对外投资，还意味着中国改变了数千年来的天下治理模式，尝试以和平方式掀起一波又一波的"中国涟漪"。因此，这一战略今年逐步进入实施阶段后，以"韬光养晦"为特色的外交势必要大规模转型，以满足"有所作为"乃至"奋发有为"的现实需求。那么，中国现行的外交决策机制如何因应这一系列"中国涟漪"？

在"一带一路"战略实施过程中，涉外事务将出现诸多变化。不仅涉及的部门增加，涉及的事务增多，更重要的是需要主动谋划的事务与领域将明显扩展。而"外交决策通常是基于不完全信息"，因此，未来外交决策过程中出现失误的可能性也会随之上升。

完全消除外交决策失误是不可能的，但减少失误是现实的。不过，要减少失误，首先需要改进涉外信息的收集与分析，强化政策建议的筛选与综合，提升相关决策的质量。这绝非易事。

收集与分析涉外信息主要是研究人员、外交官与专业情报人员的工作，对所搜集的涉外信息进行初步的判断、筛选与综合是高级外交官与涉外事务中高级决策层的事情，而外交决策通常取决于最高决策层，尤其是重大外交决策。一般而言，涉外部门官员与附属机构研究人员的长处是掌握丰富的信息。但他们的不足之处在于：看问题容易受部门利益牵制；为日常工作所累，难以对相关问题深入研究，不容易对宏观战略问题进行思考。专业政策研究机构的长处是可以相对超越部门利益束缚；能进行深入的专题研究与战略思考；可以借鉴一些基础研究成果，例如，学术界的新理论、新方法以及一些新的基础数据。不足之处则是：对于一些只有政府部门才掌握的信息了解不够，研究与分析主要依据公开信息与个人调研获得的信息。当然，特定的委托研究项目例外。

与之相较，美国的外交事务研究与决策机制相对成熟，其外交研究与决策机制是：不同政府部门利用自己的特长进行相关信息的搜集与分析（有些是委托专业人员进行），提出政策建议；非政府的专业研究机构特别是主要思想库，也依据自己的特长进行信息的搜集与分析，并提出政策建议。上述两类机构的建议经过外交决策层高级助手的初步筛选或者整合后，成为数量有限的几套方案，并列明其主要优缺点，有时候还会列出排序，供总统决策时参考。为了强化政策建议的筛选与整合功能，美国大量吸收专业研究人员出任外交决策部门的中高级职务，形成独特的"旋转门"现象，并被许多国家所借鉴。

◇◇ 中国外交决策机制存在的问题

毫无疑问，中国外交决策机制有自己的特点与长处。但这不属于本文讨论的范畴。本文关注中国外交决策机制中的不足。这种不足，从信息的收集与分析，到政策建议的筛选与综合，再到决策的做出，各个环节均有。中国与美国外交决策方面差距最大的是政策建议的筛选与综合环节，其次是政策决定环节，在信息的收集与分析环节，中美之间的主要差距在于研究人员的素质，而非不同部门的信息共享。

在信息搜集与分析阶段，中国的情况是：包括军方在内的各个涉外部门及其研究机构，通常垄断自己领域的相关信息（这在美国也是痼疾）。他们所给出的政策建议，通常基于部门利益的考虑，有时候则是基于本部门主要领导的意志（这方面中国比较明显）。外交部系统与中联部系统内，真正有水平、有独立判断能力的专业研究人员数量不足，一些既有的人才没有得到充分使用。

中共中央对外联络部（中联部）曾经拥有比较强大的专业研究力量。后来中联部的研究机构被划归中国社会科学院、北京大学等单位。目前，中联部的研究人员分布在研究室和各地区业务局。由于人员有限且要承担大量的党际联络等日常任务，对调研工作的关注度、资源投入和调研力量的储备相对较弱。下属的当代世界研究中心有一些兼职研究人员，而专业研究人员数量很少，研究领域比较泛化，外事接待、办会与对外联络的非研究性任务较重。该中心 2015 年 4 月代表中联部成为"一带一路"智库合作联盟的牵头与协调单位后，这一状况依然没有明显改观。当中联部的外交对象主要是数量有限的社会主义国家时，研究力量不足的副作用尚不明显。但在大规模开展政党外交并逐步涉及公共外交、民间外交后，"研究力量难以支撑大量外交行为"的现象已经日益凸显。还有一点值得注意，或许与传统的惯性有关，中联部整体上显得相对封闭，与专业研究机构互动不多、不深，有一些把专家学者请进来的动作，但数量不多。在走出去听取意见与政策建议上更显不足。这方面即使与外交部比，也存在差距。一些外交活动（特别是对朝鲜外交）的效果不够理想，与此有一定的关系。

外交部虽保留着一些研究机构，也发觉系统内的研究力量与研究成果难以满足现实需要。政策规划司、中国国际问题研究院与外交学院是外交部下属的三个主要研究机构。其中从研究室改制而来的政策规划司理论上拥有的职能是：研究分析国际形势和国际关系中全局性、战略性问题；拟订外交工作领域政策规划；起草和报送重要外事文稿；开展外交政策宣示；协调调研工作；开展涉及新中国外交史研究的有关工作。然而，基于"外交无小事"的传统，加上人员配备有限、主要精力用于应对交办工作等原因，政策规划司在研究方面起到的作用比较有限，总体上扮演的是地区司、专业司之外"剩余领域研究机构"的角色，并且在研究深度、持续性等方面都存在明显的不足。

中国国际问题研究院与外交学院的研究力量相对强一些，两者都经常参与外交部委派的各类调研。在过去十多年里，外交学院除了传统的政策研究外，在国际关系理论与方法论研究上异军突起，成为国内这方面的一个重镇。中国国际问题研究院侧重于政策问题研究与提供内部报告，但研究力量只相当于中国社会科学院下属的一个大型研究所，许多资深研究人员系从外交官转换而来。这种人员结构的好处是了解具体的外交实践，不足之处则是欠缺写作学术文章所需要的专门训练，所写出的学术文章理论性不够强，方法论意识欠缺，对政策问题的分析不够深入，所提政策建议缺乏足够的理论与方法支撑。总体上，中国国际问题研究院的人员数量与综合影响力似乎稍弱于"老对手"现代国际关系研究院。

一些问题不是这些机构所能克服的。与外交部的隶属关系限制了外交学院与中国国际问题研究院提出超越本部门利益的综合性外交决策建议，尤其是当这种建议可能有损外交部利益时。国外解决隶属关系带来的不足的方法是：委托外部机构进行研究。

一个值得欣喜的现象是，最近这些年外交部系统以外的专业研究机构在外交政策分析中的作用在明显提升，许多高校成立偏向政策研究的智库并发表研究报告，也接受一些委托项目。但是，大部分时候表现为少数著名学者以个人身份参与或者接受政策咨询。学者成名后从事研究工作的时间明显减少，其建言献策通常是基于经验积累，而较少基于专项研究成果。委托项目也开始出现，经济与金融领域此类项目还不少。然而，这类委托项目至少存在两个不足：一是要求提交报告的时间太仓促，导致学者难以进行深入思考与分析，有时候给出的答案属于"临时应答"，这在政治领域比较明显；二是委托单位的倾向性太明显，有些时候不过是借学术机构与学者的嘴为其主张背书，这在经济领域与地方政府委托项目中比较明显。

在决策层次也存在的一些问题。最高层决策时，不是面对数量有限、特点分明、按照优先顺序排列的备选方案,而是:意识到某个问题重要,从上到下交代进行研究分析;或者面对数量众多但不够全面的政策建议;又或者一时被某些部门与人物说服,采取有偏颇的政策。其后果是,委托研究的结果失之片面,众多的建议难以取舍,一时被说服做出的决策未能体现国家的整体利益,外交政策整体上缺乏连贯性。

而造成上述后果的关键原因,就是缺乏一个对各种外交政策建议进行判断、筛选与综合的部门(以下简称"政策筛选机构")。不容否认,一些政策的出台经过了对各种政策建议的判断、筛选与综合的过程,亚丁湾巡航就是在多部门协商后形成建议,最后被采纳,实际运作也很成功。许多重大文件的出台,更是集思广益的结果。但从制度有效性的角度看,外交政策建议筛选机构的缺位影响长远。

理论上,中央外办应该扮演这个角色,但由于级别不够,实际上只起到执行机构的功能。中央外事领导小组层级够高,代表性够广泛,但并非常设机构,也不易实现上述筛选与综合功能。中央政策研究室有时候扮演了这种角色,但全面扮演这种角色则并非制度设计的原意。毕竟,其主业可能是"受托进行政策设计与相关理论研究",而非专门从事政策建议选择与优化。中央国家安全委员会原先被期待能顶上这个角色,但实际运行以来,学界的一般看法是,出现了过于侧重国内事务的倾向,而且程度在加剧。

至于外交部部长,由于地位太低,其政策建议在决策中的分量不足,更难以扮演主要筛选者的角色。一个典型的例子是,国际关系学界许多学者大概都有这样的经历,向外交部领导提出某个建议后,这些领导的反应通常是:向中央报告。其原因在于,在一个党领导一切的决策系统中,负责外事的国务委员虽然是中央政府(国务院)分管外交事务的最高领导,但其在钱其琛之后都不是政治局成员(现有25人),也不是负责外事的副总理(现在为4人)。在礼宾顺序方面,位于人大副委员长之后,"两高"（最高人民法院与最高人民检察院）负责人与政协副主席之前。可见，在中国的重大问题决策程序中，国务委员的地位排在三十位以外，外交部部长更不用提。就外交决策而言，分管外交的国务委员上面至少还包括政治局7个常委、与外事工作相关的政治局委员（至少5人），外交部部长上面则至少有30人。因此，外交部的部长、副部长听到某些政策建议后，头脑里想的是排在自己之上的好几打人，"向上报告"也就成了很自然的反应。

中国政府的决策过程还没有机制化，部门负责人的政治地位、行政级别、与最高领导人互动的频度等，对决策有明显影响。因而，实际运作中外交部从"决策部门"被"降格"为"主要执行部门"实属必然。中联部等外事机构也存在类似问题。中国在过去几年里采取的一些客观效果欠佳的外交行为，甚至发生一些外交部不知道的重大行动，也与此有重大关系。

中国正致力于构建地区与全球性功能机制，这需要有关国家的合作。和平时期国家间合作的实现依赖于大量的利益交换与互相妥协，这属于外交部（以及中联部与商务部）擅长的范畴。由于外交部部长说话的分量不足，难以协调出可供交换的利益与做出妥协的限度，进而形成政策建议供最高决策者参考。这不能不说是中国在提供地区与全球公共产品方面进展不够快的一大原因。

◇◇ 外交决策机制改进的逻辑

在中国现行的政治体系中，"党指挥枪"无疑比"政府指挥枪"更具有现实的合理性。中国整体上也属于"文官治军"国家。但政策制定是个动态博弈过程。一般而言，强力部门解决问题时倾向于用硬实力说话，希望分出胜负；而商务部、外交部等倾向于用谈判、互相妥协的办法处理问题，以图实现共赢（至少是避免共输）。众所周知，中国共产党是中国的执政党，内政外交中的重大问题通常需要政治局讨论通过。就外交决策而言，负责外交的国务委员的意见或许可以抵得上同样身兼国务委员的公安部长的意见，但整体分量上显然难以匹敌两个军委副主席、一个政法委书记等若干个政治局委员。其结果必然是，主张强硬不退让的外交决策者常常占上风。而且，一些强力部门的行动无须知会外交部。这部分解释了中国在过去若干年里为什么会采取一些效果不佳的强硬外交举措。外交部门空背"妥协部""投降部"的虚名而已。事实上，外交部即使想妥协也没有能力做到。

值得重视的是，作为一个体量巨大的崛起中国家，中国不但没有外敌入侵的忧虑，而且正处于力量快速向外扩展的过程中。周边中小国家对此疑虑与害怕是正常的，除非他们断定，中国政治经济军事力量的扩展不会伤害自己或会对自己有利，如果不能成为同盟国的话。这就需要彼此建立信任。然而，这并不容易，对于与中国有领土争端的国家来说尤为困难。这种情况下，新一届中国政府基于自己的"不结盟外交"原则，提出与东盟等周边国家建立命运共同体。这无疑有助于他们化解疑虑、增进信任。但要达到预期效果，中国所需要做的不是高调与强硬，而是身段柔软，展示可信与不可怕，并通过一些制度性安排，让自己的行为变得可预期，且须在一定程度上约束自己的行为。有实力却没有制度约束者，难免让人不放心。"通过制度进行统治"是"二战"后美国治理世界的一大经验。中国不妨有样学样，先从功能领域着手，从周边做起。

人通常具有自我中心主义的倾向，因此，有时候需要换位思考。国家亦然。想象一下，中国周边出现一个人口 100 亿、国土面积是中国 10 倍的国家（以下简称"百亿国"），并且在快速崛起。中国对于百亿国，恐怕也有疑虑与害怕心理，非常希望百亿国对中国很友好，并通过一些制度性安排约束其行为。如果百亿国在中国的专属经济区内画出一条"十一段线",但拒绝告诉中国这条线的性质,声称不能只靠国际法来解决争端,要考虑到其数千年来对线内岛礁与水域的使用历史,强力主张除了国际法外,还要考虑历史性权利,并要求以一对一的谈判来解决争端。在这种情况下,中国与周边国家抱团、探讨国际法解决、寻求实力超过百亿国的全球第一强国的安全支持,大概都是很自然的行为,而且不会认为自己是在联合第一强国遏制(contain)百亿国。

中国的自我定位,正在从"东亚国家"变为"欧亚大陆国家"与"亚洲中心国家",这是一种地域观上的回归。回归历史上具有明显等级制的华夷秩序(或曰天朝礼治体系①,西方学者则多数称之为朝贡体系)既不可能,也不可取。然而,中国成为当代国际体系的领导国之一,并非没有希望。虽然许多方面并没有实现,但"大小国家一律平等"已经成为当代国际体系的基本特征之一。而且,由于核武器的出现、全球和平意识的普及与内化,像历史上的崛起国那样通过战争实现崛起已经不可能,和平崛起是现实可行途径。然而,中国古代治理天下时所形成的天朝礼治体系,虽然有不平等等缺点,但毕竟是存在了几千年的一种"国际秩序",肯定有其合理的一面,譬如,以礼服人、不追求大规模领土扩张。朝贡贸易中实行"薄来厚往"的原则,也属于"以礼服人"。把天下分为"五服",②承认前三服为文明开化的臣民居住地。把宾服之外的两服,看作化外之地,住的是蛮夷戎狄与流放罪人。对蛮夷戎狄的原则是"远人不服则修文德以来之,既来之,则安之。"也就是说,通过提高自己的道德文化水准等来增加对遥远邦国、偏远地区居民的吸引力,让他们仰慕中华

---

① 黄枝连:《天朝礼治体系研究·上卷·亚洲的华夏秩序:中国与亚洲国家关系形态论》,中国人民大学出版社 1992 年版。

② "五服"为:甸服、侯服、宾服(又作"绥服")、要服、荒服,其中要服与荒服居住的已经是蛮夷戎狄,即"蛮夷要服,戎狄荒服"。流放罪人也住在这两个服。参见《尚书·禹贡》《国语·周语》《荀子·正论篇》等篇。

而接受教化。他们受教化之后即可纳入前三服之列。而为了防范戎狄入侵，还采取了修建长城等防护措施。这些都折射出，中国作为农耕文化主导的帝国，整体上并不追求领土扩展。这显然不同于游牧文化，也不同于欧洲那些在商业文化主导下建立起来的帝国。

因此，中国在"一带一路"背景下实施外交决策机制改革，必须做到"自身优秀传统与西方优秀文明成果的综合"，而不能仅仅顾及一个方面。中国的外交决策体制改革，需要体现在观念更新，制度改建，以及人才的培养、使用与调整等三个方面。

观念方面，要做的就是：第一，走出"弱国无外交"的认知误区，意识到"二战"之后，国家的死亡率已经很低，弱国、小国的生存权也已经有了基本的国际保障，国家的治理议题凸显，国家治理不善人民将受苦，政府也会被更替，但这与"亡国"无关。第二，摆脱"受害者心态"，进一步确立自信，意识到"落后挨打"或许曾经是历史常态，但已经成为过去，现在的中国已非吴下阿蒙，没有国家敢欺负中国。提出建立新型大国关系已经初显中国在大国关系上的自信。但这只是一方面。提出建立以互利共赢为核心的新型国家关系，意味着中国意识到自己作为快速发展的亚洲中心国家所应当承担的责任，以及实现这种责任的原则。"带动"周边国家共同发展固然是好事，但首先要让周边国家愿意"被带动"。因而，取得周边国家的理解成为必要条件，如能获得其信任则更好。

操作上，这要求中国首先要有大局观，谋大势而非局部利益，从整体与长远角度处理与周边国家关系，特别是与中小国家之间的关系。其次是换位思考，理解周边国家的担忧所在，以及希望从中国获得怎样的支持与帮助。一些国人担心周边中小国家"狮子大开口"。这种可能性不大，即使他们提出，中国也有理由与能力拒绝。另外，政府有必要疏导国内的民粹主义与民族主义情绪，不必动辄上纲上线。还应该时时警惕一些人在批判美国不能平等对待中小国家的同时，自身滋生出大国沙文主义意识，表现为：周边小国家没什么重要性，中国可以按照自己的国家利益行事；周边中小国家对中国即使不满意也无可奈何，最后将不得不接受中国的做法并承认结果。持有这种立场者通常注重相对获益，认为国家都是在为自己争取利益，因此，有意无意地强调在一切问题上都要做到本国利益最大化，哪怕是在与中小国家交往时。如在南海问题上，认为这是中国的核心利益，强调寸土必争，维稳应该服务于维权，而没有在中国与东盟整体关系的框架下考虑问题、不考虑中国作为"地区带头大哥"应该如何行事才能服人、中国在下"全球大棋局"的时候如何处理"周边小棋局"。一句话，陷入了"只见树木不见森林"的俗套。这种求小利失大端的做法显然不是在服务中国的整体长远利益。好在这种主张还没有成为政策研究界的主流认识。研究界主流与决策层的认知很可能是："在地区与全球大局中看南海问题"；与时俱进处理南海问题；开放的地区主义比较适合中国。

有必要提及：与美国的双边军事同盟体系、TPP等排他性的制度相比，中国推动的亚太自贸区、亚信、亚投行等都属于非封闭机制，体现了中国天下治理理念的开放与包容。

制度层面，平衡中央国家安全委员会对内与对外两方面的功能，强化对外方面的统摄功能。总书记兼任国安委主席偏重统摄对内方面，由另外一名常委任常务副主席兼任中央外事领导小组常务副组长，统摄对外事务。外交部部长由一名政治局委员级别的副总理兼任。外交部部长作为政务官，未必要出身于外交官。在常务副主席的支持下，也可以对重大外交决策进行筛选、综合，并列出优先顺序。如是，最高领导人决策的质量与速度，以及中国外交政策的连贯性都将大大提高，中国也就有能力为地区乃至全球提供更多的公共产品，从而成为地区秩序与全球功能制度的主导者。

一个不争的事实是，世界大国的外交部部长出身于职业外交官者乃少数，大部分情况下是由政治家担任，有时候是由企业家乃至学者担任。政治家型的外交部部长更能起到"外交政策建议主要筛选者"的作用。事务官的长处是专业与精细，不足之处则是欠缺宏观视野，战略考量与综合判断能力稍逊。这是普遍现象，中国没有必要羞于承认。

考察美国的外交决策体系，国务卿在内阁中的地位，如果与中国的执政党系统类比，大约相当于排名第三位的政治局常委。如果与中国的政府系统类比，则大约相当于常务副总理。总统的外交决策，固然会倾听副总统与国家安全事务助理的意见，有的总统国家安全事务助理非常强势（如基辛格），有些国家安全事务助理与总统关系特别密切（如两个赖斯），但国务卿历史上是首席内阁部长（secretary of state），① 现在则是负责外交事务的最高行政官员。而且，国务卿在对外事务上可能比总统更为专业。因此，其意见在外交决策中的作用通常比副总统与国家安全事务助理更重要。

外交部与中联部强化自身与下属机构的研究力量也应提上议事日程，并赋予这些研究机构更大的独立性。毕竟，如果政府机构自身的研究力量不足、不强，就不容易与机构外的专家和机构进行高质量的交流互动，这方面中联部改进的空间大于外交部。

人才的使用上，外交部已经有若干某些问题或领域的专家型官员，部委领导中也出现了来自其他专业部委的人士。这说明外交部已意识到现有干部队伍中存在的不足并着手改进。但力度还远远不够。"打破外交部现有的相对封闭体系，大幅度增加非职业外交官在部局级人员中的比重"应

① 从功能角度看，美国建国后在外交上奉行孤立主义，外交事务并不多，国务卿的主要职责是国内事务，如参与制定并保管国内的法律法令，为国内行政部门的人事任命做公证，保管国会的各类书籍和文件等。随着美国实力的提升与对外事务的增加，国务卿的主要职责才转向对外事务。1781—1789 年期间的外交部从 1790 年开始改称国务院（the department of state）。但国务卿依然是内阁第一部长与总统首席外事顾问，负责协调除部分军事行动外的政府海外事务。国家安全委员会成立后国务卿是首席委员。现在的国务卿依然保留一些对内功能，如保管与使用国玺，一些联邦公告文件由总统和国务卿联署，甚至总统辞职也要向国务卿提交辞呈。

该成为外交部贯彻落实"一带一路"战略工作的一个组成部分，加快推进干部来源与构成的多元化。

从长远看，解决之道是建立政务官与事务官分类制度，但这需要与其他部委统筹协调。中近期内，至少可以启动并实施以下两项措施：强化外交官的离岗培训、延长培训期限，以提升其专业知识与技能。① 更容易见效的是大量增加"外部人"，如增加外交政策咨询委员会中非外交官的比例（刚刚换届的新一届委员有 29 位，其中只有 6 位非外交官），并考虑强化咨委会功能，甚至考虑将之升格为国安会外交政策咨询委员会。还可以把有经验的相关领域的专家学者吸收到外交决策部门中。这些人可以先出任司局级职务，并在一段时间后提拔到更高级的岗位。

这方面，科技部、环保部已开先例，在教育部、卫计委及其前身卫生部更是常事。就国际关系领域而言，王沪宁教授的经历不应成为绝响，而应在一段时期过渡后，成为新常态。

当然，外交部现有人员的出路问题也需要考虑。在中高级岗位竞争越来越激烈的情况下，大力推行人员构成多元化，将严重损害现有人员的职业预期。解决的办法是：多部门同时打破藩篱推进人员构成多元化，把具有丰富外交实践经验的人员有序分流到其他部委去从事与外事相关的工作（最近的一个例子是：刘建超从外交部部长助理转任国家预防腐败局专职副局长）；外交官在现有的"职业化"上增加"专业化"，依据年功序列增加收入，避免收入完全与职务挂钩；转行到学校、科研机构、大中型企业、咨询机构等部门；推荐到各类国际组织工作。

---

① 2016 年 3 月 1 日成立的中国外交培训学院，依托外交学院，将开展全国外交外事人员、国际组织后备人员培训以及相关国际交流合作，显示出中国政府已经意识到强化外交官培训的重要性。此前的外交官在职培训并没有规范化，专业性、时间性都有所欠缺，仅仅是不系统地进行一些学习培训，如自学。而在中央党校、外交部党校学习的外交官，也有机会聆听来自国际政治学、经济学等领域知名学者的讲课。

◇◇ 总　结

"一带一路"战略是新一届中国政府为推进中国梦的实现而制定的对外关系顶层设计，旨在推动中国从"有全球影响力的地区大国"发展为"综合性全球大国"。随着"一带一路"战略的实施，中国的海外利益将大幅度增加，外交事务的广度与深度都将前所未有地扩展。中国外交的目的，将从服务于经济建设转为服务于中国梦的实现。为此，中国外交势必从"韬光养晦"转向"奋发有为"。中国现有的外交决策机制已经不能满足这种需要，亟须进行大幅度的改革。

中国外交决策机制的不足主要体现在信息的收集与分析、政策建议的筛选与综合、决策的做出三个方面，其中最主要的是第二条：缺乏一个强有力的政策建议筛选与综合机构。外交决策机制的改革应该包括观念、制度与人才三个方面。

观念层面，努力走出"弱国无外交"认知误区，摆脱"受害者心态"，进一步确立自信，意识到中国的志向是当综合性世界大国，为此需要经略好周边，构建战略依托带；在处理与周边国家的关系时，有整体与长远眼光，理解周边中小国家的安全关切，减少它们对中国的疑虑与恐惧，增加对它们的吸引力，使得它们愿意与中国进行全方位的合作，而不仅仅在经济上获取好处。

制度层面，纠正现在中央国家安全委员会偏向于对内事务的倾向，强化其对外方面的统摄功能；由总书记兼任国安委主席偏重统摄对内方面，由另外一名政治局常委任常务副主席，并兼任中央外事领导小组常务副组长，负责对外事务；提升外交部部长的级别，由一名政治局委员级别的副总理兼任。

　　人才使用层面，建立政务官与事务官分类制度是长远之计。中短期内，可以采取的措施有：强化外交官的离岗培训制度，并延长现有的培训期限，以提升其专业知识与技能；大量增加"外部人"，把有经验的相关领域的专家学者吸收到外交决策部门中，形成中国的旋转门制度。

　　（本文以《"一带一路"倒逼中国外交决策机制改革》为题发表于《东南亚研究》2016 年第 2 期）

1.7 "一带一路"战略与对外话语体系重塑

核心观点：中国的对外话语体系存在三大不足：军事色彩过于浓烈，重视大原则阐述而不够重视具体问题应对，核心话语缺乏稳定性。在实施"一带一路"建设的过程中，中国需要有针对性地加以改进。

有证据表明，中国政府正在把"不要对抗要合作、利己的同时也利人"当作处理对外关系的首要信念（primary doctrine），并且，政府各部门都尝试用外界能够理解的语言来阐述这一信念，譬如，中央政府把"合作共赢"确定为新型国际关系的核心。又如，国家发改委、商务部与外交部在联合颁布的"一带一路"《愿景与行动》中提出，要坚持共商、共建、共享原则，积极推进与沿线国家发展战略的相互对接。海军司令在谈及南海岛礁建设这样高度政治化的议题时，指出这种建设有助于"提高在这一海区……的公共产品服务能力"。这样的例子还有不少。但是，中国的对外话语体系还存在一些不足之处，比较突出的是以下三点：军事色彩过于浓烈，重视大原则阐述而不够重视具体问题应对，核心话语缺乏稳定性。

一些中央部门与地方政府，**喜欢使用"排头兵""桥头堡""主力军"等军事术语**，觉得这些词形象、有力、简洁、易懂。在中国大陆的语境下，这些词确实具有上述效果，也很少有人会把这些词与打仗联系在一起。但是，在对外关系中使用这些词汇，就容易产生意想不到的效果，尤其是在边疆地区对外关系中使用。体量巨大的中国的快速崛起，本来就容易引发周边中小国家的种种疑虑，为此而高度关注中国的一举一动。当边疆与沿海省份说自己的发展目标是成为通往印度洋的"桥头堡"、建设丝绸之路经济带的"主力军"、推进海上丝绸之路建设的"排头兵"时，由于这些词所蕴含的强烈军事色彩，周边国家有的会联想到历史上与中国发生的冲突，有的会猜测中国方面的规划是否具有潜在的军事含义，有的会认为这暗示了中国的扩张倾向。他们会想：中国一直说要睦邻安邻富邻，要以邻为伴与邻为善，要亲诚惠容，中国语言文化又高度发达，完全可以找出一些中立、友善、平和的词汇，来表述这些涉及国家间关系的规划、战略、倡议。坚持使用这些军事术语，往重了说是中国对这些国家有一种敌意思维；往轻了说，也可以认为中国不重视周边中小国家的感受，刻意使用这些不符合"合作共赢、不搞对抗"外交思维的词汇。难道不是么？

军事术语体现的是一种对抗性思维，追求的是单赢结果。依据中国的"言为心声"说，使用军事术语引发上述非意料中的解读并不奇怪。而且，语言在反映现实、展示思维的同时，还有塑造人的思维的一面。这就更让周边国家心怀忐忑了。

应对方案

如果说，"一带一路"带来的各种项目、工程从有形的方面"开放"周边国家，恰当的话语则从无形的方面沟通这些国家人民的心灵。于是，用其他国家听得懂、听得进去的话语讲中国故事、中国心愿、中国诉求，就有了迫切的需求。化解疑虑、增进互信，既需要实际行动，也需要大量的沟通。沟通需要换位思考，包括用对方喜闻乐见的语言形式。为此，有必要在对外交往中使用比较中性的词汇，避免使用军事色彩浓烈的词汇。据悉，有些地方已经采取行动，不再使用"桥头堡"之类的词汇。

其次，构建人文色彩的对外话语体系。语言是现实的折射，但具有滞后性。就中国的情况而言，比较明显的一点是：革命家治国的时代，革命化的话语不但在政治生活中被应用，甚至渗透到人们的日常生活中。工程师治国的时代，则工程用语流行于世。但这显然不是常态。发达国家通常是人文与社会科学专业出身者治理国家，其内在的合理性大概是，战争与革命并非民众生活的常态，人也不是机器，对于社会的治理，更多地应该基于人性化的考虑，因此，用人文化的话语就成了客观要求。中国政府已经做出了一些努力，如领导人用受访国家的语言问好、引用当地的民谚民谣，这在拉近与当地人的心理距离上效果显著。但如何塑造"自己坚信并且对其他国家也有吸引力的对外人文话语体系"，事关"一带一路"实施的效果，需要中国政府与学者共同应对，早日拿出解决方案。

中国在对外交往中，**喜欢提出一些比较宏大的概念与原则，但往往缺少具体措施与步骤去加以落实，有时候对自身的身份与利益变化缺乏敏感性**。比如，建设和谐世界，没有人会反对这种说法，但如何操作？如何平衡"建设和谐世界"与"捍卫国家利益"的关系？涉及具体议题，周边国家会问：在领土与海洋争端中，中国声称对那些岛礁与附近海域拥有无可争议的主权，那如何实现和谐世界？此外，中国常说"得道多助、失道寡助"，那么，在南海问题上中国是否有必要调整立场以改变"支持国家不多"的局面？如果中国认为南海问题适用的是"真理有时候在少数人手中"原则，那么，中国是否有必要清晰化自己的权利主张，以便向周边国家昭示，自己确实是掌握着真理的少数？

还有，研究表明，中国提出与美国建立新型大国关系以来，美国政府高级官员很少使用这个词汇，这固然有"美国不愿意承认中国已经拥有与自己平起平坐的地位"的原因，另外一个不容忽视的原因则是，美国认为，中国提出了建立新型大国关系的几项原则，但这需要通过一个个具体议题来落实，为此提出了一些议题与领域。却发现，有的获得了中国的响应，如制裁朝鲜与伊朗；有的获得了部分响应，如知识产权保护；有的则没有，如网络安全领域的合作、斯诺登事件的处理。

应对方案

中国喜欢提出一些比较宏大的外交原则与概念，与两种原因有关：以儒道阴阳为代表的中华文明，偏好从整体视角认识世界，与建基于个体主义的基督教文明形成鲜明的对照；中国在对外交往中，设置议题、引导进程的经验不足，只能提出一些原则性的主张与概念。前者决定了中国不可能被完全"西化"。后者则昭示中国具有改进与进步的空间，毕竟，中国政府已经在过去三十年里展示了自己的学习能力。

有必要强调的是，作为崛起中的大国，中国不可能事事按照美国的意志行事，尤其是在事关核心国家利益时。美国对此也心中有数。问题在于，在不涉及核心利益的议题上，中国政府如何拿捏与美国合作的领域与合作的程度。中国当然有权批评美国在网络安全问题上的伪善与双重标准，并拒绝引渡斯诺登。但在平衡知识产权保护与本国公民正当利益的保护方面就有可改进之处。譬如，印度的药品强制许可制度就值得中国借鉴。毕竟，专利制度有其局限性。此外，力量的变化会带来身份与利益的变化，这需要中国及时调整自己的利益定位，与美国的合作方式也要调整。以"其他国家在沿岸国专属经济区内的军事活动权"为例，中国的立场实际上已经从"反对"变成了"同意"，2015 年 5 月底的中俄海军地中海联合军演就是显例。这时候如何应对美国在南海专属经济区内的情报搜集活动，就需要做新的研判并调整政策应对。

总体上，中国应该保持自己善于提出宏观概念的特长，但也要强化应对具体议题的能力，除了核能力等少数重大事项外，在大国外交中清晰化自己的实力与政策主张。在针对周边中小国家的外交上，有必要尽可能不用模糊策略，以真正贯彻"以诚相待"原则。同时，注意从长期趋势把握利益所在，并对于自己的身份利益变化保持高度的敏感。

核心外交话语缺乏稳定性，在新中国成立前三十年表现为章百家先生所说的"中国外交十年一变"：五十年代的"一边倒"、六十年代的"两个拳头打人"、七十年代的"一条线一大片"。外交政策的大幅度调整会导致敌友变换，必然导致外交主要话语的大幅度调整。

后三十年中国外交的主轴是"改革开放"，主要是向西方尤其是美国开放，外交话语的变化幅度没有前三十年那么大。与领导人的更替相关，大致表现为：独立自主的和平外交是主线。在此基础上，八十年代强调"反霸"，九十年代兴起"伙伴关系"外交 21 世纪头十年继续推进伙伴外交的同时致力于建设"和谐世界"，睦邻善邻富邻、以邻为伴与邻为善成为这一时期的外交热词。进入第二个十年，中国外交出现了三十年来最大的一次调整，"奋发有为"取代了"韬光养晦"，新一届中国政府提出了"一带一路"战略，积极主动推进伙伴外交，促进周边地区发展，逐步构建自己主导的地区政治经济新秩序。"合作共赢""亲诚惠容"成为新的外交热词。这些词汇的轮替，具有合理性的一面。不足的一面则是，容易被认为政策缺乏连续性。

应对方案

作为一个依然处于融入世界体系过程中、希望在现有国际体系内实现和平崛起目标的国家，"适应世界"的功课中国依然需要做。为此，有必要保持核心外交话语的稳定性、避免外交政策的大幅度摇摆。当然，中国发展到今天的程度，调整执行了三十多年的"韬光养晦"战略，是必要的。通过实施"一带一路"战略，构建自己主导的地区政治经济文化新秩序，具有内在的合理性。现在需要做的是把奋发有为的外交战略具象化，避免大调整。具体而言，要清楚意识到"一带一路"是个长期战略，与沿线国进行项目合作时，明确这是经济合作而非经济援助，应坚持对方自愿的原则，严格审核对方所提出项目的可行性，避免为了树立样板而在短时期内上马一大批项目，真正做到"成熟一个审批一个"，"政府搭台、企业唱戏"。如是，或有望令"奋发有为""合作共赢"等词汇成为切实有效、长期稳定的核心外交话语。

（此文以《中国应重塑对外话语体系》为题，2015 年 6 月 29 日发表于 FT 中文网）

1.8　中国如何看待周边大国之间的交往

核心内容：中国怎样看待周边国家之间的交往，尤其是涉及日本与印度这样，与中国关系不怎么和谐的周边大国时？崛起的中国应该理性平和看待这种现象，这些国家间的交往，基本上也属于建立战略伙伴关系的范畴。中国最好的选择是：让自己对这些国家更有吸引力。

最近，中国周边国家之间的一些外交往来受到了中国媒体的关注。一些媒体认为：印度总理莫迪 2014 年 9 月初对日本的访问，是在呼应日本的价值观外交，旨在"遏制与牵制"中国；越南总理阮晋勇 9 月底访问印度，是为了在印度洋上支持印度，并为在南海问题上抗衡中国寻找支持力量；对阿基诺 9 月中旬访问欧洲四国，也突出其在南海问题上获取支持的一面。这涉及一个重要的问题：一个正在崛起的中国，应如何看待周边国家的外交行为，尤其是当这些行为发生在一些比较大的、与中国有领土争端的国家间的时候？

笔者的回答是：这些交往可能有对抗中国的一面，但未必是全部，甚至未必是主要内容；这些国家之间的交往，如建立战略伙伴关系，乃过去 20 年来国家间关系的大趋势，总体上符合中国所主张的"多合作、少对抗、不针对第三方"的新安全观，也是包括中国在内的全球系统性大国都在做的事情；中国应有足够的自信理性平和看待这些交往，并以自己的实际行动来增加对周边国家的吸引力，如是更有利于中国的崛起。

周边国家的对华政策实践

众所周知，冷战后"和平与发展"基本取代"战争与革命"并成为全球大趋势，亚洲终于告别数十年的混乱、动荡、战争局面，以快速的经济发展为全球瞩目，20世纪90年代的东南亚在这方面表现突出，继"四小龙"后出现的"五小虎"都是东盟国家。进入21世纪后，"大块头"中国的崛起成为全球和平发展过程中的一个突出现象。加入世贸组织为中国在经济上影响世界奠定了基础。全球金融危机后，中国在全球的重要性开始凸显。从展示出系统重要性的角度看，2008年或可称为中国"崛起元年"。

对于世界来说，应对中国的重新崛起是一个百年未遇的新课题。周边国家对此体会尤深。不过，对于它们来说，无论愿意与否，发展与中国的关系尤其是经济关系是现实选项。中国成为周边大部分国家最大贸易伙伴国就证明了这一点。但各国在推进经济合作的力度与效果上有明显差别。这与其是否有某些经济上的比较优势，特别是是否愿意大力强化与中国的政治关系有关。韩国与新加坡具备这两方面的条件，因此效果显著。柬埔寨、巴基斯坦、孟加拉国、老挝有政治意愿，虽然经济上的比较优势不如韩国明显，与中国的经济关系也相当不错。蒙古与马来西亚政治意愿相对弱，经济上比较优势也不够明显，因此与中国的经济关系发展势头不如上述国家。缅甸的政治意愿在弱化，与中国的经济关系发展不如前几年。而印度尼西亚则恰恰相反，这几年的政治意愿在强化，与中国的贸易与投资联系也在明显强化。上述国家与中国没有领土争端，或者即使有也能予以淡化处理。

对于与中国有领土争端问题且争端总体可控但没有被淡化处理的国家来说，加强与中国经济合作的政治意愿受到影响，这也体现在经济合作效果上，虽然程度上有所不同。印度比较注重管控与中国的领土争端，中印的经济合作发展较快。越南在管控争端上做得不如印度，因此几度影响与中国的经济关系。日本与菲律宾则采取了一些激化争端的做法，更是明显影响了与中国的经济关系（特别是双边投资）。印日菲越四国人口都在9000万以上，其中印日无疑属于周边大国，菲越则属于中等国家。人口因素加上领土争端，使得这些国家之间的外交行为受到中国媒体的特别关注，担心它们不但"勾结"区域外大国尤其是美国，而且彼此间互相勾连，以此遏制、牵制、平衡崛起中的中国。

周边国家对华政策辨析

遏制的确切含义是围堵，乃典型的冷战概念，体现的是一种冷战思维。所谓冷战思维，就是从对抗性的观点看问题，意识形态优先，坚信对方所作所为都是出于打败乃至摧毁我方的目的，并为此采取各种阴谋与阳谋手段。对于唯一的超级大国美国（它是联合国193个成员国中192个国家的"周边国家"）来说，由于中国执行的是对外（主要是对西方）开放政策，这决定了美国既无必要也无可能对中国进行全面的遏制或围堵，就像冷战时期对待苏联那样。**美国对华战略目标是：确保中国的崛起过程和平"不脱轨"，并在这个过程中逐步"西化"中国。**大致上，克林顿时代确立的"接触加防范"成为冷战后美国对华政策的基调。最近几年，美国自知"西化"中国短期内实现无望，但出于现实的考虑，接触的基调未变，而防范的成分在增加，主要表现是扶持中国的周边国家以便"尽可能恢复亚洲地区的力量平衡"。这体现的是盎格鲁—撒克逊国家数百年来坚信并奉行的区域战略。

既然美国都无意、无力围堵中国，中国周边其他国家更不可能采取这种战略。那它们是否愿意成为美国牵制与平衡中国的工具呢？对于绝大多数周边国家来说，不愿意成为中美两个"大象"打架的"草地"，这是常识。印日菲越四国中，印度旨在成为尼赫鲁所说的"有声有色的大国"，为此长期奉行不结盟政策，因此很难成为美国的盟国；越南不想过度刺激中国，也担心美国的和平演变政策，同样不可能成为美国的盟国；菲律宾的主张是在国际法框架内和平解决南海争端,从来没有说要在美国的支持下武力解决南海争端,他们深知这不具有可行性;停滞中的日本担心崛起的中国在东海等问题上"改变现状",这使得日本最可能成为美国平衡中国的砝码,但中曾根康弘以来历届日本政府的目标恰恰是:成为正常化国家,以摆脱安全、外交上高度依赖美国的局面。为此,安倍政府的做法是:推行安倍经济学、参拜靖国神社、奉行积极和平主义。其结果是,日本与中国、韩国等邻国的政治关系恶化。但在欧美国家看来,安倍与其说是右翼领导人不如说是民族主义色彩强烈的领导人。

20世纪90年代以来,与注重经济发展相伴随的,是政治上建立"伙伴关系"热。美国与中国、新加坡、新西兰、澳大利亚都建立过不同形式的战略伙伴关系。亚洲国家在这方面更是不遑多让,以中国为例,已经与67个国家建立伙伴关系,其中44个为战略伙伴关系。这些国家涵盖了周边大部分国家。战略伙伴关系的哲学基础是联合国所倡导的、以人的安全与共同安全为特征的新安全观。新安全观以普遍安全代替片面安全,以综合安全代替军事安全,以合作安全代替对抗安全。而战略合作伙伴关系则体现为:强调经济、技术与文化领域的合作,主张军事合作不针对特定第三方,强化在应对恐怖主义、环境污染、海盗活动等非传统安全领域的合作。

重新解读周边国家间近期外交行为

以此回观上述外交行为,或许会有不同的感受。(1)分析阿基诺的行程会发现,他对欧洲访问的重心在经贸方面,如加入欧盟普惠制度,促进欧洲对菲投资。菲律宾外交部部长助理也明确表示,菲律宾在南海问题上的诉求不会包含在总统欧洲之行达成的正式文件中,欧洲国家对于菲律宾的支持是心照不宣的。(2)为了搭上东亚经济快车,印度在20世纪90年代初期提出"向东看"(look east)政策,并在近几年发展为"向东干"(act east)。日本以在资金、技术上的优势而被前总理辛格认定在"向东看"政策中居于核心地位。新上任的莫迪以发展经济为己任，与安倍互相欣赏，他访问日本的重心是招商而不是组建价值观同盟。两国联合声明中表示双边将建立"特别战略全球合作伙伴关系"，是希望加深经济、政治、文化、安保等多领域的合作，但其中的军事合作远远没有达到中俄之间的水平。如果我们认为中俄战略伙伴关系下的军事合作并非针对第三方，也就难以认定日印战略伙伴关系是为了针对第三国。退一步说，即使有这种含义，也不是双方关系的重心，中国没有必要对此太担心。（3）越南长期以来与印度保持良好的国家间关系，双边互动密切，并在2007年建立战略伙伴关系。但双边的经济合作程度依然不高，经过几年快速发展，两国贸易量依然很小，对越贸易在印度对外贸易中仅占0.33%，越南方面则为1.25%且存在大量逆差。到2014年两国之间依然没有直达航线。越南总理阮晋勇此次访问的过程中与印度就合作开发南海102/10与106/10两个区块达成了协议，但印度媒体已经多次报道不在中越争议海域。至于双边的军事合作主要基于如下事实：冷战时期印度、越南都与苏联关系密切，军备多来自苏联，但印度对苏联武器的消化吸收要强于越南，越南引进印度武器具有技术上的便利与经济上的便宜双重好处。

中国应对

国际关系理论告诉我们，国家间的关系是在互动中塑造的。如果从对抗的角度看待两国关系，结果可能导致两国走向冲突；从建设性的角度看问题，则可能导致国家间的关系走向更多的合作。崛起中的中国对于周边国家之间的交往要有自信。原因众多，择要如下。

第一，中国海军的实力远远超过东盟十国海军的总和，这种情况在可以预见的未来不会改变，因此，东盟国家无力以武力解决海洋争端。美国不大可能因为南海争端为盟友菲律宾与中国开战。

第二，中国在全球的系统重要性在日益上升，与中国的合作而非对抗才是周边国家的选择，印度总统穆克吉 2007 年就说过，中国在印度"向东看"政策中居于关键地位。重视中国发展经验、2014 年 9 月中旬在家乡盛情款待习近平主席的莫迪很可能会对此表示赞成。

第三，与周边国家的矛盾与争端不是彼此关系的主流，并且有望在进一步发展友好关系的过程中得到解决。一个不争的事实是，中国与 14 个陆上邻国中的 12 个已经解决了领土争端，这些都是在彼此关系比较好的时候实现的。

第四，中国在快速崛起，周边国家特别是与中国有领土争端的国家，对中国存在一些疑虑是正常的。中国所需要做的，是进一步证明：他们可以从中国的发展中切实获益，中国不会在解决领土争端的过程中仗势欺人（中国解决领土争端的实践一再证明了这一点）。

第五，中国也有必要提醒自己，多从周边国家的视角看问题。他们与中国一样，也希望与其他国家构建不同层次的战略伙伴关系。这种关系并不针对第三方，或至少不是主要目标。中国所倡导的"互信、互利、平等、协作，既维护本国安全，又尊重别国安全关切，促进人类共同安全"新安全观同样适用于周边国家。在看待周边国家之间的交往上，中国不搞双重标准。

（此文以《中国应该如何看待周边国家之间的交往》为题，2014年 11 月 16 日发表于《世界知识》2014 年第 22 期）

1.9 "一带一路"与中国海洋利益分类

核心内容：中国海洋利益按照重要程度可分为核心利益、重要利益、一般利益、次要利益四类，按照功能分为政治、安全、经济、文化、科学研究等领域。以此为经纬，分析未来若干年中国的海洋利益目标：哪些志在必得，哪些只能用一定力度追求，哪些不应该追求。

海洋占地球表面的71%。随着科学技术的发展，海洋在人类生活中的作用日益增加。各国都在以自己的方式追求海洋利益，各国的海洋利益有共性也有差异。大国追求海洋利益有自己的特点与优势。处于崛起进程中的中国，在落实"一带一路"的过程中，应该追求什么样的海洋利益，这在很大程度上取决于如何进行利益分类。

海洋利益是指人类可以从海洋获得的好处与享受的权利。前者与科技的发展与国家能力紧密相关，后者则随国际法的演化而变化。海洋利益的内容非常广泛，为了研究与使用的便利，人们对其进行了不同的分类。从功能角度，有的将之分为领土主权、司法管辖权、海洋资源开发权、海洋空间利用权、海洋污染管辖权与海洋科学研究权，有的将之分为主权利益、空间利益、安全利益、资源利益、交通利益、科研利益、环境利益、国家统一、国家地位与国家角色，有的将之分为海洋产业、海洋运输、近海油气资源、海外企业与国民利益、南北极和平利用、海底矿产资源等，还有人通过枚举岛礁主权、海上通道安全、领海空间安全、是否适用武力等来划分。这些分类的好处是比较直观,不足之处是逻辑上不够严密,把不同层次的利益并列,并且彼此间存在交叉。比较好的方式是分为海洋政治利益、海洋安全利益、海洋经济利益、海洋文化利益等,考虑到科技在海洋利用上的重要性,还可以把海洋科学利益单独列为一类。但是,认为"海洋利益属于国家主权范畴",或"在其管辖范围内才享有的利益"则是片面的。公海及其上空并不属于任何国家管辖,但各国依然享有海洋利益。也有人依据重要性不同,把海洋利益划分为两类(核心利益与非核心利益、重要利益与一般利益、主要利益与次要利益),三类(核心利益、重要利益、一般利益),四类(关键利益、重要利益、一般利益、次要利益)。按照重要性分类的好处是,国家可以依据自己的能力与需要,确定哪些利益志在必得,哪些利益只能用一定的力度去追求,哪些利益是不应该追求的。

本文把中国的海洋利益分为**核心利益、重要利益、一般利益、次要利益四类**。核心利益通常指一个国家必须全力捍卫的利益。重要利益指在不影响生存的情况下,一个国家应该尽最大力量保护或获取的利益。一般利益是指一个国家应该用一般性力量去争取与保护的利益。次要利益是指一个国家用少许力量去争取与保护的利益。从力量应用的角度界定中国的海洋利益,有助于中国在和平崛起的过程中,合理追求从海洋获得的好处与享受的权利,避免制定过高的利益目标与不适当地使用国家能力。一个例子是,如果把"保护世界主要海上通道的安全"列为核心利益,等于赋予中国海军与美国海军同样的任务。这大大超出了中国海军的能力,并把中国海军引向与美国海军直接对抗的境地。这显然背离了和平崛起理念。

不同的海洋利益目标具有不同的重要性。确定海洋利益目标的方式多种多样,本文按照政治、安全、经济、文化、科学研究等功能领域进行简要分析。

海洋政治利益包括海洋主权、海洋管辖权、海洋管制权等。海洋划分为内水、领海、毗连区、专属经济区、大陆架、外大陆架、公海等。沿岸国家的内水等同于领陆，领海除了无害通行权外也可以视同领陆。国家在这两部分海洋享有完全主权，其主权权利属于国家核心利益。对于毗连区与专属经济区，国家享有不完全主权，即享有某些管辖权与经济活动权，属于国家的重要利益。各国对公海及其上空有平等的使用权，经过批准可以开发特定区块的海底资源，这些属于一般海洋利益。公海的海洋运输通道通常具有可替代性，属于次要海洋利益。国际海峡与其他国家的专属经济区，在没有替代者时属于重要海洋利益或一般海洋利益，在有替代者时属于次要海洋利益。

安全包括传统安全（主要是军事安全）与非传统安全（军事安全外的其他安全）。非传统海洋安全利益包括海洋生产、商业运输、科学研究活动的顺利进行，主要指商业航行自由。**传统海洋安全利益**包括建立海上安全屏障、防止海上军事冲突、军事航行自由，主要是指军舰、潜艇、航空器（特别是飞机）的航行自由，特别是在其他国家专属经济区内的军事活动权，在其他国家领海内（国际海峡除外）的无害通过权以及国际海峡的过境通行权。大部分国家认为专属经济区内的军事活动权等同于公海，军舰在领海内的无害通过无须预先通知或批准。中国这方面的立场正在发生变化，对于专属经济区内的军事活动权的立场已经与美国一致，但法律依然要求无害通过须经批准。美国迄今为止基本遵守了中国的这一法律要求。长远来看，中国有可能调整立场。这种权利属于中国的重要海洋利益。

海洋经济权益主要包括开发领海、专属经济区、大陆架资源，发展国家的海洋经济产业等。海洋经济占一些国家经济比重比较高，如越南大约为50%。海洋经济目前仅占中国 GDP 的 10%，目标是到 2030 年达到15% 左右。一些沿海省份提出了建设海洋经济大省的目标，这主要依靠专属经济区与领海。对于这些省份，海洋利益属于重要利益，但在中国整体国家利益中的位置可能稍低，在一般利益与重要利益之间。而在公海海底的开发、远洋捕捞、在公海与国家海域的经济活动的油气开发与渔业养殖、在北极圈的经济活动等，属于一般海洋利益或次要海洋利益。

文化可以包括科学研究，**海洋文化利益**包括海上观光旅游，举办跨海域的文化活动，以及进行海洋科学考察、建立海洋科学基地等。文化海洋利益的获得与维护可以发生在内水、领海、专属经济区、公海、南北极，以及这些海域的上空，通常属于一般海洋利益与次要海洋利益，少数可能达到重要海洋利益。在南北极的科学考察活动，属于一般海洋利益或次要海洋利益。

一些利益涉及政治、安全、话语权等，在国家利益中的重要性如何判断需要仔细权衡。这里列出三类：争议岛礁，国际海洋机制，国际司法与仲裁。

国家领土按照所处的位置可以分为中心领土与边缘领土。在民族国家体系诞生之前，国家的边疆（borderland）是动态的，经常随着实力的变化而调整，通常没有明确的边界。民族国家则要求对国家边界进行确认。这是许多冲突与战争的主要根源，尤其是当某些边缘土地对国家的生存与发展特别重要时。但有些边缘土地的所有权有争议，也就是说，其所有权（即主权）归属是不确定的，在领土谈判中属于可交易对象，不属于通常意义上的领土。海洋岛礁也是如此。那些远离本土、无人居住的争议岛礁，邻近国家对其所有权并不重视（军事要塞除外），一般属于次要国家利益。可一旦被发现附近海域有重要经济资源（化石能源、矿产资源等），则有可能升级为一般利益乃至重要利益。专属经济区与大陆架制度的建立加剧了这种升级，但一般很难达到核心国家利益的程度。

国际海洋机制的确定与维护，历史上多是大国起主要作用，如大陆架制度、海洋航行自由制度，国际海峡的过境通行（transit passage）更是冷战时期美苏合作创造出来的一个概念。但在《联合国海洋法公约》（以下简称《公约》）酝酿与制定的过程中，中小国家通过抱团用力的方式，在某些议题上也发挥了主要作用，如群岛制度、专属经济区制度、海底资源共享制度、领海从 3 海里扩大到 12 海里等。《公约》被称作海洋宪法，包括中国在内的众多国家依法获得了大量的海洋综合利益。对大国来说，国际海洋机制可能是某些部门的核心利益或关键利益，如美国海军就把全球航行自由列为自己的核心利益或核心价值，但在美国国家利益中则很难说达到了核心利益的程度，所以美国可以让自己长期处于"不批准《公约》但尊重其理念"的状态。对中国来说，海洋利益越来越多，用国际海洋机制来获取与保护自己的利益是必然途径。不同的海洋机制可能是次要利益、一般利益乃至重要利益，但不大可能达到核心利益的程度。

国际司法与仲裁是国际海洋机制的一部分，但具有相对的独立性。大国的立场基本上是：低敏感度的功能领域（如捕鱼权争端）可以参与并接受国际司法与仲裁，但在高敏感度的领域（如岛礁归属、海洋划界、海洋刑事犯罪）则持慎重甚至不参与的态度。派法官或仲裁员到相关国际机构任职则是普遍现象。美国 1985 年 1 月退出"尼加拉瓜诉美国案"，后来通过"签署双边豁免协定"替代"加入国际刑事法院"都是例子。

中国 1996 年依《联合国海洋法公约》第 298 条规定向联合国秘书长提交排除性声明，对于《公约》第 298 条第 1 款（a）、（b）和（c）项所述的任何争端（即涉及海洋划界、领土争端、军事活动等争端），中国政府不接受《公约》第 15 部分第 2 节规定的任何国际司法或仲裁管辖。中国也没有参加国际刑事法院。

国际司法与仲裁在国家利益中的位置通常属于次要利益与一般利益，少数可达到重要利益，但很难达到核心利益。对大国来说更是如此。中国的海洋利益在增加，会有更多的海洋利益达到重要利益的程度，通过国际司法仲裁来保护自己海洋利益的必要性在增加。也许会在适当的时候调整相关政策，但这不意味着与中国有关的司法或仲裁案件将大量增加。

（此文经编辑改写后以《中国海上崛起利益清单：中美各自看重的大不相同》为题，2016 年 1 月 11 日发表于凤凰网。系凤凰大智库"中国海上崛起"系列报告之二）

1.10 "一带一路"与亚投行

核心观点：亚投行的建立是中国外交的一大胜利，但并非中国另起炉灶建立新世界秩序的开始。中国政府清醒地认识到，为实现中国梦，还要在许多方面进行艰苦而长远的努力，中国全面挑战美国的前景目前还看不到。

2015 年 6 月 29 日，亚洲基础设施投资银行的 57 个意向创始成员国代表在北京出席了《亚洲基础设施投资银行协定》签署仪式，中印俄德韩澳成为前几大股东，而菲律宾、丹麦、科威特、马来西亚、波兰、南非、泰国七国没有签订。按照商定的时间表，各方将共同推动该行于年底前正式成立并尽早投入运营。亚投行的成立被世界舆论看作是中国外交和战略的巨大胜利。显然，就像世界银行不是美国的银行、亚洲开发银行不是日本的银行那样，亚投行也不是中国的银行。那么，"胎动"中的亚投行对于世界究竟意味着什么？我们从权力政治、国际制度、文化认同等视野展开分析。

◇◇ 权力政治视野的分析

现实主义者认为，在无政府的国际体系中，国家最为关注安全与权力，国际政治实际上是大国之间的博弈，大国间力量对比的变化体现国家权力大小的变化，而"极"的数量的变化构成国际体系结构变化的关键变量。从力量对比变化的观点看，毋庸讳言是中国的一大外交胜利。首先，中国把英法德意澳韩等美国的重要盟友变成了亚投行的创始会员国，而且是在美国明确表示反对的情况下，这是前所未有的现象。其次，从成员分布地区看，包括亚洲 34 个，欧洲 18 个，大洋洲 2 个，非洲 2 个，南美洲 1 个，覆盖了全球五大洲，而且，巴西、埃及、南非、澳大利亚、新西兰等国均是所在洲代表性国家。可以说，除了北美，各大洲代表性国家均已加入。这显示出亚投行已不仅仅是亚洲区域的金融机构，说是全球性银行亦不为过。再次，从发展中国家参与度看，包括了五个金砖国家，亚洲 48 个国家中的 34 个均加入，包括了日本以外的亚洲主要经济体。

此外，在亚投行内，中国拥有最大的投票权，达 26.04%，事实上享有否决权，行长由中国人出任。这些方面都有美国在世界银行中角色与地位的影子。中国的经济依然处于高速增长期，GDP 总量可能在 10 年内超过美国，这意味着中国国家开发银行与亚投行的贷款总量未来可能超过世界银行。

这可能是亚投行在全球引发重大关注的主要原因。

◇◇ 国际制度视野的分析

国际制度存在于政治、经济、军事、文化等不同领域，但国际制度的研究者通常最为关注经济制度，因为在和平状态下各国政府关注的重心是发展。那么，亚投行在国际组织中的整体角色与地位又如何呢？

"二战"后美国成为综合实力无可匹敌的超级大国，其对世界的治理主要通过建立一系列国际制度来落实：政治与安全领域有联合国，军事领域有一系列多边与双边同盟体系（如北约、美日同盟、美韩同盟、美菲同盟、澳新美同盟，以及一度存在的东南亚条约组织与中央条约组织），文化领域有联合国教科文组织。经济领域则更多，包括负责贸易议题的关贸总协定与世界贸易组织，负责国际货币议题尤其是汇率问题的国际货币基金组织，负责发展中国家减贫与发展的世界银行。美国除了是美洲国家组织的当然领导者外，在泛美开发银行、国际清算银行、亚洲开发银行等机构中也发挥着实际上的领导作用。以亚洲开发银行为例，虽然长期以来由日本人担任行长，但美国在该行所占的股份与投票权都与日本一样，并列第一：均占有 15.571% 的股份和拥有 12.756% 的投票权。

更为重要的是，美元虽然只是国际货币之一，但在交换媒介、记账单位和价值储备三个方面所发挥的作用，却是欧元、英镑、日元等国际货币所难以匹敌的。美国可以用本币支付外债，这是其他国家所不具有的独特优势。这意味着，如果需要，美国可以通过印刷纸币把其他国家的财富转移到自己手中。

反观亚投行，还没有开始运营。即使开始运营，其主要使命也是投资于基础设施领域，以履行与亚开行互补的承诺。能否有胜过亚开行的表现，还需要观察。即使超过，也是一二十年后的事情。而要成为"世界银行第二"，大概需要三四十年的时间。即使成为了世界银行第二，在贸易、国际汇率、地区金融机构中的影响力，依然不能与美国相匹敌，因为，很难想象会出现第二个世界贸易组织、第二个国际货币基金组织，更不用提第二个泛美开发银行、第二个国际清算银行了。而美国为了保持自己在服务领域的比较优势，已经着手制定 TTIP、TPP 等新的国际制度了。经过三十年的改革开放，中国在货物生产与贸易领域，已经总体不逊色于美国，某些方面甚至有比较优势。但在服务贸易领域，中国与美国与欧洲依然保持着相当的差距，且这种差距不容易缩小。与货物领域不同，这是欧美"安身立命"之本，绝不会轻易向中国开放。

更为重要的是，中国的资本账户开放还没有时间表，人民币国际化前景尚未明确，更谈不上取代美元在国际货币的地位与作用。

◇◇ 文化认同视野的分析

建构主义权威理论家温特认为，国家也是人，人类社会的结构主要由"共有观念"（shared idea）决定，共有观念再决定行为体的身份与利益。文化认同又叫文化身份，是行为体反复选择的结果。建立集体身份需要四个主变量：相互依赖、共同命运、同质性与自我约束。

中国对外贸易量全球第一，是欧盟、澳大利亚、东盟、韩国的最大贸易伙伴，在强化对亚洲基础的投资上具有共同的利益追求，新一届中国政府力倡建立各种命运共同体。因此，这些国家有兴趣加入亚投行，哪怕美国对此表示反对。有必要注意以下几点：首先，亚投行的投资重点是亚欧大陆的中东部，其成立与运营，不过是中国重构地区经济制度的一个尝试，难以取代美国主导的国际经济制度。其次，亚投行涉及的是经济领域事务，而没有涉及安全与军事领域。如果中国建立的是这些方面的国际机制，美国盟国的反应将显著不同。事实上，韩国、澳大利亚等加入亚投行就是反复权衡的结果，不排除对美国做了某些补偿，换来了美国的默许。即便如此，还是有一些国家顾及美国的反应而没有加入。再次，亚投行是一个开放性的组织，不排斥美国的加入，而美国作为世界霸主，对于干涉经济领域国际组织持选择性态度，甚至可以容忍一些组织对自己的排斥。也就是说，在亚投行问题上，各方都体现了某种程度的自我约束。最后，不能忽略的一点是，中华文明有普世性的一面，但整体上是一种区域文明。在经济实力走向世界第一的过程中，如何以自身文明为基础，结合其他文明的长处，提炼出一种具有全球吸引力的核心价值观，事关中国梦的坚实实现与可持续，但这依然是一个巨大的挑战。

◇◇ 小 结

亚投行的建立是中国外交的一大胜利，但不是中国另起炉灶建立新世界秩序的开始。中国在国际安全与军事领域建立类似美国同盟体系的可能性微乎其微，即使未来中国的军费开支未来超过了美国。无论是从综合国力、还是从对国际制度的掌控，或者争取全球性的价值观认同上，中国都有许多工作要做。中国全面挑战美国的前景目前还看不到。中国政府对此有着清醒的认知。一个佐证是，王毅外长在 2015 年 6 月底举行的第四届世界和平论坛上表述道，中国"始终是国际秩序的维护者而非挑战者，是国际秩序的建设者而非破坏者"，中国"将继续维护当代国际秩序和国际体系。无意另起炉灶，再搞一套"。中国"愿与各国一道，与时俱进，推动国际秩序和国际体系进行必要的改革和完善，使其更加公正合理，更加符合国际大家庭尤其是战后成长起来的大多数发展中国家的愿望"。

（此文以《亚投行对世界意味着什么》为题，2015 年 7 月 16 日发表于《中国社会科学报》）

1.11 "一带一路"与 APEC

核心内容：中国尝试从包容性角度，确定自己在周边与亚太的角色与地位，并将之操作化，利用 APEC 的潜能建立亚太自贸区就是一种尝试。但如何实现这一目标，是中国亟须解决的问题。

中国对"亚信"的重视出乎许多人的意料，而习近平"亚洲的事情要靠亚洲人办"的表述，则让外界觉得中国有意推行亚洲版的门罗主义。可是，当下以超乎"08 奥运"标准的环保措施举办 APEC 会议并力推"亚太自贸区"（FTAAP），似乎又表明中国没有"盘活"门罗主义的意涵。为什么会出现这种情况？这些多边国际机制对中国到底意味着什么？

"二战"后美国凭借自己的超强实力，建立起一套国际政治经济军事机制，以此影响盟国乃至全球。反观中国，改革开放以来经济快速发展；进入 21 世纪，中国崛起的速度加快，对国际体系的影响日益上升；2008 年全球金融危机后这种影响更加明显。但是，中国领导层不会不知道，中国的综合实力与美国相比还有不小的差距，而且这种状况将持续相当长时期。总体而言，中国还只是一个"有全球影响的地区大国"，能施加外交影响的主要是在周边地区，虽然其范围在扩大。这种背景决定了不同领域的中国外交取向：自己擅长的双边外交不能放弃，以前较少使用的多边外交要大力强化。于是，在构建多边新机制的同时，挖掘现有机制的潜能就摆上了议事日程，美国实施亚太再平衡战略、力推跨太平洋伙伴关系协定（TPP）

更成为中国利用多边机制的一大动力，亚信与亚太自贸区就是两个显例。

◇◇ 外交四领域分析

政治上，中国过去三十年奉行的"独立自主的和平外交"路线，属于不结盟外交的范畴，因此，冷战后中国侧重双边性质的"伙伴关系"外交，涉及的对象国有 67 个，其中大部分是"战略伙伴关系"，并且可以再分为不同层次，如针对巴基斯坦的是"全天候战略合作伙伴关系"，对俄罗斯是"全面战略协作伙伴关系"，与美国是"建设性战略合作伙伴关系"，与日本是"战略互惠关系"，与印度是"战略合作伙伴关系"，与欧盟、英国是"全面战略伙伴关系"，与东盟、塔吉克斯坦是"战略伙伴关系"。伙伴关系的特点是平等、不结盟、不针对不损害第三国，但伙伴之间关系的牢固程度要弱于同盟关系。而同时期在多边（政治）外交上，柬埔寨案例让中国熟悉情况并建立信心，推动中国走向东盟地区论坛等多边机制。这方面最近的案例是 2009 年成型的金砖国家机制。中国无疑是其最有力的推手。

军事上，同样基于不结盟外交原则，中国 20 世纪 60 年代后没有与任何国家组成军事同盟。近年来一些学者主张中国应该放弃不结盟原则，与一些国家组成联盟（如苏联、韩国、巴基斯坦、柬埔寨），但并没有被官方接受。目前中国正式的盟国只有朝鲜一个，但对这个同盟的实际效用有争议。在没有同盟国、没有海外军事基地的情况下，中国海军远距离投送能力虽有明显提升，但远距离大规模作战能力尚待验证。

安全上，中国在 20 世纪 90 年代提出了新安全观，并在 2009 年明确表述为"互信、互利、平等、协作"八字，主张既要维护本国安全，又尊重别国安全关切，促进人类共同安全。基于新安全观，中国逐步涉入多边安全框架，如 1994 年开始参加东盟地区论坛，2003 年加入《东南亚友好合作条约》，2003—2007 年间主持了六轮朝核问题六方会谈。2001 年成立上海合作组织则是中国参与创建地区安全机构的一次成功尝试，经过 10 多年的发展，上海合作组织已经成为成员国经济、政治、安全、经济、教育等多方面合作的平台，影响力不断提升。如果说，上海合作组织主要关注的是中国新疆、中亚等亚欧大陆心脏地带的安全问题，"亚信"则关注整个亚洲的安全问题，成员还包括埃及等非亚洲国家，观察员国更包括美国、乌克兰等非亚洲国家。中国在 2014 年 5 月主办第四次峰会时，提出的亚洲新安全观强调安全的共同、综合、合作与可持续等内涵，针对许多成员国在安全上依赖美国，指出亚洲的安全归根结底要靠亚洲人民来维护。这似乎可以理解为，随着综合实力的提高，中国试图在寻找新的机制来维护与促进亚洲的安全。鉴于安全问题的敏感性、新建立这方面机制的复杂性，中国选择"亚信"这个框架，无疑大大提升了"亚信"在亚洲地区安全中的角色与分量。

文化上，中国没有法语联盟、英联邦等多边机制来提升自身文明的世界影响力，因此采用双边、点对点的方式，如建立孔子学院、提供留学名额等方式。目前来看，效果还没有完全显示，运作上还有许多可改进的空间。

◇◇ 经济外交分析

经济实力是硬实力的基础，也是中国过去三十年里取得的最为世界关注的成就。这期间外交工作总体目标是为经济建设创造良好的外部环境。于是，融入现有的国际体系或曰"与国际接轨"成了现实选择，典型例子如恢复在世界银行与国际货币基金组织中的席位，加入世界贸易组织与国际清算银行。中国从中受益匪浅，但只能扮演这类国际经济组织的模范生，难以获得与自己日益增长的实力相称的影响力。改变这些机构既有的利益分配格局非常困难，中国牵头成立全球性经济新机制又没到时机，但区域经济整合是全球大趋势。因此，中国在过去一些年里着手强化与周边国家的经济联系，视具体情况或者建立双边机制，或者建立多边机制，或者双管齐下。先是在东南方向与东盟国家建立自由贸易区，这一双边经济机制功效显著，新一届中国政府已经在力推自贸区升级版，而 RCEP 则是中国参与东盟主导的多边经济合作机制的新例证。然后是西南方向的孟—中—印—缅经济走廊，这个 1999 年成型的规划进展缓慢，但从 2013 年开始提速。以能源合作为重点的中巴（基斯坦）经济走廊，则是两国密切关系的新体现，如果能解决经济性与安全性问题，则前景向好。与中亚五国的经济合作，已经成为上合组织的任务之一，但在丝绸之路经济带概念出来之前，能源合作、贸易与投资合作等主要还是在双边框架下进行。与俄罗斯的经济合作情况类似。东北方向，与韩国的经济合作是中国最为成功的双边经济合作之一，韩国可能成为东盟外首个与中国建立自贸区的周边国家。

作为可以预期的全球第一大经济体，中国向外扩展的经济利益不可能限于周边国家。新一届中国政府提出的"一路一带"概念，正演化为中长期国家发展战略，涉及 60 多个国家，其经济总量占全球 GDP 的 29%，推进其经济合作具有"地缘经济"意义，体现为若干规划：孟—中—印—缅、中—巴、中—蒙—俄三个经济走廊，新亚欧大陆桥贸易通道。于是，相关国家港口、铁路、公路等基础设施建设就成了必需。同时，中国也需要转移大量过剩产能、消化巨额外汇储备，进而构建自己能发挥重要影响力乃至主导权的小多边经济合作体制与区域经济合作体制。于是，金砖国家新发展银行、亚洲基础设施投资银行、丝路基金等顺势而生。上述作为并不过分，任何国家处在中国的位置大概都会这么做。

众所周知，美国亚太再平衡战略的主要目标是中国，而 TPP 则是其在经济领域实现这一战略目标的政策工具。显然，美国又在玩其擅长的老游戏。中国已非吴下阿蒙，需要也有可能有所作为。基于以下几个原因，亚太经贸区（FTAAP）就成了中国反击美国主导的亚太经济新机制的理想工具：向APEC所有成员开放，与排他性意图昭然的TPP相比，具有道义上的优势；APEC属于现成的机制，改造成本低；美国与澳大利亚都曾经主张建立FTAAP，现在不便于反对；自贸区标准远远低于TPP，成员国容易达到要求；成员数量相对少，容易达成共识；如果能建成FTAAP，中国构建区域经济机制的范围将突破周边国家，是未来构建全球性经济机制的一个历练；如果因为美国的反对而失败，中国并没有太大的损失，却会凸显美国自私、伪善的一面。

◇◇ 小 结

中国在思考：自己需要什么样的周边国家，周边国家需要什么样的中国。中国也在思考，亚太地区需要什么样的中国，中国需要什么样的亚太，于是倡导包容性发展、树立亚洲新安全观、建立新型大国关系，乃至建设"一带一路"。但需要一些途径将之操作化，利用APEC的潜能建立亚太自贸区就是一种尝试。这一机制与美国主导的TPP既有互补性也有竞争性，如何通过利益协商交换、提供优惠条件等手段说服其他国家尤其是一些与美国关系密切的国家参与这一机制，是中国亟待解决的问题。他们想知道的是：FTAAP与TPP是否兼容性大于竞争性？如何证明FTAAP对我更有利，或至少更适合于我？

（此文以《APEC对中国意味着什么》为题，2014年11月12日发表于FT中文网）

第二部分
"一带一路"与区域外交方略

一般来说，中小国家只需要制定针对世界大国的外交方略以及针对本地区的外交方略，而全球性大国，则需要制定全球性的外交战略。中国志在成为综合性全球大国，在这个过程中，需要学习的东西很多。制定全球战略并分解为针对不同区域的外交方略，是十分重要的一环。这一部分的文章，集中探讨中国在实施"一带一路"战略的过程中，针对不同国家，应该实施什么样的外交方略。"一带一路"战略实施的重点是亚欧大陆，尤其是中国周边地区，因此，我们首先探讨中国应该有什么样的周边方略，然后再涉及相对具体的区域：东盟、中东、非洲、欧洲、拉美等地区。周边国家如何看待中国与"一带一路"，无疑是我们所关切的，因此，这里用专文分析。日本与印度是周边最大的亚洲国家，因此，我们也用一篇文章来分析两国关系的强化对亚洲格局的影响。

2.1　"一带一路"与周边外交方略

核心观点："一带一路"战略实施后，周边外交将取代对美外交成为中国外交的重中之重，而且，周边国家数量众多。中国需要确定一个针对周边国家的外交方略，中国应把这些国家分为四类，再按照这些国家所在的次区域进行分类应对。

"一带一路"战略中的外交重点有两个：大国外交与周边外交。对于何者更重要存在争议，但发展潜力方面，周边外交要明显大于对美外交。习近平在访问新加坡时阐述得很明确：中国将周边置于外交全局的首要位置，视促进周边和平、稳定、发展为己任，"一带一路"倡议的首要合作伙伴与受益对象都是周边国家。2015 年是"一带一路"的落实年，品味这一年的中国外交，会发现一个特征：正在从"重视大国尤其是美国"向"重视周边"转变，周边外交将成为中国外交新的重中之重，包括对美外交在内的大国外交在中国外交中的比重将相对下降，中国在处理针对大国的外交时，更为注重不同大国之间的均衡。

周边外交将成新重中之重，但周边国家数量众多，差异甚殊。要想获得理想的外交效果，必须有一个整体性的外交规划作为行动纲领，即一个明确的周边外交方略。

◇◇ 周边国家分类

　　本文把周边界定为乌拉尔山脉以东、高加索山脉以南、博斯普鲁斯海峡与苏伊士运河以东、白令海以西的广大地区，包括亚洲、大洋洲与俄罗斯。这个地区内的国家数量为 63 个。中国不可能也不应该对这些国家奉行等距离外交。改革开放以来，中国外交遵循不结盟原则的同时大力开展伙伴外交，迄今为止已经确立大陆 67 个伙伴国与 5 个国际组织，但伙伴国分为不同的种类。与此相类似，中国有必要对 62 个周边国家进行适当的分类，再确定外交应对的层次、力度、方式、领域。

　　周边可以分为如下次区域：东北亚（日本、韩国、朝鲜、蒙古），东南亚（分为两个部分：越南、老挝、柬埔寨、缅甸、泰国等半岛国家，马来西亚、新加坡、文莱、菲律宾、印度尼西亚、东帝汶等海岛国家），南亚（印度、巴基斯坦、孟加拉国、尼泊尔、不丹、斯里兰卡、马尔代夫）、西亚（海合会 6 国、伊朗、伊拉克、阿富汗、土耳其、以色列、巴勒斯坦、塞浦路斯、黎巴嫩、贝鲁特、叙利亚、约旦），中亚（哈萨克斯坦、乌兹别克斯坦、土库曼斯坦、塔吉克斯坦、吉尔吉斯斯坦），南高加索（格鲁吉亚、阿塞拜疆、亚美尼亚）、大洋洲（澳大利亚、新西兰、巴布亚新几内亚以及其他 11 个太平洋群岛国家）。

　　按照综合国力大小，并考虑与中国的关系密切程度，这些国家可分为四类：第一类为次区域最强国家（次区域大国），第二类为次区域次强国家，第三类为次区域密切中小国家，第四类为次区域其他中小国家。

　　次区域最强国包括日本、印度尼西亚、越南、印度、哈萨克斯坦、澳大利亚，俄罗斯则是北部的最强国，但情况特殊，后文用一个部分专门论述。次区域次强国包括韩国、马来西亚、泰国、巴基斯坦、新西兰、乌兹别克斯坦。第三类国家包括朝鲜、新加坡、老挝、柬埔寨、孟加拉国、土库曼斯坦，巴布亚新几内亚可能也属于这类国家。其余为第四类国家。西亚、南高加索与太平洋岛国这里不做系统讨论，他们与中国的距离相对遥远，中国对这些国家的系统应对需要等到下一步，目前只能是涉及个别国家。

◇◇ 对周边国家方略

丝路沿线国家中，许多国家都处于国内政治不稳定的状态，中国的"抓手"如果只限于政府间关系，很难形成长远战略。为此，中国在落实丝路战略时，除了与当地政府的关系外，有必要强化与不同党派的合作。在项目合作中尽可能做到"政府搭台、企业唱戏"。同时，在强化与沿线国民间的联系、树立比较良好的国家形象上更有大量文章可做。这方面成效慢，可一旦形成后也将有较强的稳定性。欧美日在这方面都有一些成功经验，值得中国借鉴。

与"一带一路"沿线国的合作，中国有必要把握一条原则：只做回应者与支持者，不做主导方与包办者。在此基础上，依据不同类别国家，奉行不同的外交方略。

对第一类国家的方略是："合作但有制衡"。原因在于，这些次区域最强国通常有世界大国的情怀，并担心中国在该地区的影响力太大，削弱其在本地区的作用与地位。他们因而更愿意与区域外的世界大国（主要是美国）建立比较强有力的关系，美国也愿意以这些国家来平衡中国。大国对某一地区内所有国家采取平衡政策并让自己成为平衡者，这是几百年来大国治理世界的一条"铁律"，其合理内涵对于崛起中的中国具有重大的参考价值。

对不同的次区域大国，中国应执行不同的方略，比如对日本、印度以制衡为主合作为辅，对哈萨克斯坦、印度尼西亚以合作为主制衡为辅，对越南、澳大利亚则是合作制衡各半。这主要取决于双边关系，特别是对方在战略上如何看待与中国的合作关系。其对中国防范的程度、与美国的双边关系是中国执行什么方略的判断依据。

对第二类国家的方略是："坦诚支持但不僭越、不代办"。这类国家面临本地区最强国的战略压力，希望获得中国的战略支持，在没有其他世界大国强有力支持的情况下还希望这种支持越多越好。中国对这类国家的支持应该坦诚且有力，但不能僭越自己的角色地位：客体、伙伴但非盟国。

对第三类国家的方略是："全力支持但不包办"。这类国家中，少部分国家能力很强，擅长在不同世界大国间周旋并寻找对自己最为有利的平衡点，但大部分此类国家不介意对中国的依赖超过第二类国家，特别是在经济、基础设施建设等方面。这类国家应该获得中国的全力支持。中国应该注意的是，全力支持不等于大包大揽，千万不可反客为主。支持的重点除了中国擅长的基础设施建设（硬工程）外，还应该侧重于其国家能力培养，如行政能力提高、法律制度改进、医疗能力提升、教育水平改进等软工程。这不是中国特别擅长的领域，但中国有一定的比较优势，应该重视发挥这种比较优势。

对第四类国家的方略是："视情况定合作的领域与方式"。对其中比较积极呼应"一带一路"战略的国家予以热情回应，也就是说，在对方提出希望与中方合作的领域与项目后，中方先进行仔细评估，然后再与对方商谈、落实合作的项目与领域。有些小国家在合作一段时期后，有可能成为第三类国家，但这应该是客观后果，而不是中国一开始就设定的主观目标。

对于只愿意与中国进行有限合作的国家，依据对方提供的合作项目与领域，中国在严格评估的基础上，选择性进行少量项目的合作。

而对于不愿意大力推进与中国的合作或对华不友好的国家，中国不妨持"冷落但有节制"的态度。"一带一路"战略将持续 8 年乃至更长时间，耐心比速度更重要。

◇◇ 对支轴国家外交

在建设"一带一路"的过程中，针对不同的路线，中国需要确定一些支轴国家。所谓支轴国家，就是有一定实力、对丝路建设能起到引领与辐射作用、对中国有某种战略依赖性的国家。这些国家最可能是第二类国家，以及第三类国家中的中等国家，也可能是第四类国家中的中等国家，但是第一类国家的可能性比较小。

在推进"一带一路"的过程中，周边外交方略或许可以考虑这样的执行方式：选择若干个第二类国家，使之成为支轴国家或者准支轴国家。这方面，巴基斯坦是个成功范例。中国选择巴基斯坦为"一带一路"沿线的重点合作对象既自然也合理。现在的问题是，巴基斯坦方面没有就相关项目、计划达成普遍共识的情况下，中国方面仓促投入大量的资源，一些不应该做的项目被列入，一些应该缓一步再做的项目仓促上马。基于中巴之间全天候的良好关系，中巴合作项目应该注重长远合作效果，不必追求一时的闪烁耀眼。泰国有可能成为支轴国家。新西兰与马来西亚则可望成为准支轴国家。乌兹别克斯坦的情况有待于进一步观察。

也有必要以第三类国家中的中等国家为重点，尽可能将之培育成支轴国家。这方面，中国过去的教训是把重点放在缅甸与斯里兰卡，而对孟加拉国重视得不够。孟加拉国对华友好突出表现在军事合作领域，并构成两国关系发展的"稳定锚"，有助于双方克服障碍发展政治、外交、经济、文化等关系。也就是说，有发展成全天候友好关系的基础，且中国重在长远，没有必要因为日本在孟加拉国投资方面的暂时优势而气馁。从斯里兰卡与缅甸的案例可以看出，"稳定锚"对于发展两国关系的重要性。巴布亚新几内亚应该成为通往南太平洋的海上丝绸之路路线的重点目标国。

对于第四类国家中的中等国家，合作主要围绕领域与项目进行，其中部分可望成为支轴领域，但一般难以成为支轴国家，这一类中的小国体量太小，也难以成为支轴国家。太平洋群岛中的某些国家可能因为港口、机场的商业重要性，而成为支轴点，但这不属于常态。中国不大可能像美国那样在全球布局设立军事基地。

根据本文的分析框架，第一类国家很难成为支轴国家。即使是对"一带一路"比较热心的印度尼西亚与哈萨克斯坦，对于中国经济影响在其国内的提升也存在看法，并为此设定一些"天花板"，还担心中国在本地区影响力太大。对于这些国家，中国的应对策略或可奉行这样的原则：愿者欢迎，不愿者不勉强。但可以比照第四类国家，尝试培育一些支轴领域。

◇◇ 对俄罗斯外交

俄罗斯在中国的周边外交中的重要性很可能排在第一位。在中国国家安全、国际战略协作、双边军事合作、双边能源合作、经济走廊构建、运输大通道建设等方面，俄罗斯的作用都是其他周边国家难以取代的。一些学者主张中国放弃不结盟政策并与俄罗斯结成正式的同盟也与此有关。这种声音的存在价值是，提醒中国不应忽略俄罗斯的潜在价值，但这种主张难以成为主流。原因在于：政治与安全关系上俄罗斯与欧美大国磕磕碰碰、军事上与北约存在事实上的对抗；俄罗斯在与中国合作的同时，又保持着对中国的战略防范，并在双方的能源合作、军事合作、道路连通、人员流通等许多方面体现出来；俄罗斯的科技实力不强、经济水平不高、经济结构不合理、经济总量不到中国的四分之一。

中国如果与俄罗斯正式结盟，将在政治、安全、军事等方面与俄罗斯捆绑在一起。这是新版的一边倒，意味着中国决定在没有卫星国体系的情况下，借助俄罗斯的力量（主要是军事力量），以全面挑战美国的方式实现国家复兴。美国很可能因而把对华战略从"防范加接触"调整为"全面防范"乃至部分遏制（围堵），从而全面影响中国与西方国家的政治、安全、军事、经济、文化关系。从存量的角度看，这对于中国通过三十多年改革开放所建立起来的全球经济网络与经济比较优势几乎等于釜底抽薪。从增量的角度看，中国全球利益的任何拓展，构建地区与全球功能领域秩序的任何努力，都可能被美国看作零和游戏，故而不会再有"容忍盟友加入亚投行"之类的事情发生，从而严重妨碍中国与欧美的政治经济合作特别是贸易、金融关系，影响中国科技能力与教育水平的提升。

在联盟中，中国整体实力强于俄罗斯，但在军事领域整体并不占优势，显然也不愿意让俄罗斯主导联盟军事事务。这使得联盟对中国的军事价值大大下降，而军事是联盟的核心事务。而且，结盟并不能消除俄罗斯对中国的战略防范。

从俄罗斯角度看，俄罗斯在民族心理上一直认为自己是西方的一员，重视与西方的经济、文化联系，甚至希望加入北约，其主流民意并不赞成与中国结盟，普京也多次表示不会与中国组成任何形式的军事同盟。

总之，俄罗斯在中国外交中排在第一位是有条件的：中国在全球政治经济体系中的地位不被削弱并保持进一步提升的空间。中俄不可能也不应该结成军事同盟。2015 年 5 月份签署了《中俄关于全面战略协作伙伴关系新阶段的联合声明》，未来只需要用更新的阶段代替新阶段，并持续下去。具体内容、侧重点可以依据需要调整。

◇ 小 结

过去一年里，中国外交以奋发有为为基调，突出大国外交与周边外交并展示出自己的特色。周边外交方面，习近平强调中国将周边置于外交全局的首要位置，视促进周边和平、稳定、发展为己任，"一带一路"倡议的首要合作伙伴与受益对象都是周边国家，表示欢迎周边国家搭中国经济发展的便车，将在一些具体项目上照顾对方的利益。为此，他两次访问俄罗斯并在北京接待普京总统，访问了蒙古、巴基斯坦、越南、新加坡、印度尼西亚等北、西南、南等多个方向的周边国家，大力推进中巴经济走廊建设。在东部方向，2015 年 4 月份实现了与日本首相半年内的第二次会面，推动两国政治关系走向缓和。借助新加坡会晤马英九的举措，既有助于稳定两岸关系，也是稳定周边的一个环节。中日韩三国首脑恢复会晤与南海问题五个坚持的提出，都属于稳定"不稳定的东部"之举。中韩中澳自贸区协议的签署对于强化与周边代表性国家的政治经济关系具有象征意义。

上述外交实践，体现了新一届中国政府外交方略的一些轮廓。本文尝试围绕周边国家，勾勒一个相对完整的外交方略草案，就教于方家。

（此文以《中国的周边外交方略》为题，2016 年 1 月 11 日发表于 FT 中文网。作者感谢下列人士的批评与建议：余永定教授、王缉思教授、张文木教授、王存刚教授、李开盛博士、林民旺博士、左希迎博士）

2.2 周边国家如何看待"一带一路"

核心内容："一带一路"是长期战略，周边国家是实施重点。文中简要分析一些周边国家如何看"一带一路"，涉及俄罗斯、韩国、日本、东盟南海声索国、南亚三国（印度、巴基斯坦与孟加拉国）。

"一带一路"是新一届中国政府上台后提出的一个对外关系大战略。为什么会提出这个战略呢？这与中国梦有关，就是成为世界上最强大的国家，就像汉唐时代那样。但是，这是一个长期目标，需要从周边开始。因此，这是一个主要针对亚欧大陆中东部国家的拓展战略，旨在从经济上带动周边国家共同发展，进而成为亚欧大陆公认的"带头大哥"。

中国推动"一带一路"的底气　经过三十年的发展，中国的经济总量已经在全球坐二望一。但是，比较优势是基础设施建设与第二产业，特别是水泥、钢铁等行业。此外，外汇储备最多的时候将近 4 万亿美元，现在还有 3.65 万亿美元。① 也就是说，一定意义上可以说，中国现在有钱、有技术、有能力、有人。但是从全球看，中国的服务业并没有比较优势，还属于需要通过进一步开放来倒逼改革的阶段。

作为崛起的国家，经济上不可能长期维持"单兵独进、一枝独秀"的状态，有必要、有责任带动周边国家的发展。考虑到中国的比较优势，

---

① 这是 2015 年 8 月时可获得的数据。2016 年 3 月 7 日，中国人民银行公布的数据为 3.2 万亿美元。

再加上只能用在境外的大量外汇储备；因此，中国想到了走出去"开放别人"，以亚欧大陆为主，涉及60多个国家。

那么周边国家愿不愿意接受中国来"开放"自己呢？他们到底是怎么看中国的？过去十多年里，笔者走了周边一些国家，发现他们很多观点和我们的看法不一样。合作不能剃头刀子一头热。特别是，这不是一个马歇尔计划那样只有四年时间的短期计划，而是至少8年的中长期规划，为此，中国不应该成为沿线64个国家的"发改委"和"财政部"。如果大包大揽，一是会招致埋怨，二是人家会说你活该，而且你还没有收益。笔者的看法是：务必戒焦戒躁。应该是沿线国家主动提出项目申请，中国审核后觉得可行的，再与对方商议具体合作方式，成熟一个做一个，不成熟的项目不做，不积极的国家不做。一定要避免一哄而上。目前已经有一点这个苗头。

2015年3月底，中国发改委、外交部、商务部宣布了落实"一带一路"《愿景与行动》，其中强调要共商、共建、共享，要和沿线国家的发展战略实行对接，这是非常重要的。关键是把这些原则落到实处。

中国有14个陆上邻国，其中12个已经解决了领土争端，还剩下印度与不丹两个国家。笔者先从俄罗斯开始，谈周边国家对"一带一路"的看法，按照顺时针方向走。

俄罗斯视野　从国界线长度看，俄罗斯是中国最大的邻国，也是中国唯一的全面战略协作伙伴。俄罗斯原来对"一带一路"持怀疑态度，一直不公开表态支持，主要是担心冲击到俄罗斯自己主导的战略——欧亚经济联盟。苏联虽然解体变成15个国家，但在许多方面，俄罗斯在独联体国家中依然居于中心地位，如铁路网、油气管道网与工业生产分工。比如，中亚一带的油气管道大都是往北走的，现在才出现一些向东、向南走的油气管道。又比如，乌克兰东部是苏联时代的重工业基地，今天，乌克兰东部工业地区的重工业品还是以俄罗斯为出口对象。俄罗斯知道不可能恢复到苏联时代，但还是希望与独联体国家在经济上建立更为密切的关系。

因此，俄罗斯对中国在中亚推行"一带一路"、搞"五通"等持怀疑的态度是很正常的。经过双方的不断沟通，加上俄罗斯政治经济外交均面临严重困难，中国则给予了有力的支持。因此，在乌法峰会上中俄双方达成共识：寻找"一带一路"与欧亚联盟的共同点，互相支持。

韩国视野 习近平主席很少专门出国去访问一个国家，但是上年专门访问了韩国，可见对韩国的重视。中韩关系处于建交以来最好的时期。韩国目前是中国主要贸易伙伴之一，双边贸易额 2014 年达到 3000 亿美元，韩国人均 GDP 已经接近 3 万美元，明显多于中国台湾的 2.5 万美元。而后者曾经明显多于前者。发生这种逆转的一大原因是：韩国在经济上全面靠拢中国，台湾则瞻前顾后。当然，韩国在安全上主要还是依靠美国，这主要是历史遗留下来的问题。朴槿惠是知华派总统，她提出欧亚经济倡议后，很快就表示应该与"一带一路"对接。当然，中韩之间也存在一些历史认识问题，但这目前对双边关系影响不大。

日本视野 相对于韩国，日本对"一带一路"基本上采取"不参与、怀疑、抵触"的立场，最典型的例子就是中国提出建立总资本额为 1000 亿美元的亚投行后，日本先是提出一些理由不参加，然后再宣布 1100 亿美元的亚洲基础设施资助计划，对垒的味道很浓。这种对垒还表现在国民情感、政治外交、区域整合等方面。中日两国将在相当长一段时期里摆动于"经温政凉"与"经温政冷"之间，很难达到"政温经热"，更不用提"政热经热"了。

一位日本高级外交官曾经告诉我，中国比日本强大，这是过去两千年历史上的常态。过去一百多年里变成日本比中国强。而现在又在回归历史的常态，这对日本来说是一个很痛苦的过程，大概需要一到两代人才能重新适应"中国比日本强大"的现实。为此，未来的日本应该侧重发现自己的比较优势，比如养老体系、公共交通系统、电器产品等。笔者的观察体会是，在历史问题上，因为日本的文化传统、国内政治等多方面的原因，两国在这个问题上很难达成共识。时间可能是两国历史问题的有效化解药。一个复兴后的中国，在对待日本问题上也会有不同的心态与应对。

南海沿岸国家视野　南海涉及的国家比较多，稍微讲得多一些。东南亚历史上就是海上丝绸之路的一个枢纽。中国提出建设21世纪海上丝绸之路，有重振这个枢纽的意思。从许多方面说，东南亚在建设海上丝绸之路中的地位，是别的地区所不能替代的。那么不可避免地要涉及南海问题这个国际热点。中国、越南、马来西亚、菲律宾、文莱都牵涉其中，加上中国台湾，俗称"五国六方"。考虑到印度尼西亚拥有纳土纳群岛，据此画出的专属经济区，与中国的九段线有5万平方公里的重叠，所以也可以将印度尼西亚看作南沙海洋划界方面的第六个当事国。这意味着南海争端实际上涉及"六国七方"。

2009年之前，"六国七方"的意见分为如下两类。第一类国家包括中国、越南和菲律宾，认为解决南海争端一要靠国际法，二要靠历史性权利。印度尼西亚、马来西亚、文莱主张只能靠国际法，其理由是国际法可以提供一个可衡量的平台，而历史性权利则容易陷入"公说公有理婆说婆有理"。还有一个理由是这些国家独立的历史短，在南海权利问题上缺乏相应的历史记载来支撑。2009年菲律宾通过了《领海基线法》，越南2007年开始酝酿，2012年也通过了自己的海洋法。两国都放弃了历史性权利，主张按照国际法特别是《联合国海洋公约》来解决南海争端。中国大陆与中国台湾则依旧坚持"国际法与历史性权利都要"的观点。笔者访谈了几十位国际上研究南海问题与国际法问题的知名专家学者，包括美国、日本、韩国、澳大利亚等国，以及一些欧洲国家学者。这些人的基本观点是：应该以国际法为解决南海争端的主要依据。即使是历史性权利，也要在国际法的框架内予以清晰化，而不能持模棱两可的立场，比如，说清楚九段线到底是什么意思。你不说，人家就会怀疑，中国是不是想强大了以后做新的解释？东盟声索国都是中小国家，东盟十国的海军加在一起都不是中国海军的对手，他们对南海问题的前景有些担心与害怕是正常的，毕竟，连欧美日等大国也在心里犯嘀咕呢。

中国长期的立场 搁置争议，共同开发。具体到划界谈判，中国整体上坚持一对一的谈判立场。但是，南海包括东沙、中沙、西沙、南沙四个海域，其中南沙海域属于多国主张重叠的区域，一对一很难操作。中国坚持这种立场容易被人解读为"不想真心解决问题"。实际上未必如此，也可能是中国没有想清楚在南海到底想要什么，比如对于九段线，中国南海研究界学者就有不同的看法。不管怎么说，中国的立场也在与时俱进，2013 年 9 月苏州会议开始，同意谈"南海行为准则"。从 2014 年 8 月提出双轨思路开始，同意南沙问题可以在多边框架下谈，东盟作为整体可以在南海问题上发挥一些作用。中国在"南海行为准则"问题上变得积极，可能与海上丝绸之路建设有关。毕竟，东南亚国家非常关注这个问题，南海争端已经成了中国—东盟关系中的短板，影响到双边关系的整体提升与命运共同体建设。有必要说明的是，这个准则不解决岛屿主权归属，而是解决哪些事能够做，哪些事不能做。至于岛礁的主权归属问题，还是要通过当事方直接谈判来解决。不争的事实是，通过国际法院判决来决定岛礁归属，从来不是国际上解决岛礁争端的主流。

关于中国在南沙七礁八点的陆域吹填，是今年的热点问题，美国的反应更是激烈。引发关注的主要原因是吹填的速度与规模，这与中国的能力与决心有关。但是，这总体上属于补偿性的建设。中国台湾、马来西亚、越南、菲律宾早就在南沙海域进行了类似的作业，并且修建了码头与机场，这也是事实。越南与菲律宾还进行了移民。

有一些人认为，中国接下来可能会以吹填出来的岛屿为基础，主张200 海里专属经济区、设立南海防控识别区、大规模部署军事装备与人员。理论上，这种可能性不能排除，中国也有权利这么做。但中国实际上不大可能这么做，原因一，外交部发言人洪磊2015年2月初针对中国将在南海设立防空识别区的消息回应道，中方并未感受到来自东盟国家的空中安全威胁，而且对于与南海周边国家的关系和南海地区总体形势感到乐观。这表明中国不大可能设立南海防控识别区。连防空识别区都没有必要设立，有什么必要在南沙大规模驻军并部署军备呢？原因二，也更重要的是，建设"一带一路"是中国对外关系的顶层设计，上述做法将严重妨碍东南亚落实海上丝绸之路，并把声索国赶到美国的怀抱中。

当然，这不意味着中国不会在南沙适当驻军。"军用为主，兼顾民用"是东盟声索国的普遍做法。中国台湾也是这么做的。中国大陆大概也会参照这个模式。注意一点：长期以来，中国对南海问题整体上遵循了克制原则，不希望南海问题扩大化。这意味着，中国并不追求"在南海的获益最大化"，而是"把南海问题放在中国—东盟关系的整体框架下"。

南亚视野 南亚地区，情况简单也复杂。中国目前唯一的全天候伙伴，被我们称为"巴铁"的巴基斯坦，非常支持中国的"一带一路"，其国内不同省份为了争夺相关项目而吵成一团。而孟加拉国，在笔者看来是仅次于巴基斯坦的第二铁。和巴基斯坦一样，孟加拉国不管是哪一派上台都和中国非常友好。孟加拉的面积与安徽省差不多，但是人口是安徽省的两倍多，达1.6亿人，而且人口很年轻，发展得好，可以变为很好的人口红利。孟加拉国也非常支持"一带一路"，但是其国内存在比较严重的腐败问题，这与家族政治或曰裙带政治盛行有关，很难根治。随着经济的发展，情况或许会好转。

南亚最大的国家是印度，印度和中国则有着比较直接的利益纠纷，到现在中印之间仍然存在着比较严重的边界争端，未来短时间内也无法处理好。虽然中印可以推动一些经济合作，但是我们必须要注意这个争端的存在。我们未来多大程度上能推动"一带一路"合作，其实取决于我们能否有效避免这些争议。

（此文以《周边国家如何看待一带一路》为题，2015 年 9 月 13 日发表于《南方都市报》)

2.3 "一带一路"与对亚洲大国外交

核心观点：中国正处于崛起的过程中，正在学习如何做大国，考虑到周边外交正在成为中国外交的重中之重，中国需要谋划周边外交方略。考虑到不同层次大国的地位与作用，中国需要针对日本、印度尼西亚、印度与哈萨克斯坦四个周边亚洲次区域大国推行一套亚洲版的大国外交。为此，经济领域可以尝试推动设立亚洲五国论坛，文化领域推动建立亚洲文明对话机制。

亚洲将迎来大变化，从全球经济增长最快的地区演变为全球政治格局调整最大的地区。中国既是这种变化的动力与原因，也要经受这种变化的严格检验。如果应对不好，中国的崛起可能遭遇重大挫折；如果应对得好，中国将在成为全球大国的征程上迈出坚实的一大步，中国梦的实现将因此攀上一大台阶。

历史地看，陆权时代国家崛起的方式通常是：通过陆上征伐战胜对手，控制尽可能多的土地以及被这些土地包围的水域，即成为最强大的陆上帝国。海权时代国家崛起则多依仗拓展殖民地并在母国与这些殖民地之间编制起一张贸易网络，为此，组建无可匹敌的舰队具有头等重要性。"二战"后成为全球最强大国家的美国，受一个半世纪的孤立主义与盎格鲁—撒克逊注重商业利益这双重传统的影响，治理世界的方式不再是领土扩张，而是维护自由贸易秩序。建立布雷顿森林体系、促成关贸总协定与世贸组织、设立海外军事基地，乃至于组建联合国，都与这一目标有关。在自由贸易体系下，美国在经济领域的比较优势能够得到充分发挥，从而实现对全球市场的占领与控制。这也为美国向外推行价值观提供巨大的便利。进入 21 世纪后，美国的比较优势主要集中在服务业，因此力推的是服务业自由贸易（BIT 是典型代表），而在货物贸易领域则转而强调"公平贸易"，并促进本国的再工业化。在这样的背景下，中国时隔一个半世纪再次成为世界第二大经济体，并有可能在 2030 年前成为全球第一大经济体，从而为中国成为综合实力全球第一的国家奠定经济基础。不管中国是否能取代美国的全球角色与地位，成为综合实力第一的国家可以视作中国梦的实现。

1990 年以来，中国在奉行不结盟政策的基础上侧重推行伙伴关系外交。中国能与周边国家之间总体保持良好的关系，与此有重大关系。但那属于韬光养晦时期的外交应对。中国现阶段需要解决的问题是：如何从第二大经济体变为综合实力第一的国家？新一届中国政府给出的处方是：内外结合，对外推行"一带一路"战略。实行这一战略需要处理好点、线、面的关系（张宇燕）。这似乎可以解读为：抓住美国这个"点"，搭建几条海上丝绸之路"线"，铺开欧亚大陆这个"面"。外交工作总是服务于国家整体战略，中国外交理念从"韬光养晦"走向"有所作为"乃至"奋发有为"，因而有了逻辑合理性与现实必要性。中国政府迄今为止的做法是：以"新型大国关系"应对美国这个"点"，以丝绸之路经济带与互联互通夯实欧亚大陆（尤其是欧亚大陆中东部）这个"面"，以 21 世纪海上丝绸之路（首先）"串起"亚欧大陆东南部及其附近岛礁上的国家。

现在的中国堪称"亦东亦西亦南亦北"的"中央之国"（王辑思）。但中国政府很清楚，自己还不能像美国那样，充当除自己外全世界 192 个国家的"邻国"，在实现中国梦的过程中，首先需要经略好自己所处的地理区域。在地区外交上，经过一段时期的"侧重东亚"之后，正在转向"四面均衡"，这意味着中国在清晰地回归传统地缘认知：全面关注中国—周边关系（张蕴岭）。

问题在于，中国周边国家众多，接壤的邻国就有十四个，加上不接壤的邻国，合计超过 30 个。这些国家之间差别巨大，中国在强调周边外交以推进"一带一路"战略的过程中，无法也不应该套用一个原则、使用一个标准、采用等距离政策，而有必要对这些国家进行分类，然后分别应对。具体而言，周边国家大致可以分为三类。

第一类，一般的中小周边国家。适用于 2002 年以来陆续提出的一系列周边外交原则，如与邻为善、以邻为伴，睦邻善邻富邻，亲诚惠容，命运共同体等周边外交思路。

第二类，周边支点国家。支点的潜在含义有两重：第一"靠得住"；第二，有一定力量。因此，有望成为中国支点国家的通常都不是次区域最强国，而是次强国乃至小国。西南部的巴基斯坦、东南亚的柬埔寨与新加坡、西部的土库曼斯坦，这些国家在经济与战略上都需要中国，也希望被中国认为"靠得住"，成为支点国家的可能性甚大。乌兹别克斯坦是中亚人口最多的国家，但对于区域整合持一种"怨妇"心态，在欧亚联盟、上合组织内经常充当刹车器，因此，很难成为支点国家。中国东北部的韩国、南部的泰国与缅甸、东南部的马来西亚在经济上也比较需要中国，战略上对中国也有一定的需要，也有望成为中国的支点国家。但由于力量相对有限，对于次区域内最强国的影响力不够大，也难以在其区域内发挥领导作用。

第三类，周边大国。指中国周边某一次区域最强国。俄罗斯是中国的全面战略协作伙伴，但不属于亚洲国家，因此不在本文讨论的范围。西亚缺乏公认的次区域大国，伊朗、沙特、土耳其各有某些方面的优势。但中国西边的哈萨克斯坦，西南部的印度，东南部的印度尼西亚与东北部的日本则是典型的次区域强国（这不是说他们仅仅是次区域范围内的强国）。对于这类国家，目前的中国外交似乎缺乏系统性应对。全球性大国在全球事务中的作用是中小国家所不能取代的，地区性大国在地区事务中的作用也是地区内的中小国家所不能取代的。中国在推进"一带一路"战略的过程中，有必要补上这个环节。因此，需要进一步加以讨论。

美国治理世界的经验或许可以给中国某种启迪。美国通常的做法是：扶持全球各个地区的次强国（秦亚青），必要时与之结盟或提供安全保证，以平衡该区域的最强国。同时，又与最强国保持接触，乃至与之建立比较密切的经济、文化联系，再视情况建立适当的军事联系，以便在共同获益的同时保有影响区域最强国的手段。搭建制度平台对大国施加影响力则是美国治理世界过程中另一个突出特点，联合国安理会与 G20 是两个典型例子。

上述四国的共同点是：属于此区域内综合实力最强的国家，对于该地区事务的影响力超过其他国家，与中国经济联系密切，在安全上与中国保持距离并与区域外大国保持较为密切的关系，代表某种文明。

但这几个国家又有不同的特点。哈萨克斯坦无疑是中亚五国中综合实力最强的国家，经济最为发达，长期任职的纳扎尔巴耶夫总统有战略眼光，在推动地区合作上表现出创见：1992 年倡议建立亚信，旨在构建亚洲集体安全机制；1994 年提出建立欧亚联盟概念。作为全球最大的伊斯兰国家，印度尼西亚近年来政局稳定、经济增长率保持在 5% 以上，未来可望成为东盟强有力的领导者，印度尼西亚对实现这一目标也表现出越来越强的信心；在安全问题上对于东盟成员国的影响力超过其他东盟成员国；印度尼西亚也期待提升与中国的安全、经济、文化等关系。

日本的全球经济大国地位仍将保持，但"通过强化日美关系推进正常化国家目标实现"将是日本的中期国策。因此，在可以预见的未来，日本与中国的政治关系不可能大幅度改善，磕磕碰碰将成为中日政治关系新常态。南亚的印度很难放弃"成为有声有色的大国"的雄心,从不希望被任何国家所左右,因此,不大可能放弃坚持了大半个世纪的不结盟外交。但是,对中国的"亚洲大国外交"来说,印度的重要性在一定意义上超过了日本。可边界争端牵制着中印政治关系的大幅度深化,这种争端短期内解决的可能性不大。

因此,中国在推进亚洲周边大国外交的过程中,以合作共赢为核心的新型国际关系适用于上述四个国家。中国应该充分发挥自己在经济领域的比较优势(市场大、资金充裕,以及某些领域对特定国家的技术与人员优势),推进互联互通进程。同时,考虑到这五个国家在亚洲的经济地位,建立"五国经济论坛"是个可行的选项,有助于加强彼此的联系并推进亚洲的经济合作。

此外,"一带一路"作为一项中长期战略,不能且不应该仅仅局限于经济领域。五国在安全与军事领域建立合作机制的时机或未成熟,但文化合作不妨大力推行。亚洲是文明的沃土,孕育了伊斯兰文明、印度文明、中华文明、日本文明、波斯文明、犹太教文明、基督教文明等影响遍及全球的几大文明。这是亚洲的骄傲。在经历千百年的宗教乃至文明纷争后,现在有必要探讨不同文明的共存共荣,这方面亚洲是全球最好的试验田。故此,中国不妨借"一带一路"的东风,推动成立"亚洲文明对话"机制。为便于操作,先从五国所属的四大文明开始,适时扩展。

(此文以《中国需要亚洲版大国外交》为题,2015 年 2 月 9 日发表于 FT 中文网)

2.4 "一带一路"与对中东外交方略

核心内容：本文在分析中东地区的主要特点、中国在中东所具有的比较优势、伊朗核问题、习近平访问中东三国后，得出结论：未来十年中国的中东外交方略应该是经济合作为主，兼顾文化合作，避免军事上直接介入，政治上扮演"有力度的调停者"角色。

中国最高领导人将中东的三个地区大国列为 2016 年首次出访对象。这表明，为了落实"一带一路"战略，中国将进一步在中东发力。中国在落实大周边外交时，中东将成为一个着力点。那么，中国在中东地区应该执行什么样的外交方略？中东外交的重心是什么？2016 年是否应该派兵介入叙利亚冲突？还有，在习近平出访前夕发布《中国对阿拉伯国家政策文件》，是否意味着中国将在针对阿拉伯国家的政策框架内处理对伊朗外交？要回答这些问题，首先要弄清中东的主要特点、中国在这一地区的主要国家利益、中国的比较优势。

中东地区的主要特点　从地理上看，中东位于"五海三洲两洋"之地，沟通两大洋、交汇三大洲、包蕴五大海，是全球航线最为密集的地区之一。从经济角度看，中东油气资源丰富（根据 2015 年《BP 世界能源统计年鉴》，中东约占全球探明石油储量的 47.7% 和探明天然气储量的 42.7%，全球石油与天然气储量最大的 10 个国家中，分别有 5 个与 4 个来自中东），人力资源丰富（人口约为 5 亿，但人口结构年轻且处于高速增长期），依然处于工业化、城市化的进程中。17 个中东国家除了以色列外都属于发展中国家。

从政治角度看，各类矛盾突出，大致表现为：不同宗教与教派人口会聚，宗教间矛盾、教派间矛盾、族群间矛盾突出，民族矛盾、宗教矛盾、家族矛盾、经济矛盾交错缠绕；不同宗教与教派的极端宗教势力密布，恐怖主义行为此起彼伏并成为全球大多数恐怖袭击行为的根源地；伊斯兰教与现代性的兼容问题整体上没有解决；缺乏综合实力最大的区域大国，几个区域大国（土耳其、伊朗、埃及、沙特阿拉伯，可能还包括伊拉克）互相竞争区域领导地位；中小国内部冲突经常引发本地区大国与区域外大国的干预；区域外大国利益交汇，他们依照自己的利益与意识形态偏好支持部分国家、部分宗教或者教派；解决这些矛盾超过了任何帝国、大国的能力范畴。所以，历史地看，区域外大国在这一地区的方略大致可分为三类：利用上述矛盾获利，协助区域内某些争端的当事方达成暂时的妥协，放手不管。

中国从这一地区**可获得的经济利益主要**有：能源利益，包括上游的油气勘探、开采，以及下游的油气化工；基础设施建设；工业品市场；投资场所；航道安全。政治、军事、安全等方面，沙特、以色列、土耳其、伊拉克都是美国的盟友，除伊朗外的 12 个国家与美国的关系也比与中国的关系亲密。伊朗问题有点特殊，后文展开。

对中东国家来说，**中国经济方面的比较优势**体现在工业品制造能力、对外投资能力、基础设施建设能力、核电技术、新能源技术等许多方面。中国国内市场对于中东油气生产国也有很大的吸引力。

未来十年应对　毋庸讳言，中东是典型的文明冲突区：有不同宗教之间的冲突（如巴以之间）、有不同教派之间的冲突（如逊尼派与什叶派）、有同一教派内部温和派与激进（保守）派之间的冲突（如巴解与哈马斯）、有族群之间的冲突（如库尔德人与土耳其人），如此等等。而且，中东教派间冲突的频次、规模与激烈程度整体上超过了不同宗教之间的冲突。但这并非特例，欧洲历史上也是如此。

未来十年，中国与中东国家关系的发展潜力主要集中在经济方面。文化交流具有相当的潜力，但转化为现实的影响力具有很大的不确定性。中国希望在中东和平与安全问题上发挥更大作用，一方面体现崛起中大国的责任与能力，另一方面也有助于中国实现在中东的经济与文化利益，可能还包括一定的军工集团利益。因此，"放手不管"的选项可以排除。像一些欧洲国家历史上所做的那样，通过制造矛盾从中渔利也不符合中国的国家利益。像俄罗斯或者美国那样通过支持一方打压另一方也不可行。因为，受打压的如果是国家或者政府，将影响到中国在中东的经济与文化利益；如果受打压的是反政府武装或组织，其中与恐怖主义组织关系密切的团体无疑将对中国采取报复行动，这不但影响中国在中东经济利益的实现，还可能把一些恐怖行为引向中国国内，法国、俄罗斯、英国都品尝到了这种后果。中国的中心工作依然是经济与社会发展，中国并非中东冲突的直接当事国、责任国与直接邻国，为了国际责任与"练兵"而影响到这个中心任务，实属得不偿失。

而且，中东素有"帝国坟场"之称。既然历史上的帝国与世界大国都无法解决中东的这些冲突，也不能寄望中国这个民族国家体系中的后来者有彻底解决这些问题的灵丹妙药。中国所能做的不外乎"协助区域内某些争端的当事方达成暂时的妥协"，也就是说，在一些冲突中扮演有别于欧盟、俄罗斯、美国的角色，其特点为：和平方式、建设性、有力度、能为争端直接当事方所接受、区域外大国也不好指责。操作上，现有的特使斡旋、提供谈判场所、提供资金与物资援助、与其他大国协调等都可继续进行，但力度应明显加强，尤其是应设计一些妥协与合作方案供争端直接当事方选择。这并不容易，却是中国应该全力挖掘之处。假以时日，通过一些案例实践构成"中国方案"的特色：像北欧小国那样中立、客观，但更有力度。底线则是绝不直接介入当地的武装冲突。奋发有为的中国外交在中东实施时，需要更多强调量力而行与战略审慎，切忌跃跃欲试秀肌肉。

当然，这并不意味着中国不能以适当的方式强化在中东的军事存在。中国已确定在非洲吉布提建立海军后勤保障基地。如果有适当的机会，在中东地区也可以建立类似的后勤保障基地。从地理位置角度看，阿曼、伊朗、以色列、塞浦路斯、黎巴嫩都是选项。关键在于落实的可能性。目前这种可能性还不大。

关于伊朗全面核协议　2016 年 1 月 16 日，国际原子能机构证实伊朗完成了开始执行伊核全面协议的必要准备步骤。许多国家纷纷宣布解除制裁或启动解除制裁程序。但这只是《共同全面行动计划》十年执行期的开端，一旦伊朗被发现有违反全面协议的行为，制裁将立即恢复。全面协议并没有消除伊朗发展核武器的能力，仅仅是将其获得武器级浓缩铀的时间从几个月延长到一年。伊朗将发展核武器视作维护神权统治、获得大国地位的利器，在现有体制下不大可能彻底放弃核武器发展计划。同意签署全面协议是调整核武器发展策略的结果：从原先的优先发展核弹头改为优先发展远程发射运载工具。这比日本的"拥有核武器制造技术但不发展核武器"的策略多走了半步。这种策略既安抚了强硬派，又支持了改革派，还可以获得实实在在的经济利益。未来几年伊朗与西方之间的斗争将主要围绕着火箭问题展开，并可能导致一些重要制裁措施的实质性保留或恢复。在这样的背景下，未来十年中国对伊方略似乎可以确定为：文化交流合作全力推进，经济合作比欧美多走半步，政治上努力塑造积极调停者的形象。

对习近平中东行的评析　众所周知，22 个阿拉伯国家中 9 个不属于中东地区。而中东 17 国中的塞浦路斯、土耳其、以色列、伊朗也不属于阿拉伯国家。中东有阿拉伯国家、土耳其、伊朗、以色列四大力量，中国需要分别制定相应的外交方略。阿拉伯国家数量较多，中国一直与阿拉伯国家保持着比较友好的关系，在未来无疑要给予更大的重视与投入。选择在习近平出访前发布对阿拉伯国家政策文件，一大背景是中国埃及建交60周年，这是中华人民共和国与阿拉伯国家总体良好关系的开端。在此背景下，中国希望在执行"一带一路"战略的过程中，有一个比较清晰的对阿拉伯国家外交方略，并以阿拉伯国家中最有代表性的埃及与沙特为突破口加以落实。这并不意味着中国将对伊朗外交纳入对阿拉伯外交框架下。伊朗具有很大的发展潜力，有可能成为"一带一路"建设中的一个支点国家。伊朗也重视与中国的关系，双方为此而建立全面战略伙伴关系。中国是伊朗的第一个全面战略伙伴关系国。

就叙利亚冲突而言，中国此前已经通过邀请叙利亚政府与反对派双方派代表访华等方式发挥作用。考虑到叙利亚问题的复杂性，以及伊朗与沙特在叙利亚冲突中的角色与作用，中国深知外长级别的调停是不够的，最高级别的调停将发挥独特的作用。但中国国家主席从利雅得直飞德黑兰显然不合适。基于三方面的原因，埃及成为合适的中转点：首先，埃及是阿拉伯世界的传统领袖，中国元首仅仅访问阿拉伯代表性不够；其次，针对利比亚冲突，埃及虽经历了穆尔西时期的"支持反对派"到塞西时期的"支持俄罗斯出兵叙利亚"的转变，但整体立场相对温和，与沙特、伊朗的关系都过得去；再次，埃及是"一带一路"沿线的重要国家，中国公司正在执行埃及新首都建设等大型项目。习近平在开罗明确表示，要把埃及打造成"一带一路"沿线的支点国家。

习近平此次中东三国之行也具有文化含义。他多次强调，在实施"一带一路"的过程中除了经济合作，还要推进文明间的对话。而此次访问的三国，正是阿拉伯文明、埃及文明与波斯文明的代表。他的行程中，也有许多与文化交流相关的项目或活动。

总之，未来十年中国在中东的利益主要集中在经济方面，文化方面也有一定的发展潜力。为此，中国的中东方略应该侧重这两个方面。在维护中东的和平与稳定、化解或缓和冲突方面，中国行为的动力与目标，也应该服务于这两个方面。"体现大国的政治责任"应列为第二位的考虑。为此，中国在中东发挥的角色应该是"积极的建设者与有力度的和平鸽"。

（此文以《中国中东方略：侧重经济，量力而行》为题，2016 年 1 月 11 日发表于 FT 中文网。此文受益于与以下人士的交流：殷罡研究员、马晓霖教授、昝涛博士）

2.5 "一带一路"与对欧洲外交方略

核心观点：在"一带一路"这个"帽子"下，中欧合作的效用体现在：对中国来说，强化中欧整体关系，进一步提升经济水平，以及吸收欧洲的市场、技术、多边合作理念与经验；对欧洲来说，包括升级改造西欧老化的基础设施、推进中东欧的经济发展、推进欧洲独立防务力量、提供商品与技术市场等方面。其他效果还有：推进亚欧大陆与其他地区的发展，为多文明共存树立全球样板，推进全球的多极化进程。长远而言，中欧合作有助于把欧亚大陆建设成为全球政治、经济、文化的中心板块，其全球综合影响力将超过美国。

"一带一路"倡议/战略是新一届中国政府对外关系的顶层设计，将在未来8—10年统领中国的对外事务。基于中国的综合实力与全球影响力，任何大国都难以忽视这一战略。美国加快推进TPP、强化在亚太的军事存在与此有关；印度的季风计划与香料之路计划，日本的亚洲基础建设资助计划，应对"一带一路"的味道甚浓；俄罗斯的反应是，同意欧亚经济联盟与"一带一路"对接。那么，作为全球发达经济体聚集区的欧洲，没有理由例外。身为欧洲的代言人，欧盟还在摸索应对"一带一路"的系统方案。擅长多边主义的欧盟也许愿意倾听一个中国战略研究者的相关思考。

一些学者认为推行"一带一路"不过是"消化外汇储备、化解过剩产能、多交几个朋友"，这种观点显然有失片面。**对中国来说，**这是中华文明与欧洲文明之间，第一次由中方发起的有计划的沟通与对接（元朝是蒙古帝国与中华帝国的交汇点，在中华文明中不具有代表性）。华者，花也，引申为最发达的部分。在两千多年里，中华文明整体上一直是东方文明的核心部分。以此为基础，诞生了以中国为中心的天下体系，费正清等西方学者着重从经济与贸易视角揭示这一体系，将之概括为朝贡体系。而以黄枝连为代表的一批东方学者则从文化特色角度把握这一体系，将之称作天朝礼制体系。还有一批东方学者（也包括笔者）则认为，从权力等级、经济发展水平、文化成熟度等方面，倾向于使用华夷体系（或华夷秩序）这一概念。这一体系与欧洲的情形不太具有可比性。如果一定要比较，则显然迥异于威斯特伐利亚体系建立后的欧洲，相对接近于中世纪之前的欧洲，尤其是查理曼大帝统治时期的欧洲。

中华文明有文字记载的起点很可能是《易经》，以后发展出道家、阴阳家、墨家、儒家等枝干，结合佛教还产生了禅宗等枝干。较小程度上中华文明还包括大乘佛教、法家等分支，以及萨满教、回教、土地公崇拜、妈祖崇拜、关公崇拜等领域性或地方性文化分支。这些文明的影响主要限于东亚地区。近代以来，滥觞于《威斯特伐利亚和约》的民族国家体系向全世界扩展，天下体系坍塌，中华文明不断被侵蚀，中国长期处于向民族国家转变的进程中。蒋介石时期的中国与毛泽东时期的中国大致上都处于黄仁宇所说的"历史三峡"中。明治维新后的日本，尝试在东亚地区各族群建立或转向民族国家的过程中，扮演中心国家的角色，但"二战"的结局意味着这一尝试失败。战后的日本转而追求经济领域中的"中华"地位。日本获得了成功，东亚经济雁行模式的形成是典型标志。20 世纪 80 年代日本一国的 GDP 远远超过了东亚其他国家 GDP 的总和。

改革开放后的中国，聚焦于融入世界、发展经济。2010 年中国的 GDP 超过日本，2014 年中国的 GDP 大约是日本、韩国与东盟九国（即东盟十国减去马来西亚）的总和。而且，中国经济虽然进入了新常态，增长速度依然较高，GDP 可能在未来十年赶上美国。体量巨大的中国的这种巨变，不但改变了自身的定位与认知，对世界的影响也日益扩大。于是，重构亚洲乃至亚欧大陆的政治经济文化秩序，就成了现实的需求。200 年来，中国第一次有能力、有意愿这么做。但是，以战争方式或通过建立殖民地来实现这一目标，或者重现具有等级差别的天下体系，已经不具有现实的可行性。以和平方式实现上述目标是不二选择，操作上则遵循"提供增量"这种各方都比较容易接受的途径。"一带一路"战略就是这种思路的体现。中国的自我认知已经从"东亚国家"变成"亚洲中心国家"与"亚欧大陆东端的大国"，并希望从"有世界影响的地区大国"变为"综合性全球大国"。就现阶段而言，中国的比较优势在经济领域，尤其是第二产业（机械制造、通信产业等）与基础设施建设领域。因此，周边国家是"一带一路"战略实施的重点。而与经济发达、文化领先的欧洲之间的协同合作，不但会有力推动这一进程，还将强化中国与欧洲之间的联系、进一步提升中国的经济水平，欧洲的市场、技术、多边合作理念与经验，都是中国所需要的。

对欧洲来说，这是与中国建立强大的政治经济文化纽带的重大机遇。大约从哥伦布发现新大陆起，欧洲成为全球政治、军事、经济、文化中心。文艺复兴、宗教改革与启蒙运动三大思想运动为欧洲的崛起奠定了思想、文化与政治意识形态基础，资产阶级革命因而得以在欧洲发轫，而资产阶级革命为欧洲的崛起做了政治上的准备。宗教改革触发了基督教新旧教派之间的大规模战争，即被称作宗教战争的三十年战争。战争的结果是，分属新旧教派的一些欧洲国家之间签署了《威斯特伐利亚和约》，它为政教关系与国家间政治关系做了新的安排，标志着世界历史从帝国时代开始向主权国家时代转化（进而以法国大革命、美国独立战争等为标志，世界进入民族国家时代）。这场战争是神圣罗马帝国的催命符和荷兰王国的催生婆。三大思想运动特别是启蒙运动，海外贸易与殖民地扩张、圈地运动，手工厂技术积累等共同催生了英国的工业革命。工业革命在欧洲的扩展则使得欧洲成为世界经济的发动机。强大的经济与军事实力又使得欧洲成为世界中心，在欧洲（特别是中西欧）流行的民族国家因而成为世界其他地区族群追求的国家形式。但是，民族国家的固有缺陷（如民族利益至上）加上一些国家领袖的帝国野心，又使得欧洲国家陷于两次世界大战。两次世界大战让欧洲元气大伤，并丧失了世界中心的地位，还成为冷战时期两极对垒的抵押品。欧洲各国终于意识到，战争只会造成共输，只有合作与发展才能给欧洲人带来和平与幸福，只有联合起来欧洲才能成为世界上有影响的一支力量。欧洲和平整合进程至此真正开始。经过半个多世纪的努力，现在的欧洲已经是全球一体化程度最高的地区，成为全球地区整合的样板。就经济总量而言，2014 年欧洲国家总和为 14.5 万亿美元，略少于美国的16.9 万亿美元，多于中国的 9.9 万亿美元。

但是，美国已经步入比较强劲的经济复苏。处于快速工业化、城市化进程的中国依然有保持较快经济增长的潜力，如果不出意外，经济总量很可能在几年后超过欧盟。而欧洲经济则尚未从 2008 年的全球金融危机中复原。由于财政整合落后于金融整合，政治整合进程缓慢，国家依然在欧洲的经济与政治生活中发挥强大的作用，一些国家对欧盟进一步整合心存疑虑，加上人口老龄化，这些因素的协同作用，使得作为成熟经济体的欧盟，经济发展潜力难以与美国比肩，更难与新兴经济体媲美。欧洲在全球政治经济中的地位有进一步下降的危险。欧盟发展独立防务力量的努力更受到北约的掣肘。环视全球，与中国的合作无疑是一个现实的选项。毕竟，在升级改造西欧老化的基础设施、推进中东欧的经济发展、推进欧洲独立防务力量、提供商品与技术市场等方面，中国都可以发挥不可替代的作用。

就中欧关系而言，双方也存在强化合作的必要性。近两百多年来，欧洲一直在双边关系中占主导地位，通过软硬两手，让中国体认到了什么是现代性，尤其是思想、文化、科技、军事等方面。中国作为适应者与学习者，直到最近几十年，才算摸到了自身走向现代化的途径。经过几十年的全力

建设，中国首次有能力向全世界提出一项实现和平崛起的对外综合战略，即"一带一路"战略。中国的欧洲政策，将在这一框架下实施。现在规划的六大经济走廊中，至少有两个（中—蒙—俄、新亚欧大陆桥）以欧洲为目的地，西欧更是渝新欧、蓉新欧、汉新欧、西新欧、郑新欧、义新欧等多个国际班列的终点。欧洲参与到"一带一路"中，意味着欧洲理解了中国现在的对外关系"纲领"，并对其加以支持。这意味着双方走向了全面、平等的合作。西欧国家中，英国目前这方面做得比较好。

欧盟毕竟不是单一国家行为体，不大可能像美国那样推出亚太再平衡战略，或者像中国那样推出"一带一路"战略。但这不意味着欧盟不能有所作为。美国在亚太再平衡战略框架下，经济领域针对亚太地区推行 TPP 的同时，针对欧洲推出了 TTIP。虽然进展落后于 TPP，但没有人怀疑，TTIP 最终也会达成。这一进程主要取决于欧洲国家间对自身利益的协调。毕竟，基于共同的文化传统、经济联系、政治偏好以及军事纽带，强化跨大西洋经济关系符合欧洲的利益。而 TTIP 的高标准，也有助于强化欧洲在全球产业链中的优势地位。那么，针对中国的"一带一路"战略，欧洲应该如何因应？需要另外找一个"帽子"么？

据说欧洲对"一带一路"战略抱有疑虑，甚至建议中方不要使用"战略"一词（这或许是中方现在不时申明"一带一路是国际合作倡议"的原因之一）。出于本能、价值观、不习惯等多种原因，欧洲的反应可以理解。但欧洲文明的显著特征是"捧着圣经追求商业利益"（或叫"左手圣经右手商业利益"），而且，作为国际政治中经验丰富的行为体，欧盟及其成员国显然清楚与中方合作的必要性，而不会太在乎这种合作是否有一个称心的"帽子"。并且，当价值观与巨大的利益不能兼容时，对利益的考虑通常占上风。欧洲主要国家过去几年的对华政策都凸显了这一点。既然欧洲不能编织出更好的"帽子"，不妨在"一带一路"框架下进行合作。毕竟，重要的不是中国是否使用"战略"一词，而是中国在推行"一带一路"的过程中，是否让欧洲切实获益。然乎？

那么，"一带一路"下的中欧合作在哪些方面可让双方获益？除了前面已经提到的中欧各自从对方可获得的益处外，至少还有以下三点。

推进亚欧大陆与其他地区的发展。从现代性的角度看，亚欧大陆大部分地区仍处于建构民族国家、推进经济与社会发展的进程中。中国希望利用自己改革开放以来积累的发展经验、比较优势、经济与技术能力，为周边国家的发展做贡献。欧洲国家经济发展水平较高，部分国家已经进入后现代社会，他们在全球治理方面积累了丰富的经验，并希望继续发挥引领作用。在推进亚欧大陆欠发达地区的发展上，中欧可以优势互补。同理，中欧也可以合作推进其他地区（特别是非洲与拉美）的和平、稳定与发展。推进亚欧大陆欠发达地区的发展、维护其稳定，是提升中欧政治经济关系的重要环节，也有助于双方的发展，从而提升这一大陆的整体发展水平，因此在中欧的对外政策上具有某种优先性。

为多文明共存树立全球样板。亚洲是犹太教、伊斯兰教、基督教、东正教、佛教、印度教、道教、儒教、神道教等世界主要宗教的发源地，迄今仍是犹太教文明、伊斯兰文明、基督教文明、东正教文明、佛教文明、印度教文明、中华文明、波斯文明、日本文明的主要分布区，而欧洲则与北美、拉丁美洲共同构成基督教文明的三大分布区。历史上，宗教矛盾引发了大量的冲突乃至战争。在核武器时代，发生第三次世界大战的可能性已经很低。伊斯兰教不同教派之间的战争、伊斯兰极端势力挑起的武装冲突虽然引人注目，但很难引发世界大战。和平竞争、追求经济发展、谋求共存共荣已经成为世界主流。欧洲与中国都是多文明共存区域，虽然其内部各有一些宗教问题有待解决，但不会影响大局。双方在应对亚欧大陆的宗教极端势力以及与此相关的恐怖活动上具有共同利益。中国与欧洲的良好关系正说明：不同的文明之间可以友好相处、合作共赢。而中欧在处理宗教纷争上的经验、意愿与能力，有助于双方合作推动不同文明的和平共存，把亚欧大陆从文明冲突的典型变成文明共存的样板。

推进全球的多极化进程。欧洲有可能在经济总量、某些全球性议程的设定等方面超过美国。中国在经济总量、对外贸易额、国防开支、在亚洲的经济与文化影响力等方面也可能超过美国。但在整体军事实力、科技创新能力、教育水平与对全球人才的吸引力、对外文化影响力、对国际机制的影响程度等方面，欧盟与中国在可以预期的未来很难超过美国。也就是说，以全球综合影响力为标志，美国作为唯一超级大国的角色地位不容易被取代。但美国也存在一些不足：在一些国际事务上推行双重标准、间或出现单边主义倾向、不能容忍任何国家主导地区安全事务（如欧盟在欧洲、中国在亚洲）、经济实力不足以维持美元在现有国际金融体系中的地位。中国与欧盟都主张推进全球多极化进程，以便在本地区事务和一些全球性议题上获得与自己实力相称的地位或影响力。中欧双方的互相支持显然有助于这些目标的实现。

总之，中欧双方不存在战略冲突，彼此间的经济互补性强，都希望推进全球治理的多极化并在此过程中提升自己的全球地位。这是双方强化合作的基本背景。"二战"与冷战让欧美建立起了强大的跨大西洋纽带。在共建"一带一路"的过程中，中欧之间的政治经济文化纽带将大大强化，这不但让双方获得眼前的利益，也可望弥补双方对美关系中的短板。长远而言，中欧之间的成功合作，还有助于把欧亚大陆建设成为全球政治、经济、文化的中心板块，其全球综合影响力将超过美国。

（此文 2016 年 3 月 31 日发表于 FT 中文网。笔者感谢以下人士的点评与建议：余永定教授、姜南研究员、张跃斌研究员、李开盛博士）

2.6 "一带一路"与对拉丁美洲外交方略

核心观点：拉美与加勒比地区在中国政治外交与经济合作版图中的地位在提升，在实施"一带一路"的过程中，如何定位这一地区？拉美在中国全球外交版图中依然排在非洲之后，中拉关系主要是经济方面的，因此中国应该按照经济逻辑行事。为此，应确定重点合作国家与确定重点合作领域，并注意单个国家的风险控制。

2015 年 1 月初在北京举行的中国—拉美与加勒比共同体首届部长级会议，从规模与效果上看，无疑是一个成功的会议：33 个拉美共同体成员国派出了 40 多位部长级官员与会，其中委内瑞拉、厄瓜多尔、哥斯达黎加、巴拿马四国元首亲自出席；会议通过了《中国与拉美和加勒比国家合作规划（2015—2019）》等三个成果文件；中国与委内瑞拉签署了 200 亿美元的合作项目贷款协议，与厄瓜多尔签署了 53 亿美元的贷款协议，与哥斯达黎加签署在哥建立经济特区的协议，巴拿马总统巴雷拉倾向于把下一次的会议提升至国家元首与政府首脑层次；习近平主席还在开幕式中宣布，中国将在 5 年内向拉共体成员提供 6000 个奖学金名额、6000 个来华培训名额、邀请 1000 名拉美政党领导人访华，并通过"未来之桥"项目培养千名中拉青年领导人。

至此，中国国家主席习近平 2014 年 7 月访问拉美时栽种的果苗，已经花绽多枝。

新一届中国政府提出了"一带一路"战略，而发展中国家则是"一带一路"战略的主要目标国。为此，中国政府把中拉论坛这个主场外交年度第一幕定位为"全方位外交的开局之作"。这个论坛是继非洲、阿盟、海合会、东盟之后，中国与发展中国家集团之间的又一个合作机制。中国已经与成员多数是发展中小国家的太平洋岛国论坛建立"中国—太平洋岛国经济发展合作论坛"、与南亚联盟工商会合作建立"中国—南亚商务论坛"。因而，中拉论坛的建立，意味着中国与全球发展中国家集团之间，实现了合作机制"全覆盖"。接下来的任务将转为各个合作机制的强化与合作层次的提升，如商务论坛扩展为经济论坛甚至综合性论坛。

与此相关的背景是正在发生的中国外交大转型：新一届中国政府在理念上倡导以"不冲突、不对抗、相互尊重、合作共赢"为特点的新型大国关系和以"合作共赢"为核心的新型国际关系；而在实际外交中中国也从"韬光养晦、有所作为"的老常态转向"主动进取、奋发有为"的新常态（赵可金与阎学通），从"不"外交转向"有"外交（庞中英），从"针对大国"的外交转向"我是大国"的外交（徐进）；对外战略上，提出"一带一路"构想并发力加以落实。

那么，拉美在中国的国际战略中将处于什么样的位置？是否可望成为21世纪海上丝绸之路又一个终端，且重要性不逊于非洲？

拉美政治上属于发展中国家，社会主义、民粹主义、依附论等左派思潮在许多拉美国家比较有市场，外交上拉美国家分为"亲美"与"反美"两个阵营且后者的声音明显大于前者，"搞得定民众搞不好经济"的政治强人不时涌现；拉美经济发展水平整体优于非洲，但发展缓慢且波动性大，甚至出现阿根廷这种从发达国家行列"掉入"发展中国家行列的特例。迄今为止，大部分拉美国家经济结构与产业政策不合理、资源利用率低下，以至于中等收入陷阱、贫富悬殊、通货膨胀、高负债率、工业品缺乏竞争力成为"拉美标签"；社会秩序方面，一些国家深受毒品泛滥与治安不佳之苦，社会福利制度不够完善；文化上，民众受教育程度高于非洲，天主教的影响居于支配地位。宗教与经济发展的关系是经济学的一个研究领域，根据一些学者的研究，天主教影响力太大是拉美发展水平不如美加的一大原因。

拉美文化属于西方文明，拉美地理上接近美国，经济上与美国关系密切，一些国家安全上依赖美国或者深受美国的影响。美国也把拉美当作自己的后院，通过美洲国家组织、美洲开发银行、双边经济合作与援助、跨国公司、军事援助乃至军事干预等多种方式影响甚至主导了一些拉美国家的内政外交。

非洲文明的主体则不属于西方文明。非洲地理上接近欧洲，经济上与欧洲关系密切，安全上只有少数国家依赖欧洲前宗主国，英联邦、法语联盟等无法发挥美洲国家组织与美洲开发银行那样的作用。多数非洲国家独立时间较短、独立后多与中国保持比较良好的政治关系、不少非洲国家已经与中国建立起比较深入的经济关系。这些特点使得非洲国家与中国的关系基础比较好，发展潜力也更大。加上欧洲对非洲的影响远远弱于美国在拉美的影响这一因素，如果中国希望，甚至可以与非洲某些国家成为安全与军事盟国。但在拉丁美洲与加勒比地区，美国可以容忍中国与这一区域内的国家发展伙伴关系以便拓展经济利益，而发展军事与安全关系，则是另一回事。

中国20世纪90年代以来大力推行伙伴外交，迄今已同67个国家、5个地区或区域组织建立了72对不同形式、不同程度的伙伴关系，基本覆盖了世界上主要国家和重要地区。而2014年成型的"一带一路"战略，主要目标是在欧亚大陆建立合作网络。这一战略的第一步是实现互联互通，并推动若干经济带与经济走廊建设。

基于这样的背景，拉美与非洲在中国"一带一路"战略中的重要性不如欧亚大陆。距离遥远、美国影响大、经济联系弱、文化差异明显、无法通过陆路沟通等特点，又使得中拉关系整体上比中非关系弱一个档次。

而且，建立伙伴关系的外交宗旨意味着中国不会与拉美国家建立军事同盟关系，而伙伴国关系要弱于军事联盟。中国与巴西的政治交情尚在初交阶段，与古巴的政治交情波动大且作用有限。中国文化在拉美的影响很微弱。这种状况很难改变。

此外，以"礼"为核心的中国文化还注重友情。众所周知，中非之间有长达半个多世纪的风雨交情，而中国与拉美的联系主要是近20年发展起来的经济交情。老朋友与新朋友的关系显然不一样，经过风雨洗礼的交情与经济交情也不在一个档次。

综上可知，中国与拉美关系中具有潜力的是经济关系，主要是投资与贸易。既然中国与拉美国家的关系主要是经济关系，整体上就应该按照经济逻辑行事，尤其是要注意风险控制。这意味着，中国在拉美的投资可以微利或保本，也可以微亏，但不能亏大发了。因此，"一带一路"下的拉美战略或可概括如下。

确定重点合作国家。拉共体成员国达33个，与每一个成员国都发展出密切的投资与贸易关系超出了中国的能力，也不是中国的责任。中国只能依据国家利益（经济利益为主，其他利益为辅）的需要，选择经济合作（尤其是投资）的重点国家。拉美国家的国家治理能力、经济发展水平、法律完善程度参差不齐，一些国家的经济结构有明显的缺陷（如高度依赖单一产品的生产或出口、福利开支超出了政府收入所能支撑的水平），这样的国家存在"财政黑洞"，原则上不应该成为重点合作国家。按照经济逻辑，乌拉圭、特立尼达和多巴哥应该成为重点投资国。如果考虑综合实力，则巴西、阿根廷应该成为重点国家。再考虑到政治稳定性、经济发展潜力、资源丰富程度，玻利维亚、厄瓜多尔、智利或可成为重点国家。

确定重点合作领域。有些是能源合作（如厄瓜多尔、委内瑞拉、特立尼达与多巴哥），有些是矿产资源合作（如智利、秘鲁），有些是兴建开发区（如哥斯达黎加、尼加拉瓜），有些是成为区域贸易枢纽（如墨西哥、智利）。与巴西可以拓展政治关系（主要通过强化金砖机制），与墨西哥则可探讨建立自由贸易区。

注意单个国家的风险控制。对于中国这个超大型经济体来说，没有哪个拉美国家是不可或缺的经济合作伙伴，中国没有必要在某个国家投入过多的资金与资源。中国海外投资的主体是大型国企，对于政治风险的抵抗能力要大于西方竞争对手，但依然无法避免政治风险，为此，定期进行风险评估是必要的，并设立对某个国家投资、贷款的"止损点"。以委内瑞拉为例，投资与贷款累计已经达到700亿美元以上，考虑到其政治经济状况，似乎不宜再大幅度增加投资与贷款。拉美地区"盛行"债务违约，"债多不愁"是普遍现象，中国不能不防。

中国外交转型后，拉丁美洲与加勒比地区在中国全球外交版图中所占位置依然比较靠后，甚至不能与非洲相比。中拉关系主要是经济方面的，发展贸易的潜力较大。而在中国迅猛发展的对外投资中，拉美国家将成为许多新增投资的目的地。但是，中国对拉美的投资主力是国有资金，由国有企业、外管局、主权财富基金等部门实施，这意味着相当比重的资本来自外汇储备，因此对经济理性和风险控制再强调也不为过。为了提高资金利用效率，可以考虑成立中拉发展基金，实行市场化运作，并不断加大对民营企业在拉美投资的支持。

总之，中国与拉美的经贸关系，可以不赚大钱，但不能亏大钱；可以不算短期经济账，但不能不算长期经济账；可以适当顾及政治账，但不能只算政治账。归结为一句话，"一带一路"战略在拉美要体现的是：中国有钱了，但花起来严谨不任性。

（此文以《中国不应高估拉美的战略意义》为题，2015年1月21日发表于FT中文网）

2.7 "一带一路"与东盟共同体建设

核心内容：2015 年底东盟经济共同体建成，为此，《世界知识》邀请魏玲、苏庆义、刘琳与薛力四位学者，分别从整体、身份、经济、军事、战略等角度分析对亚太的影响。本书作者涉及的问题包括：南海争端是中国与东盟关系的一部分，东盟在安全问题上持矛盾心态不难理解，中国应尝试设计出对东盟声索国有吸引力的争端解决方案，中国尝试建立自己主导的地区经济秩序是正常的，但与东盟国家对地区合作主导性的追求有矛盾，亚投行（可能还包括亚信、亚太自贸区）如何与 RCEP、"10 + 1"等实现互补与兼容，将越来越考验各方的智慧。

◇◇ 一 东盟标识和身份是东盟共同体的最大意义，对内是一个强化，对外是一个宣示

（一）东盟共同体三大支柱——政治安全、经济、社会文化

魏玲：

东盟早在 1997 年时就提出过共同体建设。当时主要是为了政治上更加团结，经济上保持东盟活力、走向地区一体化，在社会文化方面能够增进成员相互之间的认同、理解和友谊。

2003 年东盟国家在印度尼西亚巴厘岛开会，提出"东盟 2020 愿景"，表示 2020 年要正式建成共同体。而 2007 年通过的《东盟经济共同体蓝图》，则提出共同体建设要提速，要在 2015 年之前建成东盟经济共同体。2009 年东盟出台《东盟共同体（2009—2015）建设路线图》为 2015 年建成东盟共同体提出了具体目标、措施和时间表，这是东盟共同体建设的纲领性文件。东盟共同体包括三个支柱，即政治安全、经济和社会文化。东盟有一个评估体系，认为目前共同体建设已经完成了 90% 以上，今年年底建成没有问题。这个指标是东盟根据自己的具体情况设定的，完全不同于欧盟标准，可以说宣布建成东盟共同体主要是对内对外的政治宣示。

东盟共同体的核心是自我身份的认同，首先是要加强"我们是一个整体、一个团体"的概念。打开东盟秘书处网站可以看到，东盟的口号就是"One vision, One Identity, One Community"，即"同一个愿景、同一个身份、同一个共同体"。

东盟在 1967 年成立时其实是被动的。当时在冷战两极格局下，为加强团结，保护自己的独立和中立，避免成为大国斗争的牺牲品，"东盟五老"——印度尼西亚、马来西亚、泰国、菲律宾、新加坡——成立了东盟。不过，东盟在后来的建设过程中则越来越有了主动性，即主动抱团成为一个集体，发挥独立的作用。这也是一个从自发到自觉的身份建构过程，东盟共同体最大的意义就在于东盟这个标识和身份，对内是一个强化，对外是一个宣示。

东盟内部和周边的很多国家都有这样的疑问：东盟共同体究竟能达到怎样的紧密程度？就这点来讲，东盟共同体可能很难达到欧盟的程度，无论经济一体化水平还是地区层面的制度化水平。不过只要它建成了，本身就具有重要意义。东盟秘书长说："我们就要在 2015 年底宣布建成。"

（二）一体化程度也应"量体裁衣"

苏庆义：

说到共同体，其实就是某种形式或程度上的一体化。从经济方面来讲就是经济一体化，是比自由贸易区更丰富的经济一体化，不仅包括商品和服务流动，还包括要素流动。经济共同体在世界上并不稀有，根据维基百科的统计，目前世界上大约有 38 个"经济共同体"，典型的有大家熟知的欧盟；非洲也有不少经济共同体，但发展程度不高，不过也在向更深层次的一体化迈进。

东盟已经成立了自由贸易区，实现了商品和服务的自由流动。目前，东盟国家的整体发展水平较低，如果想实现更高层次的一体化，那么这个一体化水平应该和其经济发展水平相适应，而不是一体化程度越深就越好。因为对于某些国家来讲，只能适应低层次的一体化，如果一体化太超前，反而会影响经济发展。

比如，欧洲的一体化也是分阶段、渐进式进行的，不是一蹴而就的。对于欧盟而言，其实它的发展历史是这样的：先是成立欧洲煤钢共同体，然后建立共同市场，随后整合成欧洲经济共同体，最后加入政治和安全议题，成立欧盟。

魏玲：

我同意苏老师的观点。不仅是在经济领域，在很多领域都是这样的，也可以说是效率和质量的争论，是不是一定要让东盟提高制度化水平和标准，一定要做到"最好"呢？

举一个例子。西方人的共同安全理念就是集体安全，对一个国家的威胁就是对全体成员的威胁，对一个国家开战就等于对全体成员宣战。但是东盟没有接受集体安全理念，而是改成合作安全，这是一个更加温和的方式。东盟可以在完全不同于西方的本土环境中，自己慢慢培育和推进一些规范。

有人说东盟效率不高，但东盟却吸引了大国，纷纷要以"东盟＋"的形式进入到以东盟为制度中心的地区进程中来，这是特别值得我们关注和思考的一点。我们现在谈国际政治也好、经济也好，可能都是西方的经验、西方的理念、西方的模式，但东盟则恰恰提供了基于东方本土的经验、本土的制度环境或者是人文背景之上而摸索出的地区一体化路径——不正面冲突对抗，先从容易的和大家都能共同受益的地方做起，保持总体和谐的气氛，我觉得这很适合东方国家。从1967年到2015年的近50年时间里，他们确实做成了，就要宣布东盟共同体成立了，这非常值得我们好好研究和思考。

另外，不是美国，也不是中国、日本，而是东盟牵头的所谓"小马拉大车"模式。看似不可能，但它恰恰就做成了，自1997—1998年亚洲金融危机以来东亚一体化飞速发展，地区合作的势头强劲、潜力巨大。东亚今天的整体经济活力和有条不紊、逐步推进的地区务实合作进程，东盟不在驾驶席位上是做不到的。经验证明，哪个大国试图主导都做不成。

（三）在强主权地区，更需强政治意愿

魏玲：

东盟经济共同体在提出的时候有三个目标，一是服务和投资的自由流动；二是更加自由的货币流通；三是平等——要缩小发展差距，这也是最艰巨的任务，是共同体建设中最难逾越的障碍。

2007年发布的《东盟经济共同体蓝图》提到几个支柱，一是要建立单一市场和制造业基地；二是使整个东盟成为一个有经济竞争力的地区；三是平等，即缩小经济发展差距；四是更好地融入经济全球化的进程。

东盟经济共同体可以给东盟和整个地区带来实实在在的利益。有研究报告指出，如果东盟共同体能够全面建成，那么以东盟2004年的经济水

平作为基准，东盟的实际收入可以提高 690 亿美元，GDP 可以增长 5.3%。另外还有很多"东盟 + 1"的自贸安排，与对话伙伴的合作反过来又刺激了东盟经济的再增长。这样，相比 2004 年，东盟整体的实际收入要增长 1500 多亿美元，GDP 要增长 11.6%。这也有利于整个亚洲制造网络的布局与分工，贸易、金融也都有一个比较大的进展，最终是总体经济水平的提高。

但问题也有，首先是东盟成员发展差距太大。目前将关税水平基本降到零的只有"东盟五老"，这五国除了敏感领域之外，关税基本降到接近零。但东盟的四个新成员——越南、老挝、柬埔寨、缅甸则尚有难度。这是由于东盟成员国之间的发展不平衡造成的。第二个问题是东盟本身的制度建设问题。东盟所在的东南亚和东亚是强主权的地区，尊重每个国家的主权权利，没有高于主权之上的权威。因此，东盟和欧盟的最大差异在于，东盟的制度化程度不高，没有发展出欧盟那样超国家的机制；而且东盟的决策模式是协商一致，所以推进东盟一体化必须要有非常强的政治意愿。如果东盟本身不能克服国家利益和地区总体利益的矛盾，或地区层面不能有很强的执行力，一体化进程的速度和效率必然受到很大影响。

苏庆义：

东盟为什么要一体化，我觉得有两点经济原因。首先，一个基本动因是经济一体化对经济发展有利。东南亚的这些国家形成一体化的市场后，有助于他们扩大生产、深化分工合作。现在世界上一些高标准的自由贸易协定正在谈判中，东盟也想由原来的自由贸易区进一步升级，迈向更高层次的经济一体化。

其次，从经济总量来看，这些东南亚的国家如果要发挥经济影响力、进一步融入世界经济，就得加速经济一体化，抱团取暖、以小博大。东盟作为一个整体对外发声，对亚太一体化的主导作用还是很强的。所以从经济方面考虑，动因是比较明确的。

事实上，从经济总量来看，东盟也有能力发挥更大作用。在世界贸易组织（WTO）多哈回合谈判出现停滞的情况下，WTO 推动全球经济一体化的功能相比以前有所弱化，区域经济一体化就显得突出一些。亚洲的经济一体化似乎不像其他几个洲那么顺利，不过东盟经济一体化是亚洲最为成功的经济一体化，今年年底成立东盟共同体确实是里程碑式的一个事件。从经济数据上来看，东盟确实也越来越重要。现在东盟人口 6.4 亿，2013 年国内生产总值（GDP）是 2.4 万亿美元（中国是 9.5 万亿美元）。东盟人均 GDP 在 2000 年时才 1000 多美元，现在已将近 4000 美元，上升很快。近年来，对外贸易年均增长超过 9%，高于世界平均增速。东盟的对外贸易额排在中国、美国、德国之后，居世界第四。2000 年，东盟吸引外资还仅有 230 亿美元，2013 年增长到 1220 亿美元。

而且，东盟各国发展差异大反而可能促进一体化。东盟各国之间的经济发展水平差异比较大，新加坡已经是发达国家了，而缅甸、老挝仍属于比较贫穷的国家。经济发展差异大可能对东盟是个挑战——在降关税和其他方面较难协调，不过未尝没有好处。如果大家都是相似的，体量差不多，可能就会互不相让；而如果差异大，则大国提出议程、小国跟进，做一些适当的妥协，反而容易谈成。

◇◇ 二 东盟政治安全共同体建成对美国在东南亚军事存在的影响

（一）将面对一个更加团结一致的东盟

刘琳：

我来谈谈东盟的政治安全共同体，它主要是由印度尼西亚提出的。印度尼西亚从1997年的亚洲金融危机中恢复之后，想在东盟继续发挥龙头老大的作用，提出构建政治安全共同体的设想。这些年我们看到和谈得比较多的是东盟在经济方面的整合做得比较成功，事实上东盟在军事和安全防务领域的合作也在不断推进，存在一些基础，这也是他们构建共同体的前提。

这些基础首先包括1994年成立的由东盟主导的东盟地区论坛，刚建立的时候是亚太地区唯一的官方、多边政治安全合作机制。后来东盟又建立了如东盟武装部队领导人非正式会议、东盟陆军首长会议、东盟海军互动、东盟空军首长会议、东盟军事情报非正式会议等军事安全防务合作机制。

东盟提出构建政治安全共同体是要提升其在亚太的战略地位。近些年来，亚太的安全环境发生了很大的变化，特别是中国、印度崛起，日本要迈向政治军事大国，美国也逐渐对这个地区更加重视，包括奥巴马政府提出"亚太再平衡"战略，东盟感觉如果在政治安全方面不加强团结、不进行整合的话，很难体现它的作用和地位。

魏玲：

政治安全共同体是东盟共同体的三大支柱之一。东盟这些年不断地在推进政治安全领域中的几个机制，包括东盟政府间人权委员会、东盟外长会议、东盟地区论坛、东盟防长会议、东盟司法部长会议等，为今后进一步加强制度化发展及地区层面的执行力和威望、充实合作内容等夯实基础。这些工作也是为了进一步让东盟以一个声音说话，提高其制度能力，扩大在地区和全球的影响力。东盟政治安全共同体的最重要特点就是加强东盟在地区政治安全架构中的中心地位。在更大范围的地区合作和制度建设中一定要坚持"东盟中心"，东盟作为一个整体，处于制度的中心地位，其他国家以东盟伙伴的身份，通过"东盟＋"的制度形式参与。所有相关会议都必须在东盟国家召开；会议议程都由东盟来设定，其他国家可以建议，但最后决策权在东盟；所有问题由东盟内部先达成一致，再和其他国家探讨。"东盟中心"已经成为了"东盟方式"的最新特点和最重要规范。

一个更加一体化的东盟是否符合中国的利益？答案是肯定的。中国是唯一一个在海上和陆上都直接与东盟毗邻的大国。一体化的稳步推进有利于东盟的稳定、合作与发展，一个稳定、繁荣的东盟符合中国的战略利益。从安全方面来说，东盟倡导综合安全、合作安全等理念，这与我们是一致的，所以我们乐见他们去推动。东盟提倡开放的、包容的、非排他性的地区架构，在制度合作方面是积极拉着，甚至也是仰仗中国在做的。东盟在安全领域提出一些倡议，包括建立维和部队、救灾应急响应中心、救灾部队等，主要应对的是非传统安全威胁，比如恐怖主义、灾害、传染病、跨国犯罪等。"东盟＋"的安全架构，比如东盟防长扩大会议，我们可以积极参与并通过相应的"中国—东盟"机制发挥积极塑造作用；东盟主导的地区非传统安全合作增进了地区安全治理，符合中国利益。

当然，东盟的政治独立性和政治诉求会随着东盟一体化的建成而越来越高。与此相对应，我们会面临一个更加团结一致、一个自我意识不断强化的东盟，尤其在相关争议领域，仅靠双边方式解决不了问题，需要同时进行多边磋商，会面临更大的挑战。不过，从另一方面来说，东盟一体化程度的提高，也意味着东盟成员国不能再那么任性了，也要受到这个"共同体"的制约，要承担集体责任。

刘琳：

东盟提出要从三个方面来建设政治安全共同体。一是要建立一个拥有共同价值观和规范的、基于规则的共同体；二是建设一个分担综合安全责任的、具有凝聚力的和平地区；三是在日益一体化和相互依赖的世界建设富有活力、开放的地区。

我觉得从中可看出几个特点：一是强调规范、价值观，二是强调综合安全理念，三是强调加强与大国的合作。我同意魏老师的看法，东盟有一个核心考虑，就是它在地区安全合作架构中的中心地位一定要保持住。

目前来看，东盟政治安全共同体即便 2015 年建成了，也仍然是比较松散的共同体。尽管有东盟宪章等，在制度性的建设上迈出了一些步伐，但它还是很松散的，因为很多理念，比如"不干涉内政""协商一致"等基本没变，但同时也会努力将分散的机制继续做强、做实。

不过，东盟共同体的影响还是有的。从积极的方面来说，东盟在安全上的作用在增大，在安全事务上的自信心也会增强，这便有可能保持住甚至强化它在地区安全架构中的核心地位。消极的一面就是，在一些问题比如南海问题上，有可能使东盟更加强调用同一个声音来说话。

薛力：

从字面上看，东盟应该翻译成东协，因为其全称是东南亚国家协会，用的是 Association，而不是 Union。从实际运作看，东盟的机制化程度不仅比不上欧盟，在有些方面甚至不如非盟，比如，非盟向成员国派出维和部队已经成为常态，而东盟现在还看不出成立维和部队的可能。但是，东盟机制化程度在提高，在对外问题上用一个声音说话，这个现象已经越来越明显。与十年前相比，东南亚国家对"东盟模式"（ASEAN Way）的强调，已经相对弱化，反而是中国开始强调机制建设要照顾各方的舒适度，这折射出的问题是中国的东盟政策正面对挑战：对东盟国家如果采取区别对待的政策，在中国来看是合理的，但东南亚国家可能会觉得中国的做法影响了东盟内部的团结与一体化进程。

还有，中国原先支持东盟在地区整合中发挥主导作用。随着"一带一路"战略的推出，中国自己主导了一些地区性机制的构建，一些东盟国家因而觉得自己不再被中国重视了，想知道中国如何处理两个主导权的关系。中国迄今并没有这方面的成熟答案，但有必要开始摸索应对之法。依据功能领域进行适当的分工就是一种方式，这方面，东盟主导的 RCEP 与中国倡议的亚投行，就是一个例子。还可以有更多的划分，如中国主导南海生物多样性调查，东盟主导南海环境保护；中国主导南海海上航行安全相关制度的构建，东盟主导反海盗机制从马六甲海峡扩展到南海。

（二）眼睛不要只盯着岛礁

魏玲：

谈到安全，大家想得比较多的是传统安全。事实上地区安全合作，或者东盟安全共同体的建设更多侧重在非传统安全领域。而且这也是一个共识，就是大家现在真正面临的最大威胁是非传统安全威胁，尤其是在印度尼西亚2004年海啸之后。所以在非传统安全领域的合作，一是需求非常迫切，二是共同利益很大，三是合作在慢慢向前推进。在这个过程中，中国也很受益，比如通过救灾演练，我们这方面的能力建设也在提高，我们也在通过这种方式"走出去"。我们目前和东盟的军事演习、训练都是在非传统安全领域进行的，如反恐联合训练，打击海盗、安保等。其中，反恐是一个非常重要的领域，现在东南亚国家，像印度尼西亚、马来西亚等，它们推行的温和伊斯兰运动对我们也是非常有利的。还有打击跨国犯罪的力度也很大。所以在安全领域，大家不要只盯着岛礁，非传统安全领域的合作空间很广阔。

刘琳：

"9·11"之后美国和东盟国家的演习一度十分重视非传统安全，都是以反恐、救灾为主要科目。2010年东盟成立了东盟防长扩大会议，确定了五个重点合作领域，都是非传统安全方面的，即维和、海上安全、军事医学、人道主义援助与救灾、反恐，后来增加了一个人道主义扫雷领域。东盟也举行了一些实质层面的演习，想把这些机制做实。但是近几年来随着南海问题的升温，美国和东盟国家的演习又开始重新关注传统安全的科目。所以我觉得这与地区局势变化紧密相关。

薛力：

我在多篇文章中强调，南海问题仅仅是中国对外战略中的一个局部问题，只是中国与东盟关系的一部分。今天我想补充的一点是，在南海问题上，中国应该让自己的政策对东盟总体上起到吸引作用，避免"为渊驱鱼"。我们在批评美国找机会介入南海事务的同时，也有必要反思自己的政策是否客观上给美国提供了介入的机会。美国想介入马六甲海峡的反海盗巡逻，因为海峡沿岸国家大部分反对，一直难以实现。如果南海沿岸国家坚决反对美国军舰在自己的港口停靠或者轮换驻扎，美军即使想"重返故地"也不容易实现。

（三）中美博弈走到台前，东盟对此持矛盾心态

刘琳：

我觉得东盟在政治安全共同体的建设中主要有这么几个挑战：第一个挑战是东盟各国之间还存在一些领土、岛礁争端。如泰柬之间的柏威夏寺争端，印度尼西亚和马来西亚在安巴拉特海域的争端等。当然还有南海问题，除了东盟一些国家和中国的争端，他们相互之间也有争端，这影响到他们在安全上的整合。第二个挑战是东盟部分国家内部的局势也不稳甚至比较动荡。泰国自 2014 年 5 月军事政变后尚未还政于民，马来西亚、柬埔寨也都存在一些不稳定因素。

还有一个比较突出的挑战就是大国因素。东盟在安全和军事领域一体化的程度还比较低，特别是有些国家和美国有同盟关系。东盟安全共同体建成以后，这些国家还是会与美国保持密切的双边军事合作，这方面对于美国—东盟合作的削弱作用不是很大。然而中美之间的博弈已经很明显了。美国不断强化其在东南亚的军事存在，提出要构建一种"地理上分散、作战上灵活、政治上可持续"的亚太兵力架构。所谓的地理分散就是指要把

兵力部署重点从东北亚往东南亚和澳大利亚转移。近年来，美国与东南亚各国的军事关系不断强化，不仅是与菲律宾、泰国这样的盟国，与印度尼西亚、马来西亚、越南等国的关系也日益密切。例如，美国 2011 年宣布向印度尼西亚提供 24 架 F-16C/D 战斗机，2013 年又批准向印度尼西亚提供 15.6 亿美元军事援助。美国与越南建立了副国防部长级防务政策对话机制，签署《防务合作谅解备忘录》，美国海军舰艇几乎每年都到访越南港口。近期美国主要有几个动向：第一个动向是强化在菲律宾的军事存在。2014 年 4 月美国和菲律宾达成了《强化防务合作协议》，将使美国更大程度地使用菲律宾军事设施和基地，在菲进行轮换部署，同时预置武器装备；第二个动向是军事部署从静态向动态转变。例如，美国 5 月份派出濒海战斗舰"沃思堡"号到南海巡航，还鼓动东盟国家组建联合力量巡逻南海，我觉得这是针对我们南海岛礁建设的一个举措。第三个动向是在 2015 年的香格里拉对话上，美国国防部长卡特在大会发言中提到，美国国防部将启动一项新的"东南亚海上安全倡议"，并将拨出 4.25 亿美元用于东南亚海上能力建设。

之所以会出现这样的情况，南海问题的凸显是其中的一个重要原因。如果把更多的军事力量部署在东南亚和澳大利亚，一旦南海出现危机事态，美国可以更快速地到达危机地点。另一个重要考虑要是要强化军事侦察能力和海上态势感知能力。美国现在比较重视在菲律宾、印度尼西亚、马来西亚部署海岸监视系统。另外，如果兵力部署分散，对手在判断时会面临比较复杂的情况。实际上中美的这种博弈已经不再只是着眼于某一个具体问题了，而是着眼于地缘战略上的态势。

东盟希望可以拉美国来对抗中国，搞"大国平衡"，但随着中美博弈走向前台，他们又开始担心如果中美博弈加剧，被迫要选边站；也担心美国、日本在这个地方介入过深，加剧地区的不稳定。

中国和东盟的合作在安全和防务层面存在互信不足问题，但近年来也取得了一些进展，比如我们和印度尼西亚搞了"利刃"系列特种部队联合训练，与泰国也举行了海军陆战队的联合训练,与新加坡举行了安保联合训练。我们还与一些东南亚国家开展了国防工业合作,以及教育训练的交流等。

美国从"二战"结束后到现在,在东南亚经营了几十年,有很强的基础。东盟很多国家的军事领导人甚至政治领导人,都曾在美国受训。基于美国这种强大的影响力,如果要继续推进中国和东盟的防务与安全合作,我们需要有一种长期经营的理念,不要急于求成。另外,要多边和双边相结合,美日在发展与东盟关系的时候,很多具体举措还是着眼于双边的,因为各国制度不同,具体的合作还是双边角度比较容易推进,特别是在军事安全领域。

薛力:

我觉得,东盟及其成员国对于与大国的安全关系,持明显的矛盾心态,原因在于,一方面,东盟成员国是中小国家,东南亚是一块"柔弱的安全草地",在一个无政府状态的国际体系中,没有能力保护自己的安全,除了抱团取暖外,还希望获得大国的安全保障。当它觉得从区域内大国无法获得这种安全保障时,就会转而向区域外大国购买安全。但是,另一方面,东盟成员国也知道在安全问题上"请神容易送神难",作为后起的民族国家,又有殖民地的痛苦经历,对于主权问题特别重视,不愿意大国影响到自己的独立与主权。越南更是如此,由于意识形态等方面的原因,其内心深处对美国并不信任。再次,不同的东盟成员国对于区域外大国介入本地区安全问题的接受程度有差异,以马六甲海峡反海盗巡航为例,新加坡同意美国参与,马来西亚与印度尼西亚则坚决反对,反对的主要理由就是这涉及国家主权问题。还有,一旦大国在本地区打起架来,东盟这块"草地"也受不了。

基于上述几点,我认为,可能个别成员国不反对区域外大国比较深入地介入本地区的安全问题,但东盟总体上并不希望区域外大国在本地区安全问题上介入太深。

而且,东盟主张合作安全而不是集体安全,是反复权衡的结果:担心一旦建立亚洲版北约,自己像欧洲国家一样,主导不了本地区的安全事务。外国军事基地对于东盟成员国来说，是难以接受的存在，即使是与美国关系非常亲近的菲律宾，20世纪90年代也通过修改宪法废除了外国军事基地，现在虽然大力强化与美国的军事关系，但也不大可能让美国像冷战时期那样使用本国的军事基地。

中国参与多边安全机制、提出并实践新安全观都与东南亚国家息息相关。大国崛起导致周边国家的安全顾虑，这是普遍现象。尤其是涉及领土争端时。中国的14个陆上邻国中，只有不丹、印度还没有与中国解决领土争端。而南海争端则是中国与东盟关系的主要短板。在中国提出双轨思路后，东盟作为整体在南海问题上的影响力上升，南海争端实际上可以分为两个层次：中国与东盟声索国之间、中国与东盟之间。而随着美国的南海应对从"当幕后导演"调整为"当导演兼主演"，南海争端实际上增加了一个新层次：中美之间。这导致两种效果：一方面，上述两个层次受中美之间博弈的影响越来越大；另一方面，大国博弈需要考虑的因素众多，对危机的管控会更为严格，除了建立更多的管控机制外，各方对于每个行为可能导致后果的分析与计算也会更精细，因此，中美双方爆发直接冲突的概率反而下降。从这个角度看，我们很难说"中美南海必有一战"，或者认为进入了"中美南海军事冲突倒计时"。

◇◇ 三　东盟共同体建设与"中国—东盟命运共同体"打造相得益彰

（一）各个力量间重新洗牌

魏玲：

东盟共同体对中国的影响主要是表现在中国—东盟关系与"一带一

路"建设上（主要是"21世纪海上丝绸之路"）；对地区的影响则涉及地区的自贸体系到底是地区全面经济伙伴关系（RCEP），还是跨太平洋伙伴关系协议（TPP），或是亚太自贸区，其实这是地区贸易体系和格局、领导权的竞争。中国—东盟经济上的依赖在不断加深，东盟对中国倡议的亚投行很欢迎，对这种务实合作的需求非常大。虽然现在东盟一些国家在南海与中国有领海和岛礁争端，但普遍也重视中国的发展机遇和中国提出的"一带一路"倡议。比如，2015年印度尼西亚是东亚思想库网络的主席国，他们提出将今年的主题确定为海上合作；再比如，在中国—东盟思想库网络框架下，今年由马来西亚担任共同主席，他们也提出来希望今年年会可以讨论中国—东盟关系和"21世纪海上丝绸之路"。

苏庆义：

东盟共同体的建设对中国—东盟经济关系的影响，总体上是积极的，分别体现在贸易、投资和金融三方面。

在贸易方面，多年来，双边贸易额增速很快，年均增长18%左右。2014年，中国和东盟的进出口总额达到了4804亿美元，仅次于中国与欧盟、美国的贸易额，已经远超中国和日本、韩国的贸易额了。中国是东盟最大的贸易伙伴，东盟是中国的第三大贸易伙伴，2010年启动的中国—东盟自由贸易区是继欧盟和北美自由贸易区之后的全球第三大自贸区。

现在中国对东盟出口的主要是资本和技术密集型的产品，占60%以上，其中最主要的是机械运输设备，这是我们具有比较优势的产业；劳动密集型产品只占30%左右；资源密集型产品更少。中国从东盟进口的主要是资源密集型产品，劳动密集型产品排第二，然后是资本和技术密集型产品。因此，从贸易构成来看，中国和东盟现在是互补性的合作，竞争性没有那么强。当然，东盟这几年向中国出口的产品中，资本和技术密集型产品比重明显上升，说明东盟经济结构也在优化、提升。东盟共同体建成之后，会产生贸易转移效应——就是本来从中国进口的产品会转向区内进口，这个转移效应会对我们造成一个负面影响，效应的大小还有待评估。这是我们应该注意的。

东盟经济一体化加深之后，自身的经济活力会上升。因为东盟在高端产品方面没有能力和我们竞争，它要走我们以前走过的路，就是依赖劳动密集型产品的出口。东盟生产一些劳动密集型产品，在全球价值链分工背景下，中国如果在零部件生产上的优势比较强，则会带动我们零部件产品的出口。但前提是我们一定要做好自身贸易结构的升级。

这对我们的对外投资来说也是机遇，我们可以通过对外投资来帮助东盟地区发展经济，就像曾经日本对"亚洲四小龙""亚洲四小龙"对我们所做的那样。应该想想：怎样借鉴"雁行模式"，享受东盟的经济活力、享受他们经济发展的红利——就像别的经济体当初享受中国经济发展时的好处那样。要利用好这一点，企业可以投资一些劳动密集型产业。还有，东盟的发展需要基础设施投资，对中国也是很大的机遇。

从金融方面来讲，主要看东盟共同体建设对亚投行和人民币国际化的影响。我们发起亚投行的目的就是希望在国际金融治理、经济领域能有自己的声音和作为，但大家要想想：东盟十国都是亚投行的创始成员国，如果东盟十国联合起来用一个声音说话，再联合上英国、德国、法国等，那么中国在亚投行的"主导"能力将大受影响。而人民币的国际化，一方面要靠亚投行（和金砖国家银行）的运行，另一方面还得依赖东盟等周边地区经济活力的上升。人民币国际化的一个基础是中国周边地区能够使用人民币交易，东盟的外贸总额和区内贸易额很大，如果能够增加人民币的交易使用量，那对人民币国际化大有裨益。

从区域经济一体化的角度来看，TPP 没包含中国，而 RCEP 是东盟主导的区域经济一体化，中国非常支持。东盟共同体建成后，自身的一体化程度会加深，这有利于 RCEP 达成。如果东盟能够带动亚太地区"10＋6"（东盟加中、日、韩、印、澳、新）的经济一体化，之后再"＋1"，也就是加美国，那么，我们能不能往前走向亚太自贸区呢？东盟一体化的推进是有利于亚太地区一体化的，对中国也是有利的。

薛力：

我最近在福建调研时，听到一些当地企业家说，当地的一些产业（成衣、鞋帽、显示屏），如果不进行升级换代，可能五年后就没有成本上的比较优势了。把这些产业或者某个环节转移出去是必由之路。只有转移出去，自己才有空间、动力进行产业升级，比如进入服装设计、特殊印染工艺、高端服装鞋帽生产等。中国固然可以把这些产业转移到非洲。但出于人文、地理距离等方面的原因，有一部分还是应该转移到东南亚国家，尤其是越南、缅甸、柬埔寨、印度尼西亚。现在的问题是，与来自韩国、日本、中国台湾的企业相比，中国本土企业缺乏跨境投资的经验与信息，迫切需要中国各级政府提供相应的服务，包括投资信息、金融服务、配套人才培养，并希望能在东南亚国家建立不同种类的开发区。中国政府正在力推中国—东盟自贸区升级版，这需要从点滴入手。

另外，关于亚投行，最近的信息是，亚投行章程几乎与欧洲复兴开发银行和亚洲开发银行相同，各方已经就投票权达成了协议，中国获得亚投行约26%的投票权，亚洲以外国家投票权在25%—30%，而亚投行关键事项的决策要求75%以上通过。这显示，中国固然拥有否决权，但西方国家联合起来也有否决权。从而实现了某种微妙的平衡，意味着各方都会尽量避免使用否决权。在涉及亚洲的投资事项时，更是如此。

魏玲：

其实从中国的一些地方来看，如广西、云南、贵州等边境省区也在抓住这样一些机遇。他们打通了走向东盟的通道，也就走向了世界。所以我们支持东盟的互联互通，其实也是在做自己的互联互通。带动中国内陆省份的发展、带动他们走出去，是"一带一路"倡议中很重要的一部分。中方设想在中国—东盟关系的钻石十年进一步塑造地区贸易体系、投融资体系、货币体系，中国—东盟自贸区升级版、中国—东盟互联互通、中国—东盟银联体、人民币在周边地区的国际化等，都是具体举措。总体而言，在演变的地区格局和秩序中，中方更加积极作为，主动塑造的能力不断提高。

也就是说，东盟共同体本身先一体化了，再通过中国—东盟的战略伙伴关系提一些倡议。自贸区是很明显的一个例子：首先有东盟自贸区，然后是中国—东盟自贸区升级版，再往上就是区域全面经济伙伴关系（RCEP）。如果在中国—东盟自贸区升级版里面已经提出了一些规则，我们就可以用更大的力度来影响、塑造 RCEP，从而塑造地区的自贸规则和体系，这就是一个主动构建的过程。随着中国经济的发展以及经济增长的转型，从整个地区来看也是各个力量重新布局和洗牌的过程，大家都在调整。

（二）时刻想到国家的双重身份与中国的政策效果

苏庆义：

东盟一体化后如果不参加"一带一路"，我们肯定就搞不起来海上丝绸之路，所以肯定要争取东盟对"一带一路"的支持。东盟国家的政府层面对"一带一路"了解得比较多，因为它涉及国家的发展战略；但通过和这些国家的学者交流发现，普通民众对"一带一路"的了解比较少。我们下一步应该加大对民间的宣传，加强民间的交流，争取支持，获得群众基础。否则与政府已经签约了，但最后因民众的反对而落实不下来，会造成非常大的损失。

魏玲：

要真正实现"中国—东盟命运共同体"目标，我认为有几点需要注意。第一，一方面，要有长远的战略思维，因为中国的利益不仅仅局限于周边的这些国家，不只在于某个岛礁一时一地的得失；另一方面，在具体政策推行的时候要细化，把理念通过春风化雨的方式落实下去很重要。

第二，在和东盟国家打交道的时候，需要有一个更加成熟的大国心态。不要斤斤计较，在很多方面要带着包容和开放的心态。毕竟，中国个头体量不断增长，确实会令周边感到自己的空间受到挤压，有疑虑、会惧怕很自然。

第三，我们提出"一带一路"，以基础设施和产能合作为重要的着眼点，这是很对的，关键在于怎么做好。"一带一路"本来就是内外统筹的宏大项目，涉及众多的合作领域和行为体。所以在对外打交道的过程中，地方或者企业怎么按照国家大的战略理念去做很重要。如果弄得不好，没能把地方部门利益与大的战略统一起来，就会把它做坏，我觉得这需要事先做好内部的工作。同时，还要考虑到对方的需求。中国国内搞基础设施建设有强烈的部门推动，很快就可以搞成。但是周边国家不是这个情况，可能需要很多的手续、层层审批、政党之间的辩论、利益之间的权衡，比如泰国高铁项目，是与中国合作还是与日本合作，有技术层面的考虑，可能也有大国平衡的考虑。

另外，要多边、双边结合，针对东盟各国的不同情况有针对性的施策，其实"双轨思路"也体现出这一点。随着东盟共同体的建立，其整体性无论在名义上还是实质上都会不断加强。包括柬埔寨、缅甸，还有泰国、马来西亚等都是对华比较友好的，但是他们还有另外一个身份，即东盟成员。他们一个共同的认识是只有在东盟这个大的框架里面，他们才会得到更大的政治独立性和政治保护。因此无论对华多么友好，他们的东盟身份认同会不断加强，首先要拥护的是东盟。对此我们必须要理解，不能从自己单方面来看，理所当然地认为他们应该对华友好，还得有一个换位思考，必须考虑到他们作为东盟成员的身份。双边和多边同时做工作，即便在双边场合也要考虑到他们的双重身份，理解他们既有自己国家的利益，也有东盟的身份和利益。

薛力：

我同意苏庆义博士和魏玲教授的分析。但我也注意到，泰国与日本合作的铁路项目，与中泰合作的项目，是两条线路。两者并非零和关系。

中国—东盟命运共同体建设没有量化指标，因此不是一个可以操作的概念。可以视作是中国领导人的一种愿景表述，说明了中国在欧亚大陆东端的角色定位：一个本地区的"带头大哥"，并与周边国家形成苦乐共担共享的伙伴关系。"命运共同体"概念适合于中国与周边的绝大部分国家。要实现这个愿景，需要通过一些路径、一些方法，于是有了"一带一路"。就东盟而言，中国公布的海上丝绸之路两条路线都要经过这一地区。一定意义上，可以说东南亚是中国海上丝绸之路建设的试金石与重要枢纽。

既然"一带一路"是新一届中国政府关于对外战略的顶层设计，统领对外政策，那么，中国对东盟的战略与政策，就要思考是否不利于"一带一路"战略的贯彻，乃至与之相冲突？如果是，应该如何调整？中国当然要捍卫自己的国家利益，东盟国家也要捍卫自己的国家利益。当两者为了捍卫自己的国家利益而使用国家力量时，会产生一些非意料后果。大国有可能、有能力做一些小国做不了的事情。因此，同样的行为，大小国家做所引发的效果不同。以处理海洋争端为例，也许中国觉得自己现在所做的都很正当，以前限于国力无法做而已。但非声索国看到的是，中国的南海主张与其他声索国都不同，并在一些问题上采取模糊策略，同时又强化自己在南沙的存在，还不大愿意通过一些机制约束自己的行为。如果非声索国普遍形成这种印象，很可能影响中国为解决南海争端而做出的努力，这显然不是中国希望看到的。

（此文以《东盟共同体"冲刺"：搅动亚太风云》为题，发表于《世界知识》2015 年第 13 期。2015 年 6 月 30 日出版。）

2.8　日印走近与亚洲格局

核心观点：不具有后发优势条件的印度与走向相对衰弱的日本互相靠近，将让双方受益，但这种合作达不到中俄关系的程度，更无法与日美关系相比，基本上属于正常范畴的国家间关系。两者关系对亚洲格局的影响有限，与中国崛起、美国再平衡战略不在一个档次。安倍本任期内日本经济可能摆脱二十年的停滞，但构建成一个发达国家经济发展新模式的可能性不大。莫迪任期内的印度治国效果整体上优于辛格时期，有些邦可望实现较快的发展，但无法为其他发展中国家塑造国家富强的新模式。

印度总理莫迪选择日本作为上任后访问的首个全球大经济体，而且时间长达四天。两个年龄相差四年又四天的人在四天里多次会面，又是热烈拥抱又是签署多项双边合作协议。考虑到两人的诸多相似之处（民族主义色彩强烈，拥有较高的民意支持率，都志在振兴经济），两国的共性（相似的政治价值观，都热烈追求安理会常任理事国席位）以及两国的诸多互补之处（日本有印度需要的技术与资金，印度有日本想要的市场、劳动力与生产基地），引发日印两国与欧美媒体惊呼连连，甚至有媒体认为日印走近对亚洲的影响将比肩中国崛起与美国的亚洲再平衡战略，两国将以自身模式告诉亚洲国家：中国模式并非国家富强的唯一模式。

真的如此么？这需要说明几个问题：两国的潜力何在？有何不足？两人在克服这些不足以发挥潜力上能做什么？印度的发展潜力来自英语、源自英国的法律体系与比较稳定的政局等方面，但最大潜力在于年轻的人口结构。影响印度经济快速发展的主要因素有：联邦制、种姓制度、约3亿的文盲人口、低下的行政效率，但最大的不足是印度教所蕴含的哲学理念——转世信念所导致的向内心寻求生命意义与生活幸福感。这种生活哲学促使人不怎么追求物质生活的丰富。莫迪在古吉拉特邦的成功有特定的原因：较高的识字率（2001年就达到70%），自古以来当地人就有经商与航海的传统，种姓制在当地的影响相对较弱。对于追赶型国家来说，单一制比联邦制更有优势。莫迪在一个邦内施政，并没有触及联邦制的不足。而在一个邦之内提高行政效率、推动经济发展，是相对容易做到的事情，只要具备以下条件就有望实现：一个强势政治领导人、领导人自身相对廉洁、有推动经济发展的强烈动机。这一点在东亚四小龙上已经反复证明过。总之，莫迪有望在一些邦取得成效：与古吉拉特邦具有环境相似性，又由人民党内莫迪式强人任首席部长。但他很难在全印度复制古吉拉特邦模式。

很难找到日本经济长期增长的动力，却很容易判定日本经济长期低迷的根本原因：少子高龄化。日本是高度发达的经济体，在提高人力资本效益、提高经济效率、提升行政效率、推进城市化等方面已经鲜有大的空间。细节上追求完美的民族特征为日本追赶发达国家提供了原动力，而缺少战略性的创新力、注重种族纯洁性等民族特征又限制了日本成为引领全球的创新型国家。从长远看，日本将缓慢但不可阻止地相对衰弱，直到成为武村正义所说的"小而闪光的国家。"那时的日本，是一个在全球比较重要的国家，但只能位于全球第二梯队，远不是一个世界性政治经济大国。

众所周知，尼赫鲁以来印度的国家战略目标是成为政治经济大国。但经过半个多世纪的发展，目前也只能说是中等国家。上述分析显示，即使莫迪的任期像印度前总理辛格一样长达十年，也难以实现中国式的持续高增长，更别提经济总量赶上中国。由此可推断，印度的全球政治经济地位在二十年内不可能赶上中国。

安倍的施政纲领很可能是：通过安倍经济学消除日本经济发展的结构性障碍，实现经济的复苏与可持续发展；通过激发民族主义，修改宪法第九十六条与第九条，最终实现日本国家的正常化。安倍经济学的前两只箭已经射出，确实发挥了比较不错的效果。但第三支箭的效果却难以乐观，在少子高龄化的背景下成功的可能性不大。修改两条宪法条款的意见一直难以获得大多数日本国民的支持，仅仅是修改宪法解释就导致自民党的支持率剧降到24%，为安倍上任以来最低点。即使安倍的任期向中曾根康弘与小泉纯一郎看齐，只要东亚不爆发大规模战争，大部分日本民众在其任期内同意修改宪法第九条的可能性不大。

在这样的背景下，莫迪此次访问中两国建立了"特殊战略性全球合作伙伴关系"，但在未来几年两国关系能走多远也就可以预期了：政治上，"价值观同盟"的主要价值是心理慰藉，日美印外长级会谈象征意义大于实际意义，奉行不结盟外交的印度并不想"开罪"自己的最大贸易伙伴中国，《东京宣言》中印度没有像日本希望的那样对积极和平主义明确表达支持即是一个例证。军事合作主要限于海上共同训练，以及日本加入美印马拉巴年度海上联合演习。此次未能签署的两栖飞机 US-2，一旦合作条件适当调整，未来仍有可能成交。但印度最为重视的核能合作此次没有达成合作协议，预计未来也很难取得突破，因为印度不大可能宣布停止核试验。即使是日印都很重视的经济合作，日本对印度的投资与中国比较也没有绝对的优势：此次达成共识的五年350亿美元日本对印投资，对中国来说并非特别大的数目；印度重视的三条高铁建设，中国在建设经验、价格上都有优势，安全性也没有问题。日本占优势的大概是高新技术产业投资，以及印度东北部地区的产业投资与基础设施建设。

一个不具有后发优势条件的印度与一个走向相对衰弱的日本互相靠

近，对双方来说都有助益。但受各自缺陷的影响，这种合作所能达到的程度有限，达不到中俄关系的程度，更无法与日美关系相比，基本上属于正常范畴的国家间关系。因此，两者关系对亚洲格局的影响有限，与中国崛起、美国再平衡战略不在一个档次。大体上，安倍本任期内的日本，有可能促成日本经济摆脱二十年的停滞，但构建成一个发达国家经济发展新模式的可能性不大，他本人将给世人留下一个无奈但倔强的武士身影。莫迪任期内的印度，无法为亚洲其他发展中国家提供国家富强的新模式，但整体上优于辛格任总理时期是可能的，印度某些地区甚至可能像古吉拉特邦那样进入快速发展期。

（此文以《日印走近将改变亚洲格局?》为题，2014 年 9 月 10 日发表于 FT 中文网）

2.9 "一带一路"与对非洲外交方略

核心内容：2014 年 5 月李克强总理访问非洲四国与非盟总部，笔者应新浪网之邀谈中非关系。中国的非洲方略是笔者正在思考的问题，但尚未成文，这里体现一些基于长期观察的初步体会。非洲在中国对发展中国家的外交中，依然居于重要地位，但可能排在周边外交之后。李克强总理的这次访问，是时隔 50 年中国总理对非洲又一次历史性访问，是对 50 年前那次访问的总结和提升，为此谋划了下一步强化中非合作的一些具体操作方式，既有三网建设与工业区建设这样的框架项目，也有围绕具体项目的大量协议。在落实的过程中，有必要在发挥中国政府力量和国有企业优势的同时，大力发挥民营企业的作用。

主持人尹俊：各位新浪网友大家好，欢迎来到新浪网上大讲堂。今天我们大讲堂的主题是中非关系。今天做客新浪网上大讲堂的嘉宾是中国社会科学院世界经济与政治研究所国际战略研究室主任、副研究员、国际政治学博士薛力。薛博士，欢迎您。

薛力：主持人好，新浪网友好。

主持人尹俊：今天我们来聊一下中非关系。李克强总理 5 月 4—11 日访问了非洲的四个国家，分别是埃塞俄比亚、尼日利亚、安哥拉、肯尼亚。我们知道最近一两年，新上任的领导班子中，主席与总理都去过非洲了，那么，中非关系未来将会怎样呢？我们注意到这次李克强总理曾经提出"休戚与共、共同发展、文明互鉴"这样几个关键词，那您如何理解中国和埃塞俄比亚乃至于中国和整个非洲之间的关系？近两年中国和非洲，以及中国和埃塞俄比亚之间交流的情况怎样？

薛力：谢谢主持人。非洲属于发展中国家，1949年之后中国外交的原则就是"大国是关键，周边是首要，发展中国家是基础，多边外交是重要舞台"，也就是说，以亚非拉为代表的广大发展中国家是中国外交的基础。这个基础在新一届政府的外交棋盘中具有更大的重要性，这就是习近平主席与李克强总理在两年内相继访问非洲的一个主要的因素。这是基本背景。我们知道这一届总理和主席同时访问的地区，一个是亚洲东盟，一个是欧洲，还有一个是非洲。而且，习近平就任国家主席后第一次出访的国家中就有非洲国家。可见，从访问的程序来看，新一届领导班子把非洲作为重要的地区来看待。

李克强总理此次访问非洲四国的主要背景是，适逢周恩来总理访问非洲十国50周年。这是作为50周年纪念活动的一部分去访问。同时，也是为了落实习近平主席去年访问非洲时提出的一些原则，如"真、实、亲、诚""中非命运共同体"等。李克强在此次访问中签署了许多协议，旨在把习主席的那些原则性说法变成具体可操作性的项目。

主持人尹俊：是的，显然有多重原因与目的。我们也注意到，在这次李克强总理出访非洲之前，习近平主席去年3月就已经访问过非洲。在不到两年的时间内，总理、主席都先后来到非洲，这其中是不是有深意？中国对非洲来说或者非洲对于中国来说，都有更深层次的意义？

薛力：是的，就像前面讲的，发展中国家是中国外交的基础。在新的背景下，中国与非洲对彼此的重视进一步提升。就像李克强总理说的，中国经济高速增长30年后，现在的增长速度在相对往下走的过程中。非洲则是一个发展潜力逐渐展露的地区。重要的一点是，以前人家都认为非洲是一个比较乱的地方，中国人一讲到非洲就是怎么乱、怎么落后，甚至被称为绝望的大陆。这种情况已经在变。90年代以来，非洲经济进入了比较快的增长通道。进入21世纪之后，除了受经济危机影响的2009年，非洲的GDP年增长率都在5%以上。这在全球算比较快的地区，可能仅次于新兴经济体与东亚国家。中国经济需要更加走向世界，非洲就是中国经济走向国际的一个抓手。就是说，中国对欧美外贸大幅度提升的时代可能已经过去。中国经济发展动力将慢慢变得以内需为主，对外方面，能大幅度提升的大概是与非洲、拉美等地区。

主持人尹俊：以前出口的主要市场欧美市场现在开发得差不多，需要寻找新兴市场或者新的目标，可能经济高速发展的非洲是一个很好的选择。

薛力：对。虽然从贸易总量来讲，欧美还是比较大。但从增长速度的角度来讲，非洲是一个大有希望的大陆。

主持人尹俊：所以中国和非洲之间既有着人文方面的历史渊源，同时也有经济上的吸引力。双重的影响下，中国和非洲关系发展飞快。但是，我们注意到，近年来中非的经贸合作也面临着各种各样的声音，一些非洲政客指责中国在非洲进行资源掠夺。欧美特别是美国，有很多人也在说中国对非洲如何如何，甚至有人说是新殖民主义。你怎么看待这些评价？实际的情况应当怎样评价？

薛力：这种说法我也听说了很多，有不少同事朋友去非洲访问，或在非洲工作一年、两年、三年，甚至在非洲做生意。在我看来，中国并没有在非洲推行新殖民主义。为什么呢？应用概念之前要进行定义，这样才严谨。什么叫殖民主义？历史上欧洲在非洲长期推行的殖民主义有两个特征：政治上的统治与经济上的剥削。中国与非洲国家的政治合作是基于双方的自主决定，中国并没有在政治上统治非洲国家，无论是英国式的间接统治还是法国式的直接统治都没有，所以政治上不能说中国在非洲搞殖民主义。经济上，中国在非洲的投资是非洲国家同意的，促进了非洲的发展与就业。另外，中国对非洲的援助不带附加条件。可见中国在经济上也没有剥削非洲。从这两点来看，把所谓新殖民主义的帽子扣在中国头上是说不过去的，他们只看到中国像欧洲国家那样从非洲获取矿藏资源等，没有看到跟历史上欧洲国家对非洲的殖民主义有实质性的不同。

主持人尹俊：美国和欧洲往往是附带条件的，我给你钱，但是这个国家得民主化，得如何如何，但是中国没有这方面的条件。

薛力：你说得非常对，中国外交到现在为止，奉行的还是和平共处五项基本原则，其中重要的一点是不干涉内政。中国认为每一个国家、每一个地区的人都有权利决定自己的发展道路。外国人可以给予帮助，但不能以强制性的手段进行干预。

主持人尹俊：有的说中国支持非洲独裁国家。

薛力：说这个没有意义。硬要说支持独裁国家，美国人干的一点不少。

◇◇ 巩固传统友好 打造中非合作升级

主持人尹俊：我们注意到李克强总理在非洲的时候提出"中国愿与非洲国家共同努力，积极推进六大工程，打造中非全面合作的升级版"，比如产业合作工程，力争 2020 年中非贸易规模达到 4000 亿美元左右，这种提法的内涵我不是很了解。请教薛老师，这些对中国有什么样的帮助？还有，到 2020 年贸易额才 4000 亿美元，我感觉数额也不是很大。

薛力：从绝对数额来讲不是很大（中国与东盟、欧盟、美国的贸易现在就已经超过了 4000 亿美元）。但是 2013 年中国和非洲的贸易额才 2000 亿美元，7 年内翻一番。从增长速度来看比较可观。要实现这么大的增长幅度，肯定要有一些具体的措施。

李克强总理这次访问，提出一系列的规划也好，计划也好，主要就是落实实现这些目标的手段，被概括为"461框架"，四个原则、六大工程、一个平台。通过这一系列方法来实现中非经济合作的进一步深化。

非洲目前出现的最主要的问题是什么？一方面非洲经济发展得非常快，每年5%以上。另一方面，他们的经济增长主要依靠的是能源、矿产这些资源性产业。这些产业需要大资本，但不是劳动密集型产业。能够解决大量人口就业的工业企业在非洲非常缺乏。而中国面临着产业升级和工业产能严重过剩（这可以说是4万亿刺激措施的可预期后果）。中国需要把一些过剩的产能往外移，这样既帮助了当地国家发展，也绕开了西方国家对中国的贸易壁垒与非关税壁垒。这是一种共赢的方法，对非洲来说，既提高了就业率，又促进了经济发展。

中国与非洲的合作不仅仅限于工业领域。你知道，李克强总理在位于埃塞俄比亚首都亚的斯亚贝巴的非盟总部发表了针对整个非洲的讲演。总部大楼就是中国援建的一个工程，去过的朋友都说很漂亮，楼顶可以停直升飞机，大楼规模不比你们新浪总部所在的这个理想国际大厦小。

中国人常说，要想富先修路，所以李克强总理在非盟总部讲话中讲到，要帮助非洲建立三个网络：一是高速公路网，二是高速铁路网，三是区域航空网络。

李克强总理此次就参加了亚的斯亚贝巴—阿达玛高速公路一期竣工揭牌典礼，并为二期工程开工剪彩。这条公路78公里长，连接埃塞俄比亚两个最大的城市，是该国乃至东非地区首条高速公路，由中国企业全部采用中国技术和标准承建。

另外，李克强总理去欧洲也好，去泰国也好，他工作中重要的一点就是高铁外交。领导人在对外交往中推动经济合作，这在全世界上是很普遍的现象，中国领导人这么做很正常。只要有利于双方共赢，都是可以的。这次中方跟肯尼亚签署了一个航空合作协议。

主持人尹俊：中国海航入股一家肯尼亚航空公司，但这家航空公司目前只有三架飞机。

薛力：现在规模是不大，重要的是未来的发展。

我想说的一点是，中国在非洲建立工业园也好，产业园也好，可能是借鉴国内经济特区的经验。这一点非常受非洲欢迎，已经建立了好些工业区。这一方面可以发挥中国的特长，同时又可以大量解决非洲人的就业问题，实现他们的经济增长，同时还可以避免欧美国家的高关税壁垒。

在亚的斯亚贝巴郊外，李克强总理拜访过由中方投资的东方工业园，里面有东方钢铁公司、华坚集团的鞋厂等，3800个工人中，90%的工人都是当地招收的，跟我们原来设想的情形完全不一样。以前人们常认为，中国公司喜欢从国内雇一大堆工人到国外去，这些人通常工作、生活在工厂的围墙里，不怎么与外界打交道。所以中国公司也在改变。

主持人尹俊：刚才您提的这个现象，跟我之前道听途说的不太一样。您提到非洲现在经济也在转型，过去卖的是原材料，没有加工过的东西，现在随着我们中国的产能逐渐转移到非洲，可能初步的加工等都放在非洲了。但是我过去听到的，非洲加工业为什么没有那么发达，是因为非洲的劳动者太懒，或者劳动者的基本素质不具备。比如我上中学的时候，我的地理老师这样讲，非洲那么好的土地，你洒一把种子都能长出东西来，可是非洲人就光着脚丫子到处乱跑，挺着大肚子，不劳动，所以很穷。也有人讲，你去非洲开工厂，给他结了工资，他立马拿去买可口可乐，把所有的钱都拿去买可口可乐，一点余钱都没有。或者你给了他钱，他拿了钱就不工作，可能把钱花完才会回到工厂。我听了很多这些事情，网上也有很多这样的传言。这是我临时想到的，薛老师，你有没有必要给我们拨乱反正一下。

薛力：谈不上拨乱反正。从我的角度，我的理解，对这个问题应该做一个分类分析。哪个地方、哪个民族都有懒人，你刚才说有了钱就买可乐去喝，我听的更多还是他们买酒喝，有钱就买啤酒、白酒喝。这种人在非洲肯定存在，在中国一样存在，在俄罗斯更存在。

主持人尹俊：但是中国没那么多，非洲是大部分，基本上全部都这样。

薛力：在俄罗斯也很严重，酗酒在俄罗斯已经成为一个大问题。当然，你可以说非洲的比例更高一点。

造成这种现象的原因有两个。一个是他们的人生观。我们认为要赚更多的钱、储蓄、买电器、住大房子、开好车，这才是更好的生活。但这仅仅是现代性框架里的一种进步观或者说是幸福生活观。对于非洲人，以及印度教的很多人来说，他们觉得过一种简单的生活，不见得是坏事，他们对生活的衡量指标是快乐。什么东西能够给我带来快乐，就可以了，不一定需要太复杂的物质生活。这可能是很重要的一个原因。

还有一个原因是，他们毕竟长期处于生产力水平比较底下的初级社会，接触现代文明的时间还不长。人和动物的最大区别是，人是有文明的动物，而文明的构建需要一定的时间。我走了不少国家，也认识一些非洲人。我发现那些受过比较好教育的非洲人，一样能接受现代文明，包括现代工作制度，像李克强总理访问的那个工厂，每天要工作 8 个小时，他们一样可以做得好好的。

我认识的人中，去过的国家有马达加斯加、南非、卢旺达、塞内加尔、津巴布韦、肯尼亚、苏丹、南苏丹、尼日利亚、刚果等，他们发现，当地人中，有大把愿意工作 8 个小时的。总之，依据我的理解，国人觉得非洲人不够勤奋的主要原因是，第一，他们的人生观不同。第二，他们没有工作的机会，毕竟那儿的失业率还是很高。第三，受教育程度。

主持人尹俊：看来非洲还是有好的、高素质的劳动者。劳动者素质并不是一个最大问题，或者说不是我们想象的那么严重。

薛力：主要还是机会问题。

主持人尹俊：还是可以找到愿意劳动的，像中国人眼中的好劳动者的这种工人。

薛力：肯定没问题。

◇◇ 发挥中国政府力量和国有企业优势的同时发挥民营企业的作用

主持人尹俊：接下来我们想知道，总理把路是铺下来了，政府层面签订了很多合作协议，但是这些合作协议如何落实，既造福双方的普通大众，也能体现双方的政治互信？

薛力：现在跟30年前、40年前不一样的一点是，现在中国学会了两条腿走路。我研究中国对外援助的时候发现一点，早期只有官方工程，没有民间的力量。而现在在非洲，很多项目都是民间在推动，很多在非洲的矿产资源、油气资源，投资几千万元、几亿元，照样出现民营企业的身影。前面提到的华坚集团与东方钢铁公司都是民营企业。民营企业作为市场经济的一个基本力量，能够发挥国有企业所不能发挥的作用。

李克强总理签订了60份文件，安排了200场活动，接下来在具体操作中，既要发挥中国政府力量与国有企业的优势，也要发挥民营企业的作用，鼓励中国人往外走。这需要下大力落实。这方面还有很多事情可以做。比如说建立对外投资基金。

我们现在的外汇储备太多了，已经达到3.8万亿美元。在我们现有的条件下，即资本账户不开放、汇率固定的情况下，这个钱在国内是不能花的。因为，如果在国内花了，最后绕一圈又会变成更多的人民币，从而造成通货膨胀。也就是说，必须花在境外。我认为，其中一部分可以用于设立对外投资基金，如能源投资基金、基础设施投资基金等，作为扶持中国人、中国公司往外走的一个孵化器，尤其要扶持民营公司，他们运营的效率更高、在境外的政治阻力更小。我们的一些研究报告也在做这方面的建议。中国政府已经开始做，但不够，可以加快速度、加大规模。

主持人尹俊：别光买美国国库券。

薛力：买美国国债等是一种无奈的选择。现在外汇储备中大概 67% 左右是包括美国国债在内的美元资产。我们研究所前任所长余永定教授就强烈主张减少购买美国债券，主张投资多元化。问题是，不买美国债券买什么？外汇储备得有地方去，不能放在家里。而就国债规模而言，日本的太小，欧洲的太少，从安全性、流动性、收益性等方面衡量，买美国国债等美元资产不是理想选择，但却是最不坏的选择。

主持人尹俊：没有更好的选择。

薛力：如果有更好的选择，肯定就做了。现在正在尝试一些改变。

主持人尹俊：您觉得应该设立对外投资基金。

薛力：这是一个好的办法。

主持人尹俊：比通过买债券的方式投资更好一点。

薛力：买美国国债从长远来讲绝对是负收益，虽然短期可能有一些收益。

主持人尹俊：短期来看这是一个无奈的选择。

薛力：没办法的办法。这次李克强总理在非洲也说，外汇储备太多，对中国政府来讲是一个很沉重的负担。中国高层官员很明确指出这一点，还是第一次。政府已经意识到应该减少外汇储备，但是怎么减？归根结底，一需要经济结构改革，促进国内消费，增加进口；二需要外汇制度改革，如开放资本账户、实行浮动汇率，把大量的外汇储备从国家手里转到国民手中，从藏富于国家转为藏富于民。靠国家外汇管理局下属的中央外汇业务中心那几百人管理几万亿美元，中投公司那 1000 多人管几千亿美元，肯定管不好，他们不是超人。要知道，国外基金公司一个人能管理几亿美元就已经很了不起了。把这些钱转到 13 亿人手中，国民用这些钱去投资或做别的，效果肯定好于由外管局和中投公司来管理，风险也大大分散了。

主持人尹俊：我们的改革过程当中非洲公司可能也会扮演着一个角色，这是我们可以去思考的。

薛力：有一点值得我们思考。中国 GDP 总量已经在 2010 年超过日本，但是日本在海外的总资产有 7 万亿美元，其中国家拥有的外汇储备才 1 万多亿美元，另外 6 万多亿由个人与企业拥有。也就是说，80% 以上在私人手里。这个很厉害。经济学的常识是：私人资本的效用要明显高于国有资本。

主持人尹俊：中国比例大概多少？

薛力：正好倒过来。中国海外资产为 5 万亿美元，其中外汇储备大约 4 万亿美元，加上国有企业海外投资，海外资产中由国家拥有的资产超过了 80%。

这是一种不可持续的状态。中国的非金融类海外投资在急剧扩大，但业务管理尤其是风险控制跟不上，未来面临大规模亏损的风险。这一点渐渐被大家注意到了，中纪委对在香港的央企所进行的反腐败调查就是一个证明。但是，外汇储备管理部门手上的金额更大，风险也更大。

主持人尹俊：非洲的情况是，中国投资的企业大部分都是国企？

薛力：是的。我的意思是，中国外汇储备的大部分，最后应该慢慢变成民间持有，让民间去实现对外投资。无论是资本运营效率、还是突破东道国的政治壁垒，民间资本都优于国有资本。

主持人尹俊：中国民营资本在非洲投资少，会不会是因为非洲投资的政治风险、商业风险太高？民营资本出于规避风险的考虑，投到欧洲或者其他地方去了？而这些国营企业到非洲投资可能是某种指派的任务，据我了解国营企业有时会承担一部分政治任务。

薛力：能源政治是我研究的一个领域，根据我的研究体会，现在大型国有企业理论上承担一些政治任务，实际上他们的海外投资基本上是独立运作的，投资主要是受利益驱动。

主持人尹俊：主要是为了赚钱。

薛力：对。比如，中国在苏丹有不少能源投资，但运回国的石油并不是大部分。大部分原油，或者加工成石油产品在当地花掉了，或者在本地就卖掉了，比如卖到日本、韩国，运回中国的大概是1/3左右。

主持人尹俊：真不多。

薛力：至于讲风险大，这是没有办法的事情。石油作为一种成熟的能源，从开始大规模开采到现在，已经有一百多年历史，很成熟的市场里那些好开采的矿井轮不到中国公司。必须走向风险相对较高的地区。但是，民营企业在节约成本、提高效益方面做得更好些，他们在那些高风险地区还是能够获得利润，因此，只要给他们机会，他们还是愿意去。现在的问题是，给予他们的机会还不够多，另一方面，他们的资金比国有企业弱。

主持人尹俊：2014年5月8日世界经济论坛非洲峰会的主题叫"促进包容性增长，创造就业机会"，您如何解读这个峰会的主题？这个峰会您觉得有哪些值得关注的地方？

薛力：这个峰会，是继亚的斯亚贝巴非盟总部之后，李克强总理再次面向非洲（乃至整个世界）阐述中国对非洲的政策与立场。峰会提出了"促进包容性增长，创造就业机会"，其大背景是什么呢？一方面，非洲的经济高速发展。另一方面，非洲每年增加的就业人口达到1100万，跟整个中国基本上是一样的。但是在这个过程中非洲国家所创造的就业机会严重不足。即使在过去十年的高速经济增长期，大概也只有一半左右新增劳动力能找到工作。所以，对非洲来讲，失业人口还是很严重的问题。解决就业对非洲来讲是很关键的问题。

主持人尹俊：所以要关注就业。您觉得这次李克强总理非洲之行，最大的亮点和历史意义在哪里？

薛力：这是50年之后，中国总理对非洲又一次历史性访问。也许再过50年我们会发现，这次访问是对50年前那次访问的总结和提升，以习近平主席2013年访问非洲时提出的那些原则为基础，李克强总理在此次访问中搭起了中非关系新框架，并谋划了具体操作方式，为此签了大量文件，这是一点。另外一点是，推动了中非合作，包括三网建设与工业区建设。最后，这次李夫人程虹教授露面也值得一提，她是教美国自然文学的教授，精通英文、形象优雅，从一个侧面展示中国的软实力，也是不可忽视的一个亮点。

主持人尹俊：如果说周恩来那次访问侧重的是中非政治层面或者意识形态层面的互相帮助，这次有很多商业利益在里面，包含了实实在在的经济合作与互利共赢。这是历史阶段的不同所致。

薛力：是的。

主持人尹俊：最后一个问题，非洲人怎么看待中国人民，欧美人对中国人的评价普遍是土豪，你有钱，你是暴发户，但是素质没那么高，人也没那么优雅，走在公共场合污染环境，声音也很大，不遵守秩序，这可能是现在欧美对中国普通民间的看法或者是一个基本的印象，非洲人怎么看的？

薛力：非洲人以前对中国人印象非常好，因为以前派出去都要政审，三代贫农，又红又专，现在实际上各行各业的人都去，从最高层到最底层的民众都有。我们应该承认，中国人在某些方面的素养有待提高。但是我更想说的是，实际上这是一个阶段性现象。中国人现在在非洲的一些不良行为，30年前中国台湾人也做过。50年前或者更多年前美国人去欧洲的时候，欧洲人也觉得他们是暴发户。

主持人尹俊：这种不良的行为，从您概括是什么原因？

薛力：第一是教育。第二，是一种阶段性现象。我原来也以为，中国人有这么多坏习惯，吐痰、乱扔垃圾、不爱排队、大声讲话等，又是十几亿人的庞大数量，也许一两百年都改不了。但是最近几年看法有点改变。举两个例子：第一，我的儿子现在才13岁，他跟大人上街，如果手上有食品纸袋什么的，绝不随便丢，一定要找到垃圾箱。第二，我的一个侄女，今年12岁，这个清明节跟大人一起上山扫墓，祭祀完了之后墓地上有一些鞭炮屑，按照惯例是留在那儿等待自然界来消化。她说这里没地方放，留着会污染环境，一定要带到山下扔进垃圾筒。这些都给我很强的刺激，让我意识到，我们这代人小时候养成的一些不良习惯，不容易彻底改掉。但是，可能经过一代人的更替就好了。对这一点我有充分的信心。

主持人尹俊：所以中国人在非洲也会有些不良现象。

薛力：有，我们承认。有一次，我在东南亚某一个国家首都开会，一些中国学者在宾馆酒吧里围着聊天，聊着聊着，其中几个不知不觉声音就大了，引来旁边欧美人士的侧目。我赶紧提醒他们小声些。但过了不久，又变大声了。提醒了几次效果都不好，我觉得很窘，只好先告退。那几个人都是博士或教授，显然不是故意要让人侧目，而是多年养成的习惯，一时改不过来。

主持人尹俊：按我的了解中国人在非洲就会显得比较有钱，像老板的感觉，所以更凸显出他们为富不仁的一面，或者做起事来更肆无忌惮。在欧美还有点拘谨或者收着自己，在非洲简直是肆无忌惮，做出很多他们在国内都不敢做的事，甚至游走在道德和法律边缘。就是咱们的普通工人，也有这样的情况。

薛力：不见得是非常普遍的现象，但确实是个客观存在。现阶段的中国有许多不足的地方，一些中国人的基本修养有待于改进。

主持人尹俊：非常高兴我们今天请到薛老师做客直播间跟我们聊非洲，让我们进一步认识非洲，并且了解了非洲对中国的价值所在。我感觉中国跟非洲的合作真是双赢的，不是老美或者某些政客说的我们在殖民，在掠夺。我们帮非洲富起来,同时我们从中也获益。感谢薛老师,感谢大家收看新浪网上大讲堂,我们下期节目再见!

薛力:再见!

(此文以《发展中国家是中国外交的基础,非洲未来发展不可忽视》为题,刊登在新浪网。源自作者 2014 年 5 月 16 日在新浪博客《网上大讲堂》所做的视频访谈。作者对录音稿进行了润色,并补充少量访谈中未及展开的内容。)

2.10 21世纪海上丝绸之路：安全风险及其应对

核心观点：建设海上丝绸之路过程中可能面临的安全风险有：可能引发美国"亚太再平衡"的进一步举措；可能导致印度的担忧和反制；沿线热点安全问题形成的干扰；沿线的非传统安全威胁。创造性应对上述安全风险的可能措施有：将美国及其盟友纳入海上丝绸之路建设并做好反制准备；理性处理与印度之间的矛盾分歧；创造性解决周边热点安全问题；合作应对沿线非传统安全问题。

◇ 一 引言

海上丝绸之路是以习近平同志为总书记的中国新一代中央领导集体提出的"一带一路"倡议的重要组成部分，也是中国作为走和平发展道路的负责任大国形象的鲜明体现。在海上丝绸之路倡议提出之前，有关"海上丝绸之路"的研究基本都是着眼于中国古代的海上丝绸之路（以下简称"古代海上丝绸之路"），①这些研究成果虽然极大地丰富了海上丝绸之路的内涵，但它们主要是历史学、考古学或文化学的研究，缺乏从国际关

---

① 参见陈炎《海上丝绸之路与中外文化交流》，北京大学出版社 1996 年版；韩湖初、杨士弘《关于中国古代"海上丝绸之路"最早始发港研究述评》，《地理科学》2004 年第 6 期，第 738—745 页；陆芸《近 30 年来中国海上丝绸之路研究述评》，《丝绸之路》2013 年第 2 期，第 13—16 页；李金明《月港开禁与中国古代海上丝绸之路的发展》，《闽台文化交流》2011 年第 4 期，第 45—50 页。

系学角度进行的考察。

目前从国际关系角度对海上丝绸之路相关问题所做的研究大致可分为以下四类：

第一类是把海上丝绸之路和丝绸之路经济带放在一起进行研究，即在"一带一路"的整体战略视野中对相关问题加以考察。但这些研究大多是对该倡议的重要意义、战略定位、发展机遇等问题进行的探讨，而对其风险着墨较少。① 虽然一些学者的研究中也涉及了对海上丝绸之路风险的分析，但这些研究对海上丝绸之路面临的安全风险并没有进行系统性的案例分析。②

第二类是专门对海上丝绸之路相关问题进行的研究，但主要是对相关的政治、经济、安全等多个议题的宏观考察。③这一类文章在目前研究海上丝绸之路的学术成果中占据了大多数，它们为海上丝绸之路相关问题的考察提供了一个全面的视角。④ 此类研究的不足在于广度有余而深度不足。

---

① 参见金玲《"一带一路"：中国的马歇尔计划？》，《国际问题研究》2015 年第 1 期，第 88—99 页；潜旭明《"一带一路"战略的支点：中国与中东能源合作》，《阿拉伯世界研究》2014 年第 3 期，第 44—57 页；袁新涛《"一带一路"建设的国家战略分析》，《理论月刊》2014 年第 11 期，第 5—9 页。参见 Alice Ekman，*China：setting the agenda*（*s*）？European Union Institute for Security Studies March 2015；William Yale，"China's Maritime Silk Road Gamble"，*FPI*，March 25，2015，http：//www. fpi. sais-jhu. edu/#! China's-Maritime-Silk-Road-Gamble/c1qvb/5511bfb60cf21e26baa 971ab，访问日期：2015 年 4 月 11 日。

② 参见王义桅《绸缪一带一路风险》，《中国投资》2015 年第 2 期，第 51—54 页；薛力：《"一带一路"折射的中国外交风险》，FT 中文网，2014 年 12 月 30 日，http：//www. ftchinese. com/story/001059886，访问日期：2015 年 4 月 8 日。

③ 参见刘赐贵《发展海洋合作伙伴关系 推进 21 世纪海上丝绸之路建设的若干思考》，《国际问题研究》2014 年第 4 期，第 1—8 页；陈万灵、何传添《海上丝绸之路的各方博弈及其经贸定位》，《改革》2014 年第 3 期，第 74—83 页；余密林《对建设 21 世纪海上丝绸之路的若干思考》，《发展研究》2015 年第 2 期，第 16—18 页；鞠华莹、李光辉《建设 21 世纪海上丝绸之路的思考》，《国际经济合作》2014 年第 9 期，第 55—58 页。

④ 参见 David Gosset，"China's Grand Strategy：The New Silk Road"，*The Huffington Post*，Ang. 1，2015，http：//www. huffingtonpost. com/david-gosset/chinas-grand-strategy-the _ b _ 6433434. html，访问日期：2015 年 4 月 11 日；David Dollar，"Welcome the New AIIB"，*Brookings*，April 9. 2015，http：//www. brookings. edu/blogs/order-from-chaos/posts/2015/04/09-welcome-aiib-dollar，访问日期：2015 年 4 月 11 日；Raj M. Desai and James Raymond Vreeland，"How to stop worrying and love the Asian Infrastructure Investment Bank"，*The Washington Post*，April 6，2015，http：//www. washingtonpost. com/blogs/monkey-cage/wp/2015/04/06/how-to-stop-worrying-and-love-the-asian-infrastructure-investment-bank/，访问日期：2015 年 4 月 11 日。

第三类是专门对海上丝绸之路面临的风险或挑战进行研究的文章，这一类文章截至目前数量还较少，却是与本文关系最为密切的一类。① 例如，此类研究中许多学者认为海上丝绸之路就是所谓"珍珠链战略"的翻版，但该类研究与本文关注的安全风险关联度最高。它们的不足在于价值取向可能不够理性，甚至存在夸大风险的情况。

第四类是对总体意义上的海洋安全问题的研究。目前这一类的研究成果以中文专著居多。② 当然还有一些专门研究海洋安全某个方面问题的文章也为本文提供了许多理论和政策素材。③ 但这些研究往往存在深度有余

---

① 参见楼春豪《21 世纪海上丝绸之路的风险与挑战》，《印度洋经济体研究》2014年第 5 期，第 4—15 页；蔡鹏鸿《为构筑海上丝绸之路搭建平台：前景与挑战》，《当代世界》2014 年第 4 期，第 34—37 页；许娟、卫灵《印度对 21 世纪"海上丝绸之路"倡议的认知》，《南亚研究季刊》2014 年第 3 期，第 1—6 页。参见 Sameer Lalwani，"China's Port to Nowhere India Reins in Chinese Influence in Sri Lanka"，*Foreign Affairs*，April 8，2015，http：//www. foreignaffairs. com/articles/143656/sameer-lalwani/chinas-port-to-nowhere，访问日期：2015 年 4 月 11 日；Shannon Tiezzi，"The Maritime Silk Road Vs. The String of Pearls"，*The Diplomat*，http：//thediplomat. com/2014/02/the-maritime-silk-road-vs-the-string-of-pearls/，访问日期：2014 年 5 月 25 日；"SouthChinaSea：Countries are wary of China's '21st Century Maritime Silk Road' proposals"，http：//www. southchinasea. com/analysis/666-countries-are-wary-of-chinas-q21st-century-maritime-silk-roadq-proposals. html，访问日期：2014 年 5 月 26 日；Alvin Cheng-Hin Lim，Africa and China's 21st Century Maritime Silk Road，*The Asia-Pacific Journal*，Vol. 13，Issue 10，No. 1，March 16，2015。

② 参见赵青海《可持续海洋安全：问题与应对》，世界知识出版社 2013 年版；季国兴《中国的海洋安全和海域管辖》，上海人民出版社 2009 年版；冯梁《亚太主要国家海洋安全战略研究》，世界知识出版社 2012 年版。

③ 参见徐晨《海盗行为和海上恐怖主义行为的比较研究》，《法学论坛》2010 年第 6 期，第 117—121 页；沈颖《海洋环境污染与环境保护》，《环境科学进展》1997年第 1 期，第 67—75 页；韦红、魏智《中国—东盟救灾区域公共产品供给研究》，《东南亚研究》2014 年第 3 期，第 33—39 页。参见 Lauren Hilgers，"Pirates of the Marine Silk Road"，*Archaeology*，Vol. 64，No. 5，September/October，2011，pp. 20 – 25；Sam Bateman，"'Wicked Problems' of Maritime Security：Are Regional Forums up to the Task？"*Contemporary Southeast Asia*，Vol. 33，No. 1，April，2011，pp. 1 – 28；Antonio Missiroli，etc. "Pride and prejudice：maritime disputes in Northeast Asia"，ISS Report No. 23，March 2015；Eva Pejsova，"The South China Sea's Commons：Behind and beyond Sovereignty Disputes"，European Union Institute for Security Studies，June，2014.

而广度不足的问题。

除了撰写专著和学术文章，召开学术研讨会也是对海上丝绸之路相关问题进行研究的重要方式。例如，2015 年 2 月 11—12 日，由新华社、中国社会科学院等单位共同承办的"21 世纪海上丝绸之路国际研讨会"在福建泉州举行，来自 30 个国家的 280 余名专家学者就海上丝绸之路的价值理念、时代内涵、合作机遇等问题进行了深入探讨。①

综上来看，目前国内外已有研究仍然存在的不足主要表现在：

（1）许多研究都是将"一带一路"作为一个整体进行考察，而缺少对海上丝绸之路的专门研究。

（2）大量研究（尤其是国内研究）仍然把主要关注点放在建设海上丝绸之路的战略意义及其建成之后的重要影响上，却较少关注如何能够更好地确保相关愿景的顺利实施。

（3）大部分学者习惯于单从本国或本地区利益角度出发来看待海上丝绸之路的相关问题，却较少关注其他国家或地区对该倡议的评价和思考，这样不免陷入"坐井观天"的困局。

（4）尽管已有部分研究对海上丝绸之路倡议实施过程中可能面临的各种风险进行了考察，但却并未提出多少有针对性且可行性较强的应对策略，且存在过分重视传统安全威胁而轻视非传统安全威胁的弊病。

有鉴于此，本文将在客观、全面地理解海上丝绸之路倡议丰富内涵的基础上，重点考察这一系统性工程建设过程中可能面临的各种各样的传统和非传统安全风险，并以"对症下药"的方式，"一对一"地提出应对这些安全威胁的可能方案。

---

① 康森、安蓓：《打造命运共同体，共创海丝新辉煌：21 世纪海上丝绸之路国际研讨会在泉州开幕》，《新华每日电讯》2015 年 2 月 12 日第 5 版。

◇◇ 二　实施海上丝绸之路倡议可能面临的主要安全风险

根据已有研究和笔者的观察，本文将海上丝绸之路建设过程中可能遇到的安全风险概括为三个方面的传统安全风险和包含了五大重点问题的非传统安全风险。下文将详细考察以上列举的各类安全问题是否构成以及在多大程度上构成海上丝绸之路建设过程中的安全风险？

（一）可能引发美国"亚太再平衡"的进一步举措

冷战结束以来，美国的全球霸主地位至今无人撼动。尤其是作为美国霸权最重要支柱的美军，控制着全球最重要的 16 个海上咽喉要道。[①]由于海上丝绸之路倡议的重点发展方向涉及这 16 个海上通道中的至少 7 个[②]，其所覆盖的地区又牵涉一大批美国的盟友，可能影响到美国在这些地区的利益，因而不能排除美国反对的可能。

出台"亚太再平衡"战略以来，美国采取了许多在亚太地区加强军事存在的措施。例如，2014 年 8 月，美国驻澳大利亚达尔文港的部队增至逾 1100 人，并将最终增加至 2500 人。[③]

事实上，最先提出"新丝绸之路"计划的国家是美国。早在 2011 年

---

① 《当今世界 16 条最重要的战略咽喉要道》，新华网，2008 年 12 月 9 日，http：//news. xinhuanet. com/mil/2008 – 12/09/content_ 10475626. htm，访问日期：2015 年 3 月 29 日。

② 7 个海上通道是马六甲海峡、望加锡海峡、巽他海峡、苏伊士运河、曼德海峡、波斯湾、霍尔木兹海峡。

③ 江玮：《美国增兵澳大利亚 澳外长否认"针对中国"》，21 世纪网，2014 年 8 月 14 日，http：//jingji. 21cbh. com/2014/8 – 14/5NMDA2NTNfMTI2ODQ5NA. html，访问日期：2015 年 3 月 29 日。

7月20日，美国时任国务卿希拉里就在印度钦奈宣布美国将致力于复兴丝绸之路。①因此，中国"一带一路"倡议的正式提出，被美国一些学者认为是对其"新丝绸之路"计划的"公开叫板"。

2014年12月，美国学者拉尔夫·科萨（Ralph Cossa）等人撰文指出，中国的"一带一路"和亚投行等倡议是中国力量壮大的证明，美国对此十分担忧。②而彼得·查克（Peter Chalk）也认为海上丝绸之路的提出标志着中美两国已在东南亚展开激烈争夺。③尽管美国目前并未明确表达其对海上丝绸之路的态度，但从其对亚投行的态度冷淡就可管窥一斑。

在建设海上丝绸之路的过程中，美国有可能采取"亚太再平衡"战略进一步措施的具体表现为以下三个方面。

第一，与其亚洲地区的盟友加强针对中国的军事合作。例如，2015年4月8日美日防长会晤中就达成了将对南海地区实行联合巡逻的共识。④

第二，加强对中国海上活动的监视。2014年末美军在新加坡海域部署最新型的濒海战斗舰的行动就是这一表现的明证。

第三，利用中国周边的领土主权争议做文章，鼓动其盟友、伙伴在海上丝绸之路沿线制造纷争和矛盾。例如，美国助理国务卿拉塞尔近日就抛出了"南海新论"："拥有南海岛屿主权的各国必须厘清模糊，不应以国民情绪和历史作为解决问题的依据。"⑤

---

① 甘均先：《中美印围绕新丝绸之路的竞争与合作分析》，《东北亚论坛》2015年第1期，第108页。

② Ralph Cossa and Brad Glosserman：*A Tale of Two Tales*：*Competing Narratives in the Asia Pacific*，Pacific Forum CSIS，Number 84，Dec. 1，2014.

③ Peter Chalk：China and America's Coming Battle for Southeast Asia，The National Interest，March 16，2015，http：//www. nationalinterest. org/blog/the-buzz/china-americas-coming-battle-southeast-asia-12427？ page = show，访问日期：2015年4月11日。

④ 《日美将联合监控南海地区 或在新防卫指针中表明》，中新网，2015年4月20日，http：//www. chinanews. com/gj/2015/04 –20/7218542. shtml，访问日期：2015年5月3日。

⑤ 卢昌彩：《建设21世纪海上丝绸之路的若干思考》，《决策咨询》2014年第4期，第7页。

上述措施可能给中国建设海上丝绸之路的努力带来如下危害。

第一，恶化海上丝绸之路沿线的安全局势，进而破坏有关合作的氛围。美国对南海问题的"搅局"，可能增加越南、菲律宾、马来西亚、文莱等国对中国的敌意。

第二，迫使沿线小国"选边站队"。有学者指出，美国宣布"重返亚太"之前，东亚地区合作是一种开放的多边主义模式，但随着美国深度介入东亚，这种多边主义遇到了挑战。①

第三，美国加强对中国海上活动的监控，可能使中国与海上丝绸之路沿线国家进行的一些涉密项目合作（例如军品贸易、航天技术转让、跨国追逃追赃等）受到干扰。

（二）可能导致印度的担忧和反制

印度地处印度洋中北部，扼守中东与东亚之间贸易航线的关键节点，且近年来不断加强其在印度洋和南海的军事存在。因此，是否会引发印度的担忧和反制，是研究海上丝绸之路建设绕不开的话题。正如印度海洋安全专家雷嘉·莫汉（C. Raja Mohan，又译"拉贾·莫汉"）指出的那样，"中印两国影响力的上升，两国关系的不可预测性以及两国与美国的三边关系是影响非洲东海岸到东亚沿海区域的最主要因素"②。

在马汉（Alfred Thayer Mahan）和潘尼迦（Kavalam Madhava Panikkar）的影响下，印度将其周围海域划分为海军防卫的三个层次：第一、完全控制区（Zone of positive control），即海岸线外500公里内的海域；第二、中

---

① 甘均先：《中美印围绕新丝绸之路的竞争与合作分析》，《东北亚论坛》2015年第1期，第114页。

② ［印］雷嘉·莫汉：《中印海洋大战略》，朱宪超、张玉梅 译，中国民主法制出版社2014年版，第5页。

等控制区（Zone of medium control），即 500—1000 公里范围的海域；第三，软控制区（Zone of soft control），即 1000 公里以外的海域。[①]

不难看出，海上丝绸之路重点发展方向上的主要航运线，基本无法绕开印度的"完全控制区"和"中等控制区"。因而，中国建设海上丝绸之路的倡议，被一些印度观察家认为是中国抢夺印度在印度洋地区的"固有利益"的举动。[②]此外，还有一些印度政治家、军方将领和学者把海上丝绸之路看作是所谓的"珍珠链战略"的翻版。有印度学者就认为"民用和军用航线之间不甚清楚的区别也模糊了军事上的'珍珠链'战略和贸易上的'海上丝绸之路'战略"[③]。因此，印度很有可能采取如下四个方面的反制措施：

一是提出与海上丝绸之路针锋相对的计划，以稀释中国在印度洋地区的影响力。2014 年 9 月，印度政府推出意在反制中国的"季节计划"（Project Mausam，又译"季风计划"）。印度学者指出，"季节计划"是莫迪政府推出的旨在反制中国的最重要外交政策倡议。[④] 而印度加快援建伊朗查巴哈尔港（Chabahar）的举措，更被认为是对中国建设海上丝绸之路的反制。[⑤]

[①] 冯梁：《亚太主要国家海洋安全战略研究》，世界知识出版社 2012 年版，第 309—310 页。

[②] Devesh Rasgotra, "India-China competition in the Indian Ocean", *IISS Voice*, 21 March 2014, http：//www. iiss. org/en/iiss％ 20voices/blogsections/iiss-voices－2014－b4d9/march－2014-cd5b/china-india-ocean-c0d6，访问日期：2014 年 5 月 26 日。

[③] Shannon Tiezzi, "The Maritime Silk Road Vs. The String of Pearls", *The Diplomat*, February 13, 2014, http：//thediplomat. com/2014/02/the-maritime-silk-road-vs-the-string-of-pearls/，访问日期：2014 年 5 月 25 日。

[④] Akhilesh Pillalamarri, "Project Mausam：India's Answer to China's 'Maritime Silk Road'", *The Diplomat*, September 18, 2014, http：//thediplomat. com/2014/09/project-mausam-indias-answer-to-chinas-maritime-silk-road/，访问日期：2015 年 3 月 31 日。

[⑤] 此观点来源于 2015 年 4 月 10 日 "21 世纪海上丝绸之路与海洋安全合作"会议上一些专家的发言。

二是加强海上丝绸之路重要节点上的军事存在，以监控中国在南海和印度洋的海上活动。例如，2013年11月，印军在安达曼—尼科巴群岛的指挥中枢——远东司令部正式交付海军。①

三是在南海问题上"搅局"。2014年10月，印度总理莫迪承诺将向越南提供总额为1亿美元的贷款，以协助越南购买印度制造的新巡逻舰。②而当时中越因"中建南事件"爆发的矛盾尚未完全平息。印度此举被认为是借越南之手介入南海事务。

四是利用中印边界问题和达赖问题向中国施压，迫使中国在海洋上向印度做出妥协。

印度所采取的反制措施对中国建设海上丝绸之路可能造成的安全风险有：

首先，印度拉拢斯里兰卡、马尔代夫、塞舌尔等印度洋地区国家疏远中国，将会损害这些国家与中国交往的信心，从而被迫在中印两个大国之间"左右为难"。

其次，印度利用其在安达曼—尼科巴群岛上的军事设施对中国在泰国湾、马六甲海峡等海域的活动进行的监控，将使中国经过该地区的船舶和飞机直接处在印度的"眼皮"之下。

再次，印度对南海问题的深度介入、在中印边境问题上制造"麻烦"、支持达赖加强反华分裂活动等行为不仅损害中印两国关系，还将对中国的领土主权完整造成严重威胁。

---

① 楼春豪：《21世纪海上丝绸之路的风险与挑战》，《印度洋经济体研究》2014年第5期，第11页。

② 印度承诺帮助越南推进国防军队现代化，中国日报网，2014年10月30日，http：//www.chinadaily.com.cn/hqgj/jryw/2014－10－30/content_ 12624464.html，访问日期：2015年3月31日。

（三）沿线热点安全问题形成的干扰

由于涉及国家众多，且有着历史和现实多方面因素的复杂作用，海上丝绸之路主要发展方向覆盖的地区集中了当今世界大量的热点安全问题。

1. 中国与沿线国家间的海洋争端

南海是海上丝绸之路两大重点方向上共同的重要节点，因而它对海上丝绸之路产生的影响举足轻重。"南海争端的复杂性在于涉及的国家与地区多，包括中国大陆、中国台湾、越南、马来西亚、印度尼西亚、文莱、菲律宾等'六国七方'，非声索国如美国、日本、印度等国也陆续卷入南海争端①。"解决南海争端主要有以下难点：一是中国南海传统断续线，即俗称的"九段线"的效力问题；二是有关国家专属经济区的确定；三是不同类型的岛礁在国际海洋划界问题中的地位；四是有关各方的军事占领与资源开发的问题；五是域外大国，特别是美国的干预。

东海大陆架是中日之间的争议海域。中方坚持大陆架"自然延伸"原则，而日方坚持"等距离中间线"原则。近年来，为解决该问题，中国政府采取了一系列法律、政治和军事措施：2012 年 9 月宣布了中华人民共和国钓鱼岛及其附属岛屿的领海基线，② 2013 年 11 月划设了东海防空识别区，增强了舰机对东海的监视与侦查。

中日两国围绕钓鱼岛及其附属岛屿的争端由来已久。近年来，中国政府加强了对钓鱼岛海域的常态化巡航执法，使中国在钓鱼岛问题上占据了更加有利的态势。

---

① 李慎明、张宇燕主编：《国际形势黄皮书（2014）》，社会科学文献出版社 2014 年版，第 256 页。

② 我国决定向大陆架界限委员会提交东海部分海域 200 海里以外大陆架划界案，求是理论网，2012 年 9 月 17 日，http://www.qstheory.cn/gj/gjsy/201209/t20120917_181870.htm，登录时间：2014 年 6 月 27 日。

苏岩礁是东海中位于中韩专属经济区重叠区域的水下暗礁，中韩两国都主张其位于自己的专属经济区内，但该礁不具有领土地位，中韩双方不存在领土争端。2014 年 6 月 13 日，两国非公开举行了海洋专属经济区划界谈判。

在海上丝绸之路的建设过程中，上述海洋和岛礁争端的存在可能带来如下安全风险：

一是中国与其他当事国可能因某些突发事件而陷入冲突，使中国与相关国家在海上丝绸之路框架下进行的正常合作受到干扰甚至是中断。例如，2014 年 5 月 2 日的"中建南事件"造成了自 1988 年南沙海战以来中越最严重的海上摩擦。[1]

二是争端长期得不到解决，将严重影响投资者对投资相关合作项目的信心。

三是一些争端案例可能成为美国等域外大国"借题发挥"的工具。例如，2014 年 7 月 11 日，美国副助理国务卿富克斯提出南海"三不建议"。[2] 这一建议被认为明显是"剑指"中国正在南海进行的大规模填海造岛行动。

2. 沿线国家国内局势动荡

沿线国家国内局势的稳定，是关乎海上丝绸之路相关合作安全能否顺利进行的关键因素。

作为海上丝绸之路的关键节点和中国能源进口的重要通道，缅甸的局势变动无疑深刻影响着海上丝绸之路倡议的顺利推进。2014 年 1 月 14

---

[1] 张洁：《中建南事件：南海态势的转折点》，瞭望中国，http://www.out-lookchina.net/template/news_ page.asp? id＝7972，访问日期：2015 年 1 月 9 日。

[2] 《美国再度强势插手南海问题 高官提出三不建议》，观察者网，2014 年 7 月 14 日，http://www.guancha.cn/america/2014_ 07_ 14_ 246376.shtml，访问日期：2015 年 3 月 31 日。

日，缅甸政府军与克钦独立军（KIA）在帕敢开始了争夺战。① 2 月 9 日，缅政府军又与"果敢民族民主同盟军"在果敢地区发生战斗。

地处亚丁湾湾口的也门 2015 年以来的局势变动堪称热点。2015 年 1 月，也门什叶派胡塞武装与也门总统卫队发生冲突并占领总统府，后又软禁了总统哈迪和总理巴哈。3 月 26 日，沙特领衔的多国部队开始对也门境内胡塞武装控制的目标发动空袭。②

自 2014 年 3 月以来，海上丝绸之路沿线的乌克兰国内局势持续动荡，乌东部地区的顿涅茨克和卢甘斯克民间武装与乌政府军不断交火。这些冲突甚至引发了美俄两个大国的激烈博弈。

海上丝绸之路沿线国家国内局势动荡所带来的安全风险可能有：

第一，可能直接造成中方的人员伤亡和财产损失。例如，2015 年 3 月 13 日，缅甸军机炸弹落入中国境内，造成云南省临沧市耿马县正在甘蔗地作业的无辜平民 4 死 9 伤。③

第二，恶化海上丝绸之路沿线的投资、贸易和金融环境，使有关合作项目的前景充满不确定性。

第三，动荡局势长期得不到缓和的国家，自然是把维护政权巩固和国内社会稳定作为主要关注点，根本无暇响应中国关于合作建设海上丝绸之路的倡议。

3. 沿线国家之间的矛盾与冲突

海上丝绸之路沿线的一些国家之间因历史纠葛、地缘纷争、经济博

---

① 宋清润：《缅北冲突的根源与出路》，《中国社会科学报》2015 年 2 月 11 日第 B02 版。

② 参见《2011 年以来也门局势回顾》，新华网，2015 年 3 月 27 日，http：//news. xinhuanet. com/world/2015 –03/27/c_ 1114788415. htm，访问日期：2015 年 3 月 31 日。

③ 《缅甸军机炸弹落入中方境内致 4 死 9 伤 外交部严厉谴责》，中国新闻网，2015 年 3 月 14 日，http：//www. chinanews. com/gn/2015/03 – 14/7128771. shtml，访问日期：2015 年 3 月 31 日。

弈、民族分歧、宗教冲突等原因存在许多矛盾和冲突，这些都是不容忽视的安全风险。

近年来朝鲜进行的三次核试验、"天安舰"事件和延坪岛炮击事件，使朝鲜半岛的安全局势充满变数。"过去几年朝鲜的挑衅行为增加了局势的紧张，提升了未来发生冲突的可能性，这些冲突都有可能导致局面的失控。"① 作为海上丝绸之路东方起始段的重要节点，朝韩两国的关系走势对于海上丝绸之路的顺利发展影响巨大。

印度和巴基斯坦是一对"老冤家"。2014年10月以来，印巴两国在克什米尔地区爆发数次冲突，是2003年达成停火协议以来最严重的军事冲突。②而两国的核军备竞赛，更是加剧了双方之间的固有矛盾。③ 因此，印巴两国的矛盾冲突，短期内很难得到有效解决，且随时都有引发武装冲突的可能。

中东和地中海地区国与国之间的冲突也是纷繁复杂。这些冲突短期之内都没有被彻底解决的迹象，必然成为海上丝绸之路西端不容小视的安全风险。

（四）沿线的非传统安全威胁

比起传统安全问题，非传统安全威胁往往不易引起人们的重视，然而非传统安全问题所带来的威胁往往更为直接、更为密集，也更难应对。本

---

① Paul B. Stares, Scott A. Snyder, Joshua Kurlantzick, Daniel Markey, and Evan A. Feigenbaum, *Managing Instability on China's Periphery*, report of the Council on Foreign Relations, September 2011, p. 16.

② 楼春豪：《21世纪海上丝绸之路的风险与挑战》，《印度洋经济体研究》2014年第5期，第15页。

③ Paul B. Stares, Scott A. Snyder, Joshua Kurlantzick, Daniel Markey, and Evan A. Feigenbaum：*Managing Instability on China's Periphery*, report of the Council on Foreign Relations, September 2011, p. 46.

文重点关注了恐怖主义、自然灾害、传染性疾病、海洋环境污染和生态破坏，以及海盗问题等五大类威胁。

1. 恐怖主义

海上丝绸之路的主要航运线路，穿过了世界上恐怖活动最为猖獗的几大地区——南亚、西亚、东非。我们自然必须高度重视恐怖主义可能给海上丝绸之路建设带来的安全风险。

海上恐怖主义行为有四个构成要件：非国家主体、采用暴力方式、旨在引起公众恐慌或胁迫政府、对公共航运造成危害。[①] 由此可见，海上恐怖主义行为与海盗活动的最大区别在于，前者有鲜明的政治目的，而后者只是为了劫掠货物或取得赎金。

虽然据《兰德公司国际恐怖活动大事记》记载，在过去的30年中，只有2%的恐怖事件是在沿海或海上发动袭击，而且袭击形式也简单得多[②]，但由于海洋的开放性特征和海上反恐机制的薄弱，海上恐怖主义活动并不容易防控。

2014年6月以来，伊斯兰教逊尼派极端组织"伊斯兰国"（ISIS）成为全球恐怖主义的新骨干力量。[③]未来不能排除"伊斯兰国"的势力范围扩展到海上丝绸之路沿线地带的可能。

2. 自然灾害

在众多非传统安全威胁中，自然灾害是最为古老，且造成伤亡人数最多的一类。海上丝绸之路的两大重点发展方向所覆盖的地区，都是地震、海啸、台风、洪涝等自然灾害高发的地区。

---

① 徐晨：《海盗行为和海上恐怖主义行为的比较研究》，《法学论坛》2010年第6期，第118页。

② 耿相魁：《打击海上恐怖主义需要国际合作》，《海洋开发与管理》2009年第1期，第65页。

③ 董漫远：《"伊斯兰国"崛起的影响及前景》，《国际问题研究》2014年第5期，第56页。

地震是破坏力极大的一种自然灾害。从图1不难看出，海上丝绸之路的两大重点发展方向涉及的区域，曾多次发生破坏性较大的地震。因此，地震灾害对海上丝绸之路沿线国家人民的生命财产安全所构成的风险显而易见。

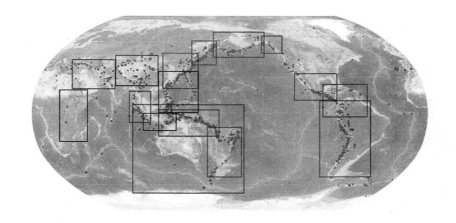

图1　全球主要地震分布（1900—2013）

资料来源：美国国家地震信息中心。①

在海洋上，常常与地震相伴的另一种严重自然灾害是海啸。2004年12月26日，印度洋海域的9.1级地震引发的海啸造成逾23万人死亡和99亿美元经济损失。②由于海上丝绸之路沿线地震多发、沿海低地多且人口密度大，大规模海啸可能造成巨大的人员和财产损失。

西北太平洋沿岸是台风每年都要多次"光顾"的地区。在建设海上丝绸之路的过程中，如何更好地防范台风并最大限度地降低台风带来的损

---

① Seismicity of the Earth 1900 – 2013，http：//earthquake. usgs. gov/earthquakes/world/seismicity_ maps/，访问日期：2015年4月2日。

② 《数字回顾印度洋海啸》，新华网，2014年12月26日，http：//news. xinhua-net. com/world/2014 – 12/26/c_ 127335855. htm，访问日期：2015年4月2日。

失是相关国家必须重视的一个问题。

洪涝灾害具有发生频次高、影响范围广、造成损失大和突发性强等特点。1990—2010 年，亚太地区的洪涝灾害造成了巨大损失（见表 1），而尤以作为海上丝绸之路重点覆盖地区的东亚、东南亚、南亚和西亚为甚。因此，防范洪涝灾害应成为海上丝绸之路沿线各国深入研究的课题。

表 1　　　　　　　1990—2010 年亚太地区洪涝灾害次数及受损情况

地区	次数（次）	死亡人数（人）	受灾人数（万人）	经济损失（千万美元）
东亚	201	26670	168063	16764.40
东南亚	337	13388	8772.09	1112.05
南亚	327	44806	69755.18	3748.72
西亚	132	5299	309.46	542.35
中亚	34	1658	94.96	321.24
太平洋	61	105	47.80	1263.11
合计	1092	91926	247042.49	23751.87

资料来源：《亚太地区洪涝灾害的时空格局》（论文）。①

3. 传染性疾病

传染性疾病是海上丝绸之路沿线地区非传统安全威胁的又一大表现形式，它严重威胁着海上丝绸之路沿线人民的生命安全。大规模的传染性疾病扩散还可能造成巨大恐慌，并导致相关地区的人文交流中断、投资者信心下降、各地区之间的互联互通遇阻。

通过表 2 我们可以发现，海上丝绸之路主要发展方向覆盖的东南亚、中东、非洲和欧洲，许多疾病的报告病例数量都十分惊人。尤其像疟疾这样的疾病在非洲、中东和东南亚地区每年都有数百万甚至数千万的报告病

---

① 杨佩国、胡俊锋、于伯华、宋伟、李静：《亚太地区洪涝灾害的时空格局》，《陕西师范大学学报》（自然科学版）2013 年第 1 期，第 79 页。

例，造成的人员死亡数量也极为巨大。

表 2 　　　　　**2012/2013 年全球各地区常见传染性疾病报告病例** 　　（单位：例）

地区疾病名称	肺结核	霍乱	百日咳	风疹	麻疹	麻风病	疟疾
非洲	1344122	94994	16839	10830	106052	20599	77079733
美洲	219349	不详	71744	21	143	36178	468469
东南亚	2130120	不详	45847	6670	46945	166445	3760367
欧洲	286765	不详	57521	30536	27030	不详	不详
中东	420769	27478	14368	1698	35788	4235	6997006
西太平洋地区	1375713	2233	43237	44275	10764	5371	888438

资料来源：世界卫生组织（WHO）2014 年年度报告。①

世界卫生组织（WHO）（以下简称"世卫组织"）在其 2014 年的年度报告中指出："许多国家面临准确识别、治疗和报告传染性疾病的挑战，其原因在于社区之间距离遥远、缺少交通工具和通信设施、缺乏能够确保准确诊断的熟练医护人员和实验手段。"②由于海上丝绸之路沿线许多国家都存在财力不足、基础设施落后、医疗条件差等问题，因而一旦大规模传染性疾病暴发，死亡人数都有可能相当惊人。

随着与海上丝绸之路配套的基础设施逐步完善，未来这条大通道所覆盖和影响到的人口将越来越多，这也意味着一旦发生大规模传染性疾病，其传播速度可能更快，感染人口也可能会更多。因此，海上丝绸之路沿线各国必须高度重视传染性疾病所带来的安全风险。

4. 海洋环境污染和生态破坏

长期以来，许多人认为海洋拥有几乎无限大的污染稀释空间和强大的自我修复能力，因而对海洋环境污染和生态破坏并不重视。事实上，目前

---

① *World Health Statistics 2014*, World Health Organization, 22 March 2014, pp. 102 - 103.
② Ibid. , p. 93.

全球海洋环境问题已相当严重。

海洋环境污染形式多样，防控难度极大。[1] 其中，石油泄漏是一个重点"罪魁"。由于海上丝绸之路覆盖了全球最为繁忙的油气运输线，因而其附近海域面临着石油泄漏的极大风险。

除了石油泄漏，赤潮也是近年来在中国周边海域发生次数较多的海洋环境污染问题。根据表 3 可以看出，2014 年中国周边海域的赤潮发生次数和累计面积都相当惊人。

表3　　　　　　**2014 年全国各海区赤潮情况**　　（单位：次、平方千米）

海区	赤潮发现次数	赤潮累计面积
渤海	11	4078
黄海	2	19
东海	27	2509
南海	16	684
合计	56	7290

资料来源：国家海洋局网站。[2]

除了海洋环境污染，海洋生态破坏问题也不容忽视。近年来亚洲海域的海洋环境破坏问题主要表现为沿海滩涂退化、红树林生态系统破坏、海草床退化、海洋动植物种类减少等。

上述问题都警示我们，建设海上丝绸之路绝不能只看到眼前利益而忽视环境保护，否则将可能造成永久无法修复的环境问题，使海上丝绸之路

---

[1] 沈颖：《海洋环境污染与环境保护》，《环境科学进展》1997 年第 1 期，第 68 页；赵青海：《可持续海洋安全：问题与应对》，世界知识出版社 2013 年版，第 130—132 页。

[2] 《海洋环境灾害和突发事件》，国家海洋局，2015 年 3 月 11 日，http：//www. soa. gov. cn/zwgk/hygb/zghyhjzlgb/hyhjzlgbml/2014nzghyhjzkgb/201503/t20150311_36304. html，访问日期：2015 年 4 月 1 日。

无法获得可持续发展。

5. 海盗问题

联合国海洋法公约（UNCLOS）对海盗行为的定义是：私人船舶或私人飞机的船员、机组成员或乘客为私人目的，对其他船舶、飞机、人或财物所从事的任何非法的暴力或扣留行为，或任何掠夺行为①。根据图 2 我们不难看出，东非、南海、印度洋等地区是近年来海盗活动数量较多且增长迅速的几个地区，而这些地区，全部处于海上丝绸之路的重点覆盖范围内。

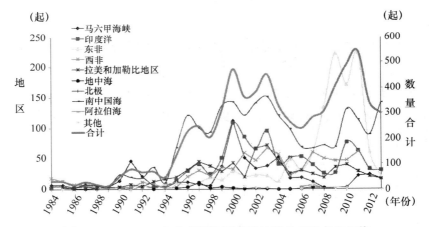

图 2　1984—2012 年全球海盗活动的地区分布及变化趋势

资料来源：国际海事组织（IMO）关于海盗活动的年度报告（2013）。②

海盗活动对海上丝绸之路的建设可能带来的危害主要表现在：

（1）威胁沿线船舶上人员的人身安全。据国际海事组织（IMO）统计，2013 年报告的海盗劫船事件中，有 11 艘船只遭劫持，137 人被绑架，至少 1 人死亡，11 人遭殴打。③

---

① 《联合国海洋法公约》第 101 条：海盗行为的定义，1982 年 12 月 10 日。

② *Reports on Acts of Piracy and Armed Robbery against Ships*，Annual Report-2013，International Maritime Organization，MSC. 4/Circ. 208，1 March 2013.

③ Ibid. .

（2）使被袭击者蒙受经济损失。根据《亚洲地区打击海盗和武装劫船合作协定》信息共享中心（ReCAAP ISC）的统计，2014 年亚洲 54% 的此类事件都伴有经济损失。①

（3）可能造成武器扩散危险。由于海上丝绸之路是中国与一些亚非国家进行军品贸易的重要通道，而相关海域又是海盗活动较多见的区域，因此防范海盗活动对其的破坏任重而道远。

◇◇ 三　创造性应对海上丝绸之路面临的安全风险

了解了海上丝绸之路建设过程中面临的安全风险，接下来就需要深入思考如何有效应对这些风险。下文中将分别针对这些风险，挖掘和探讨可能的应对方法或途径。

（一）将美国及其盟友纳入海上丝绸之路建设格局并做好反制准备

1. 吸引美国加入海上丝绸之路建设

亚历山大·温特（Alexander Wendt）指出："如果国家发现他们自己处在一个自助（self-help）体系之中，那是因为他们自己的实践造成了这样的结果。改变这些实践，将会改变塑造这一体系的主体间（intersubjective）知识。"②而约瑟夫·奈（Joseph S. Nye）认为："在现实世界中，现

---

① *Piracy And Armed Robbery Against Ships In Asia*, Annual Report 2014, ReCAAP ISC, p. 15.

② Alexander Wendt, "Anarchy is what States Make of it: The Social Construction of Power Politics", *International Organization*, Vol. 46, No. 2, Spring, 1992, p. 407.

实主义和复合式相互依存相互作用的一个突出例子，就是美国同中国的关系。"① 因此，在海上丝绸之路的建设过程中，如果能让美国切实参与进来，感受到中美合作带来的好处，美国"亚太再平衡"进一步措施带来的安全风险就能大大降低。

那么，建设海上丝绸之路是否存在能为美国带来切实利益的机遇？答案是肯定的。

首先，海上丝绸之路是一个开放、包容的合作平台，它并不排斥美国对有关合作项目的参与。

其次，随着海上丝绸之路的一系列具体合作机制和合作项目从理想变为现实，美国高层对它的态度也有所转变。②

再次，美国亚太再平衡的一大经济支柱是"跨太平洋伙伴关系协定"（TPP），其核心是在亚太地区建立高标准的自由贸易区。而《推动共建丝绸之路经济带和21世纪海上丝绸之路的愿景与行动》（以下简称"《愿景与行动》"）中提出建设海上丝绸之路的一大目标正是"投资贸易便利化水平进一步提升，高标准自由贸易区网络基本形成"。③ 因而，"构建海上丝绸之路与建设TPP、RCEP可以做到并行不悖，甚至实现互补"。④

既然存在吸引美国加入海上丝绸之路建设格局的诸多机遇，我们就有理由思考将美国纳入海上丝绸之路建设进程的具体措施。

---

① ［美］小约瑟夫·奈：《理解国际冲突：理论与历史（第七版）》，张小明译，上海人民出版社2009年版，第269页。

② Remarks of Secretary Lew at the Asia Society Northern California on the International Economic Architecture and the Importance of Aiming High, US Department of the Treasury, 3/31/2015, http://www. treasury. gov/press-center/press-releases/Pages/jl10014. aspx.

③ 授权发布：推动共建丝绸之路经济带和21世纪海上丝绸之路的愿景与行动，新华网，2015年3月28日，http://news. xinhuanet. com/world/2015 - 03/28/c_1114793986. htm，访问日期：2015年4月3日。

④ 李向阳：《论海上丝绸之路的多元化合作机制》，《世界经济与政治》2014年第11期，第17页。

从南海问题等一些热点海洋问题来看，在不直接危及美国及其盟友安全的情况下，美国对海洋安全的主要关注点在于国际海域的航行自由（navigation freedom）。① 那么，中国不妨就以合作保障航行自由作为美国参与海上丝绸之路建设的一大切入点。笔者认为，中国在印度洋的海军护航编队就可以与美国第五舰队或迭戈加西亚的驻军合作应对相关安全威胁。

除了航行自由外，中美两国在海上丝绸之路框架下开展贸易、基础设施投资等交流的前景也值得期待。在 2015 年 2 月的"21 世纪海上丝绸之路国际研讨会"上，美国库恩集团主席库恩就表示，美国应摒弃冷战思维，与中国一道求跨越、谋发展。② 而中美两国拥有雄厚实力的企业不仅数量巨大，而且各自拥有比较优势，③ 这就为两国在海上丝绸之路建设中开展合作创造了条件。

2. 加强与美国盟友的合作

2015 年 4 月 2 日，亚投行意向创始成员国总数达到 33 个，而其中的英国、法国、德国、泰国、新加坡等都是传统意义上美国的"铁杆盟友"。④这一情况表明，中国在"一带一路"相关事务中与美国的盟友开展合作有着广阔前景。

在建设海上丝绸之路的进程中，加强与美国盟友的合作，对降低美国"亚太再平衡"进一步措施带来的安全风险有如下重要作用：

---

① *Freedom of Navigation Report for Fiscal Year 2014*, U. S. Department of Defense, March 23, 2015.

② 张春海、白乐：《建设 21 世纪海上丝绸之路具有全球意义》，《中国社会科学报》2015 年 2 月 16 日第 706 期。

③ 李晓、李俊久：《美元体系内的东亚权力转移：性质及前景》，《世界经济与政治》2014 年第 11 期，第 26 页。

④ 意大利、法国正式成为亚投行意向创始成员国，财政部，2015 年 4 月 2 日，http://gjs. mof. gov. cn/pindaoliebiao/gongzuodongtai/201504/t20150402 _ 1212365. html，访问日期：2015 年 4 月 4 日。

一是有助于冲抵美国在亚太地区加强军事存在带来的战略压力。加强此类合作，能够降低这些国家与中国相互依存的脆弱性（Vulnerability），进而倒逼其政府做出政策调整。

二是能够以美国的盟友作为中美两国之间的纽带。中国可以以其盟友作为渠道，更多地与美国接触，从而缓解双方的信息不对称，减少猜疑和战略误判。

三是通过与涉及中国周边海洋争端的美国盟国加强合作，可以减少美国干涉的机会。这种合作客观上能够降低这些争端的烈度，减少争端案例给美国介入创造的"把柄"。

3. 有理、有利、有节地反制美国亚太再平衡的进一步措施

从1949年迄今的中美关系发展历程来看，中美之间各种形式的矛盾、分歧和摩擦几乎从未中断。特别是近十年来，随着中国综合国力的迅速提升，美国越发将中国视为挑战"美国治下的和平"（Pax Americana）的潜在敌人。因此，在建设海上丝绸之路的过程中，尽管中国将努力通过上文提到的扩大共识、开展合作等方式来降低或冲抵美国亚太再平衡进一步措施带来的战略压力，但美国的敌意不可能完全消失，中国一刻也不能放松对美国的警惕。也就是说，中国在努力推进中美相关合作的同时，也要做好反制美国"过分"行为的准备。

毛泽东同志在抗战时期提出了同顽固势力斗争的三大基本原则："有理、有利、有节。""有理"就是不主动挑起事端，但当对方向自己挑衅时要坚决回击；"有利"就是要做好应对挑战的长期、充分准备，"不打无准备之仗"；而"有节"则是要顾全大局、争取合作，对敌斗争要"适可而止"。① 笔者认为，这三条原则，恰恰适用于当前中国在建设海上丝绸之路的过程中反制美国亚太再平衡进一步措施的情形。

---

① 《毛泽东选集》（第二卷），人民出版社1991年版，第749—750页。

首先是"有理"。在反制美国亚太再平衡进一步措施的过程中,中国要努力占据国际舆论的制高点。通过大众传媒(特别是新媒体)、学术研讨会、中外交流年等途径争取国际舆论的支持。特别是针对美国的疑虑和担忧,应让对方和国际社会认识到中国是当今国际秩序的维护者而非挑战者。这样,中国在对美反制中才能"得道多助"。

其次是"有利"。面对美国亚太再平衡的进一步举措,中国必须抢先使海上丝绸之路增强"免疫力"。这就是说,中国应加快完善海上丝绸之路防范美国亚太再平衡进一步措施带来的安全风险的机制和措施。例如,中国在南海一些岛礁进行填海造岛作业时,应充分考虑到中美两国舰机或人员在附近海空可能发生的摩擦、冲突甚至是交火的可能,要加强这方面的防风险设施建设,完善预警和善后机制,保护好中方人员和设施安全。

最后是"有节"。中美两国作为世界上最大的发展中国家和发达国家,不仅"合则两利,斗则两伤",而且对地区乃至世界的和平都影响深远。因此,中国对美国亚太再平衡进一步措施的反制应服从中美关系的大局,力求达到战术上斗争、战略上合作的效果。要防止东海、南海等地区热点问题激化,警惕其演变为中美之间冲突升级的导火索。

(二)理性处理与印度之间的矛盾分歧

印度对海上丝绸之路的担忧与反制,除了基于印度固有的"特殊利益"和大国权力诉求外,很大程度上缘于中印两国之间由来已久的多种矛盾分歧。因此,能否以及如何理性地处理与印度之间的矛盾分歧,是降低印度的担忧和反制对海上丝绸之路带来的安全风险的关键。

1. 与"季节计划"和谐共存或优势互补

要降低中印"正面较量"的风险,中国可以思考海上丝绸之路与"季节计划"和谐共存的可能。

根据印度学者阿奇雷什·皮拉拉马利的描述,"季节计划"被认为具有文化和战略两个维度。①此外，《印度时报》还报道称，印度准备实施"季节计划"的目的是将联合国教科文组织（UNESCO）所倡议的印度洋地区的海洋文化景观作为世界遗产加以保护。②

姑且不论这一计划是否具有军事目的，但从上述两种观点来看，"季节计划"都有一定的文化功能。既然如此，以"文化包容"作为一项重要原则的海上丝绸之路，就有与"季节计划"在文化领域开展互利合作的潜在机遇。

事实上，在军事安全领域，海上丝绸之路与"季节计划"也并非没有优势互补的空间。早在 2006 年，印度学者库拉纳就指出中印两国海军可以互相为对方载有大宗商品的船舶提供护航。③ 由于"季节计划"所描述的"印度洋世界"有很大一部分都与海上丝绸之路相近或重叠，中印两军在保卫共同的"生命线"方面可以分工合作，各自负责特定海域的安全保卫任务。

2. 发展中印与他国的多边合作

由于中印两国之间存在的一些固有矛盾根深蒂固，因而单纯从双边视角来处理这些矛盾就显得比较困难。在此情况下，通过"他山之石"，即包括中印两国在内的多边合作，或许能为处理两国间问题提供更多突破口。

在目前已有的合作机制中，作为"一带一路"重要配套机制的孟中印缅经济走廊（以下简称"经济走廊"）是一个值得重点关注的选项。

---

① Akhilesh Pillalamarri, "Project Mausam: India's Answer to China's 'Maritime Silk Road'", *The Diplomat*, September 18, 2014, http://thediplomat.com/2014/09/project-mausam-indias-answer-to-chinas-maritime-silk-road/, 访问日期：2015 年 3 月 31 日。

② Parth Shastri & Paul John, "TNN, Mausam to link 10 Gujarat sites to Indian Ocean world", *The Times of India*, Jul 24, 2014, 05.01 AM IST.

③ Gurpreet Singh Khurana, "Securing the Maritime Silk Route: Is there a Sino-Indian Confluence?", *China and Eurasia Forum Quarterly*, Volume 4, No. 3, 2006, p. 102.

加强经济走廊各领域的合作，能够为中印两国增进互信、处理矛盾发挥如下两大作用：

其一，能够引起印度作为发展中国家的共鸣，① 从而增强印度与中国合作的积极性。

其二，可以推动中印两国的海上沟通。中国若能加强与缅甸、孟加拉国之间的互联互通，则能使中印两国之间的船舶往来更加便利。

除经济走廊外，由东盟主导的"10＋6"及区域全面经济伙伴关系协定（RCEP）机制也是中印两国增加接触、增进互信的重要平台。通过这两个机制，中印两国可以利用东盟这个"润滑剂"来增进彼此的了解，拓展合作空间，为妥善处理两国的固有矛盾创造条件。

3. 加强安全保障，应对印度监视

中国民间有句俗语："害人之心不可有，防人之心不可无。"在建设海上丝绸之路的过程中，尽管中国政府会尽一切努力理性处理与印度之间的矛盾分歧，但由于这些举措不可能使印度完全放弃对中国相关海上活动的监视，中国必须做好应对印度监视的充分准备。

在建设海上丝绸之路的过程中，中国军队必须逐步增强重要海域的侦查、防空、反潜等方面的能力，以防止中国在印度洋的海上活动信息尤其是涉密信息被印度获取。而未来一段时间，中国若能在印度洋沿岸建立一定数量的海军停泊、补给或维修站点，则可能意义重大。例如，中国未来极有可能在东非国家吉布提建立的海军基地（目前有关谈判可能正在进行中），就能够为在印度洋执行任务的中国海军提供坚实的后勤保障，使其能够更好地应对中国在该海域可能遇到的，包括印度的监视在内的安全风险。②

---

① 陈利君：《建设孟中印缅经济走廊的前景与对策》，《云南社会科学》2014 年第 1 期，第 2 页。

② 《解放军拟在吉布提建海外基地？专家：合理而正常》，环球网，2015 年 5 月 11 日，http://mil. huanqiu. com/observation/2015 - 05/6397850. html，访问日期：2015 年 7 月 4 日。

此外，有学者还指出，中国目前正在承建或准备承建的瓜达尔港、吉大港、实兑港等所谓的"珍珠链"上的"珍珠"，均在印度烈火系列弹道导弹的射程范围之内。①因而，一旦中印两国的冲突升级，这些港口将成为印度可能的攻击对象。有鉴于此，中国海空军必须加强对这些港口的保卫，增加舰机的战备巡逻，以应对印度对这些港口可能实施的军事打击。

4. 减少误判，避免边界问题等对海上丝绸之路的干扰

在建设海上丝绸之路的过程中，要防止印度利用这些固有矛盾向中国施压或借机捞取利益，就必须思考如何减少误判，避免这些问题对海上丝绸之路建设形成干扰。

2013年4月发生的中印"帐篷对峙"事件，被认为是中印两国理性处理双方边界问题的一个范例。②在此次事件结束后，新加坡《联合早报》将中印两国化解矛盾的智慧总结为以下三点：首先，处理危机要及时。其次，双方都应有足够的诚意。再次，双方都能以大局为重，采取务实外交。③

可喜的是，2015年5月中印两国提出的设立边防会晤点的建议，为双方减少信息不对称提供了很好的思路。此外，还有学者提出两国应当从长远入手，在边界问题、国家形象等方面对双方民众开展正确的再教育，为软化双方民意，减缓对立情绪做好准备。④

---

① 许娟、卫灵：《印度对21世纪"海上丝绸之路"倡议的认知》，《南亚研究季刊》2014年第3期，第5页。

② 《军事专家：中印边境"帐篷对峙"事件的诸多警示》，新华网，2013年5月10日，http：//news.xinhuanet.com/mil/2013－05/10/c_ 124690216.htm，访问日期：2015年4月5日。

③ 《化解"帐篷对峙"彰显外交智慧》，联合早报网，2013年5月11日，http：//www.zaobao.com/forum/editorial/story20130511－199676，访问日期：2015年4月5日。

④ 杨思灵：《"一带一路"：印度的回应及对策》，《亚非纵横》2014年第6期，第60页。

(三) 创造性解决周边热点安全问题

要减少周边热点安全问题对海上丝绸之路的干扰，就必须探索创造性解决它们的方法或途径。

1. "有所作为"地解决中国面临的海洋争端

近年来，许多学者呼吁中国处理海洋争端的方式方法应更加灵活多样，更加"有所作为"。笔者认为，在建设海上丝绸之路时"有所作为"地解决中国所面临的海洋争端势在必行。

关于南海问题，目前中国解决争端的"双轨思路"逐步显现。这体现在有关争议由直接当事国通过友好协商谈判寻求和平解决，而南海的和平与稳定则由中国与东盟国家共同维护。① 而在具体方式上，中国目前已从完全依赖政治性表述转变为强调声明的国际法内涵，即一方面同意与有关各方在协商一致基础上早日达成"南海行为准则"②，另一方面尝试运用法律武器维权。③ 在建设海上丝绸之路的过程中，中国更多地还是展现出了亲和、包容的姿态。2015 年 3 月 28 日启动的"中国—东盟海洋合作年"活动，就是倡导中国与东盟国家开展海洋务实合作的范例。④ 与此类似，还可尝试从具体功能领域着手，构建小多边安全机制，如在南海建立

---

① 王毅：《以"双轨思路"处理南海问题》，外交部，2014 年 8 月 9 日，http://www.fmprc.gov.cn/mfa_chn/zyxw_602251/t1181457.shtml，访问日期：2015 年 4 月 6 日。

② 李克强：《坚持"双轨思路"处理南海问题》，人民网，2014 年 11 月 13 日，http://politics.people.com.cn/n/2014/1113/c1001 – 26017116.html，访问日期：2015 年 4 月 6 日。

③ 《中华人民共和国政府关于菲律宾共和国所提南海仲裁案管辖权问题的立场文件》，外交部，2014 年 12 月 7 日，http://www.fmprc.gov.cn/mfa_chn/zyxw_602251/t1217143.shtml，访问日期：2015 年 4 月 6 日。

④ 王晓樱、魏月蘅、李盛明：《中国—东盟海洋合作年启动》，《光明日报》2015 年 3 月 29 日第 4 版。

共同休渔制度、开展联合巡逻等。①

相较于南海问题，东海大陆架和钓鱼岛问题的解决就比较缓慢。不过，近年来中国也开始探索以政治、军事、法律等多种方式解决该问题的可能性。在建设海上丝绸之路的过程中，应重点加强中国海空军和海警力量在东海的反介入和区域拒止（Anti-Access/Area Denial）能力，以防中日或中美在该海域发生摩擦甚至武装冲突时对海上丝绸之路的合作项目造成巨大破坏。

至于中韩苏岩礁问题，由于目前两国在有关该问题的谈判上已取得了较多共识，若今后能继续保持这种势头，则其基本不会构成海上丝绸之路的安全风险。

2. 不干涉别国内政，但要保护好中国侨民安全

由于中国长期奉行不干涉别国内政的外交政策，特别是在海上丝绸之路的《愿景与行动》中着重强调了"恪守联合国宪章的宗旨和原则"及"遵守和平共处五项原则"的理念，② 因而，要在此情况下尽可能规避风险，中国就必须做好对这些地区中国侨民的保护工作。对此，笔者有如下建议：

第一，国内立法部门应加强立法，使未来在海上丝绸之路沿线的侨民保护工作有法可依。

第二，外交外事部门和其他相关单位应进一步完善协调配合保护侨民的体制机制③，加强各有关部门对海上丝绸之路沿线国家国内安全形势的协调一致的跟踪、分析和研判。

第三，加强侨民保护方面的国际合作。中国政府应与海上丝绸之路沿

---

① 薛力：《"一带一路"折射的中国外交风险》，FT中文网，http://www.ftchinese.com/story/001059886？full＝y，访问日期：2015年1月9日。

② 《授权发布：推动共建丝绸之路经济带和21世纪海上丝绸之路的愿景与行动》，新华网，2015年3月28日，http://news.xinhuanet.com/world/2015－03/28/c_1114793986.htm，访问日期：2015年4月6日。

③ 陶莎莎：《海外中国公民安全保护问题研究》，博士学位论文，中共中央党校，2011年，第95页。

线各国签署更为详尽的有关侨民保护的合作谅解备忘录，建立相互间的重大涉外安全事故通报制度。

第四，军队特别是海军和空军要经常进行远洋条件下的应急处置演习或训练。

3. 在解决国与国矛盾中发挥建设性作用

为降低海上丝绸之路沿线国家的矛盾带来的风险，中国应在解决这些矛盾中发挥建设性作用。

中国海军参与运送叙利亚化学武器船舶的护航任务，就是中国在解决国与国矛盾中发挥建设性作用的一个范例。在这一行动中，中国海军"盐城号"和"黄山号"两艘护卫舰先后圆满完成了对运送叙利亚化学武器船只的护航任务。而在旷日持久的伊朗核问题谈判中，中国同样发挥了积极作用。

作为联合国五大常任理事国之一、拥有全球影响力的大国，中国理应在海上丝绸之路沿线国家的矛盾解决过程中发挥更多建设性作用。在不干涉他国内政、获得联合国授权的情况下，中国应担负起大国责任，协助解决海上丝绸之路沿线国家之间或其与域外国家之间的矛盾，从而降低这些矛盾所带来的安全风险。

（四）合作应对沿线非传统安全问题

非传统安全问题是海上丝绸之路建设过程中面临的又一大安全风险。由于此类问题极其复杂细碎且具有长期性、跨国性、隐蔽性等特征，仅凭任何单个国家的力量都不可能完全解决这类问题。因此，只有海上丝绸之路沿线各国甚至包括一些域外国家在内的有关各方通力合作，方能为应对此类问题找到合适的"药方"。

1. 加强联合护航，打击海盗及海上恐怖主义

海盗问题和海上恐怖主义虽属两类问题，但都可以通过开展有关国家

海上安全力量的联合护航等措施加以有效应对。

2009年9月10日，中国和俄罗斯海军在亚丁湾—索马里海域进行了首次联合护航。① 此后，两国海军又多次进行联合护航，积累了大量的处突经验。当然，在建设海上丝绸之路的过程中，仅靠中国和其他某一国双边的、短期的联合护航行动还远远不够，只有建立多边的、长期的联合护航机制，才能使中国及沿线其他国家应对海盗及海上恐怖主义能力获得质的飞跃。

目前国际上比较成熟的多边海军联合护航机制是北约（NATO）建立的"海军合作与航运指导"机制（NCAGS）。② 为有效应对海上丝绸之路海域的海上恐怖主义和海盗问题，沿线各国可以借鉴上述机制，建立自己的联合护航机制。这一机制可包括以下具体内容：

一是建立联合护航指挥部，统一部署或协调各国护航力量（军队、海警等）的护航行动。二是建立联合护航指挥部指导的海上丝绸之路沿线多国海（空）军或海警力量的联合演习和培训机制。三是可与其他护航机制建立合作，还可尝试与"域外国家"在海上丝绸之路海域联合护航。③

2. 利用丝路基金等机制合作应对自然灾害、传染性疾病

自然灾害和传染性疾病的防控是保障海上丝绸之路沿线各国人民生命财产安全的关键举措，而要做好这件大事，建立有关国家共同参与的国际合作机制势在必行。

要建立应对自然灾害和传染性疾病的合作机制，"钱"是首先要考虑的因素。而服务于"一带一路"的丝路基金和亚投行，正好为建立这一

---

① 《中俄海军首次在亚丁湾海域联合护航》，中国政府网，2009年9月11日，http://www.gov.cn/jrzg/2009-09/11/content_1415736.htm，访问日期：2015年4月6日。

② Bojian Mednikarov & Kiril Kolev, "Terrorism on the Sea, Piracy, and Maritime Security", *Information & Security*, Vol. 19, 2006, p. 111.

③ ［美］罗伯特·D.卡普兰：《印度洋与美国权力的未来》，吴兆礼、毛悦译，社会科学文献出版社2013年版，第360页。

合作机制提供了可能的资金保障。①

海上丝绸之路沿线各国可以借鉴加勒比巨灾风险保险基金（CCRIF）的经验，② 设立属于该区域的相关防控基金。该基金可作为丝路基金的一个子基金，将丝路基金作为其基础融资平台。恰好习近平主席提出，"丝路基金是开放的，可以根据地区、行业或者项目类型设立子基金，欢迎亚洲域内外的投资者积极参与"③。

目前国际上最大的自然灾害防控机制是世界减灾大会（WCDR）④及其常设机构联合国减灾战略（UNISDR）⑤。亚太地区目前最大的减灾机制是亚洲减灾大会（ACDR）。在今后的海上丝绸之路自然灾害与传染性疾病的防控实践中，各国应利用好上述两个平台，并积极探索建立本区域国家间的灾害预警等方面的合作机制。

此外，还可以吸引非政府组织（NGO）加入到防灾减灾机制之中。正如《亚太地区后 2015 年减灾框架文件》中所指出的那样，政府、非政府组织、民间组织、私人部门和科学界应当一同致力于降低灾害风险，并把它们不同的作用整合起来。⑥

---

① 《联通引领发展 伙伴聚焦合作——在"加强互联互通伙伴关系"东道主伙伴对话会上的讲话》，外交部，2014 年 11 月 8 日，http：//www. fmprc. gov. cn/mfa_ chn/ziliao_ 611306/zyjh_ 611308/t1208702. shtml，访问日期：2015 年 4 月 7 日。

② 许闲、王丹阳：《东亚救灾合作机制与跨国自然灾害基金构建》，《保险研究》2014 年第 8 期，第 19 页。

③ 《联通引领发展 伙伴聚焦合作——在"加强互联互通伙伴关系"东道主伙伴对话会上的讲话》，外交部，2014 年 11 月 8 日，http：//www. fmprc. gov. cn/mfa_ chn/ziliao_ 611306/zyjh_ 611308/t1208702. shtml，访问日期：2015 年 4 月 7 日。

④ 《第三届世界减灾大会呼吁各国加强减灾努力》，国家减灾网，2015 年 3 月 19 日，http：//www. jianzai. gov. cn/DRpublish/gjjz/0000000000007877. html，访问日期：2015 年 4 月 7 日。

⑤ *Connect and convince to save lives and reduce disaster impacts*，United Nations Office for Disaster Risk Reduction（UNISDR），http：//www. unisdr. org/we/inform/publications/14044，访问日期：2015 年 4 月 7 日。

⑥ *Asia-Pacific Input Document for the Post-2015 Framework for Disaster Risk Reduction* (*HFA*2)，26th June 2014，Bangkok，p. 9.

3. 与联合国环境署等国际组织合作应对海洋环境和生态问题

海洋环境污染和生态破坏造成的影响往往跨越国界，与一些专业的国际组织合作应对海上丝绸之路相关海域的环境和生态问题极为必要。

联合国环境规划署（UNEP，以下简称"环境署"）是目前全球最大的致力于推进环境保护工作的专门国际组织。环境署于 1974 年制定了区域海洋环境保护规划。① 而在其 2014 年重点关注的 10 个环境问题中，有三个就与海洋环境污染和生态破坏有关。②海上丝绸之路与环境署合作有诸多益处：一是可在环境署已有机制框架下开展海上丝绸之路相关海域的环保工作，降低了交易成本；二是可以获得环境署较为专业的海洋环保政策和具体措施指导；三是可以通过环境署的全球网络吸引更多国家和国际组织参与相关合作项目。

国际海事组织（IMO）也在应对海洋环境污染和生态问题中发挥着重要作用。③海上丝绸之路有关各国可借助国际海事组织的信息和技术优势，科学应对石油泄漏和陆源污染等问题。

此外，绿色和平组织（Greenpeace）、世界自然基金会（WWF）、地球之友（FOE）等许多国际非政府环保组织同样可成为海上丝绸之路各国应对海洋环境和生态问题的重要合作伙伴。

◇◇ 四 结论及展望

建设海上丝绸之路，是中国新一代领导人在 2013 年 10 月提出的一项

---

① 侯怀霞：《论联合国在推动海洋环境保护国际合作方面的作用》，《浙江工商大学学报》2005 年第 2 期，第 28 页。

② *UNEP Year Book 2014*，United Nations Environment Programme.

③ Marine Environment，IMO，http：//www.imo.org/OurWork/Environment/Pages/Default.aspx，访问日期：2015 年 4 月 7 日。

重大倡议。它秉承古代海上丝绸之路的历史遗产，与陆上的丝绸之路经济带一起，构成了"一带一路""一体两翼"的发展格局，成为当前中国实现对内深化改革和对外全面开放的重要抓手。

然而，海上丝绸之路的建设不可避免地会遇到各种风险。其中，安全风险是可能对该倡议的顺利实施构成最直接、最严重威胁的一类，因而我们必须高度重视、准确研判、积极应对。

本文将海上丝绸之路建设过程中可能面临的安全风险总结为四个方面：可能引发美国"亚太再平衡"的进一步举措；可能导致印度的担忧和反制；沿线热点安全问题形成的干扰；沿线的非传统安全威胁；等等。

针对上述四个方面的安全风险，本文"一对一"地提出了四个方面的应对策略：包括将美国及其盟友纳入海上丝绸之路建设并做好反制准备；理性处理与印度之间的矛盾分歧；创造性地解决周边热点安全问题；合作应对沿线非传统安全问题等。

海上丝绸之路建设过程中所面临的安全风险包含种类多、涉及范围广、解决难度大。作为这一倡议的提出者和核心推动者，中国必须时刻居安思危、未雨绸缪，尽可能地制定出科学、有效、可持续的应对海上丝绸之路所面临安全风险的政策措施，从而把这些风险所带来的危害和损失降到最低。从这一意义上来说，本文的研究或许可以起到抛砖引玉的作用。

由于笔者经验所限，因而提出的部分政策建议可能在可行性方面存在一些问题。这都有待后续研究的补充和完善，也期待海上丝绸之路的相关研究能伴随该倡议的成功实施而枝繁叶茂。

（本文以《21世纪海上丝绸之路：安全风险及其应对》为题，发表于《太平洋学报》2015年第7期，作者李骁、薛力）

第三部分
"一带一路"背景下的双边关系

  这一部分包括两个部分：中美关系，中国与其他国家的双边关系。"一带一路"战略中，美国在中国外交中的重要性，已经相对下降。但美国依然是唯一的超级大国，在中国的大国外交中依然排在第一位。因此，本部分有多篇文章涉及中美关系分析。关于中菲关系、中缅关系、中日关系、中泰关系各有一篇文章。

3.1 中美新型大国关系的构建

核心观点：新型大国关系的塑造与实践是一个长期过程，从 2013 年 6 月中美两国首脑在加州的"庄园会晤"，到 7 月双方高级领导人举行第五次战略与经济对话，就是一个重要的节点。"庄园会晤"确立了中美新型大国关系的政治基础，有助于两国未来 3—10 年的关系稳定，第五次战略与经济对话则是新型大国关系的首次实践与第一块试金石。

经济实力不等于综合国力，却是综合国力的第一支柱。经济总量全球第一乃 13 亿中国人实现中国梦的第一个重大指标。实现这一目标的机遇已经出现。如果不出意外，中国经济总量将在未来十年里赶上美国，尔后中国将恢复其在历史上长期扮演的全球最大经济体角色。这是一个令人激动的前景，一个人类历史的转折期。以习近平为首的新一届中国政府的主要任务，就是确保中国度过这个转折期、实现这一前景。中国领导层非常清楚，在一个全球化的时代，闭关自守窒碍难行，中国也无法像历史上的崛起国那样，通过军事扩张带动经济发展、进而通过非和平手段建立有利于自己的世界政治经济秩序。中国也意识到，融入现有的国际体系让中国在过去三十多年里受益良多，中国在这一体系内还有继续发展的巨大空间。至于这一体系的许多不足，只能在参与其间的过程中，通过反复的和平博弈加以改进。因此，通过合作与竞争实现和平崛起成为中国的必然选项。

基于美国的综合实力、发展潜力、市场容量，以及美国在现有国际体系内的地位，中国实现和平崛起的首要课题就是处理好与美国的关系。由毛泽东－尼克松等领导人初创、邓小平—卡特等领导人确立的中美合作伙伴关系，经过四十多年的曲折与发展，已经到了新的调整期。为此，中国提出建立新型的大国关系。这得到了美国方面的积极响应，[①] 并要求予以操作化。为此，中国新一届领导人上任伊始，即开始谋划具体的实施方式。最高领导人之间面对面地深入磋商，有利于双方进一步认识两国利益的差异与共同点，确定解决问题的原则、方式与步骤，并建立领导人个人之间的关系，从而为建立比较稳定的两国关系奠定基础。这些功能是其他交往方式[②]所不能替代的。因此，中方考虑把最高领导人首访美国的时间提前（江泽民首次非正式访问美国为 1993 年，胡锦涛首次访美为 2006年），并打破一般的官方访问，务求有实质性的成效。经过沟通，美方对此表示接受，并提出了加州庄园会晤这一模式。双方进而商定：会晤分时间段、分层级、多形式进行，两国领导人之间会面的时间为 8 个小时（实际执行超过了 8 小时）。时间之长，仅次于 1971 年周恩来与基辛格之间累计约 18 小时的多轮会谈。

双方都意识到这次会谈的重要性，并进行了大量的准备工作。美国方面，国安会、国务院、财政部、国防部等多部门协作，确定了会谈的若干原则，决定侧重关注具体问题，并列出了准备向中方提出的问题清单，也就中方关心的问题准备了若干答案。据报道，奥巴马总统为会晤准备了 7个小时的谈话材料。中国方面也进行了详尽、扎实的准备工作，除了政府部门与军方，一些研究机构的学者也应邀参与了若干会议[③]。中国确定的

---

① 毕竟，新型的中美关系是新型大国关系的第一实施对象。
② 如国家与政府领导人短时间的正式访问、部门领导人之间的会晤、中低层官员之间的技术性商谈。
③ 学者参与决策咨询在中国已渐成惯例，虽然范围还比较有限。

若干会谈原则包括：不拒绝对问题的讨论，但希望过于细致的问题放在以后的会谈中进行，本次会晤的侧重点为讨论原则性问题，尝试引导美方确立未来若干年中美关系的框架。当然，中方也列出希望美方回应的问题清单，并就美方可能提出的问题与要求准备了回应方式。

美方为此次庄园会晤列出了五个问题：朝核问题、网络安全、地区问题、两军交往、新能源合作，重点是前两个。会晤相当成功，某些方面甚至超过了预期，以至于中方决定邀请美国总统在中国进行下一次的庄园会晤。一旦成功举行，意味着中国在境内的外交实践实现了新突破。"博鳌模式"的突破在多边外交与官民并举，"清华模式"（世界和平论坛）的突破在公众外交，这些尚属于外交实践中的非核心领域。"庄园会晤"则涉及外交核心事务，未来可能会形成一种"庄园模式"，施行于中国领导人与美国以外的重要国家领导人的会晤中。这种"轻形式、重实质效果"的外交实践，可能会成为"习李外交"的特征之一。

此次会晤过程中比较明显的一点是"中国谈原则框架、美国谈具体问题"。这迥异于既往中美双边（尤其是业务部门）会谈中常常出现的"美国谈游戏规则、中国提具体要求"。这大概是因为，美国方面在酝酿此次会晤时实用主义思想占上风，而也具有实用主义传统的中国，则试图在塑造双边关系中起引导作用。这是中国对美外交中值得注意的一点。此外，领导人剩余任期的不同也影响着各自的议题设定。

双方领导人会晤中对未来双边关系的表述也有所不同，习近平希望建立以"相互尊重""互利合作"与"和平共赢"为主要特征的新型大国关系，奥巴马则强调重在具体规则与行动的"新型合作模式"。

虽然有这些差异，但是，"扩大共同利益、缩小彼此差异、实现危机管控、追求和平共赢"无疑是双方都能接受的。为此，双边已经决定扩大交流与合作的范围：合作减少氢氟碳化合物的排放，改善和发展两军关系、推进新型军事关系建设，在中美战略安全对话框架内成立网络工作组。

本次庄园会晤，除讨论长远宏观议题外，也可以看做是7月份举行的第五届中美战略与经济对话的一个预备会。美方尤其希望自己关注的具体议题在7月份的双边对话中取得进展。

那么，7月份的对话将有什么特点？出现什么新亮点？尤其是，中国应该如何应对？

经济关系被誉为中美关系的"压舱石"。学者们常说中美关系"坏也坏不到哪里去"，其潜在含义是，不大可能发展到美苏对抗的程度。主要依据之一就是双边的经济关系。中美贸易额是当年美苏贸易额的100多倍。美苏贸易额在美国外贸中的比重不到1%，几乎可以忽略不计。而中国是美国最大的贸易伙伴之一，占美国外贸额的12%以上。中国依然处于快速城市化的过程中，经济可望保持较快的增长势头，而美国的创新能力、人口优势、再工业化措施等都将促进美国经济继续增长，加上中美经济的互补性，未来双边贸易可望继续增长，中国可能超过欧盟成为美国最大的贸易伙伴。中美可望在未来30年左右的时间里保持世界前两大经济体的地位，因而从某种程度上也可以说，中美经济关系也是全球经济关系的压舱石。由于经济议题操作性较强、美国财政部又要求把一些经济议题列入战略对话的轨道以强化经济对话的重要性，因此，第五次对话中经济议题将占更大的分量。

首先是经济领域。美方主张列入双边对话的经济议题众多，大致可分为两国国内宏观经济、双边贸易与投资、全球经济治理与体制改革三个部分。

美国尤其重视对华贸易与投资的增长，围绕中国的金融市场开放、美国服务业在中国的国民待遇、中国的金融稳定与监管、中国经济管理方面内部规定的公开化、国有企业财务与管理信息的透明化、知识产权保护、政府采购等领域提出了大量而具体的要求，甚至列出了年度实现目标。

2012 年战略与经济对话中宣布重启的中美双边投资保护协定（BIT）谈判集中体现了这一点。

这一协定对于促进双边经济贸易关系具有重大的意义，符合全球建立多边投资框架的趋势，也可能成为中美乃至中欧自由贸易区谈判的基础，因此双方都同意加快 BIT 谈判进程。但已经进行了九轮的谈判目前依然处于范本条款的技术性澄清阶段，并没有进入实质性谈判。美方很可能利用 7 月份经济轨道的对话促进这一进程。

问题是，美方给出的范本条款内容非常详细，对中方的外资管理体制、金融体制、司法体制、行政管理方式等都构成巨大的挑战。美加之间的 BIT 谈判历时 18 年才成功，中方更不可能对美方的要求照单全收。但如何确定红线、如何确定可以全部或部分接受的项目、如何确定开放的进度等，都需要仔细的研究与大量的协调。"以开放倒逼改革"已经到了最艰难的阶段，如何确定负面清单就是一个难点。另一方面，针对美方"刀刀见血"的要求，中国也可以就美国的市场开放、投资监管条件透明化、维护中国投资安全等提出要求，但如何做到"切中肯綮"，让美国既难受又不得不做，还需要细致研究。

适当扩大汇率浮动范围、提升知识产权保护力度、微调调整政府采购政策的时机已经成熟，也符合中国的长远利益，可以考虑作出适当的让步。

其次是战略领域。大致上，中国属于有全球影响的地区大国，只能在某些国际政治与安全议题上发挥较大的作用。战略轨道的对话可能会涉及朝核问题、伊核问题、叙利亚问题、东海问题、网络安全、人权问题。

美方将要求中国在上述议题中发挥更大作用并采取具体行动。而中国腾挪的空间总体有限。因此，有必要对这些问题进行仔细评估后依据重要性进行排序，列出相应的应对措施。坚持与反制固然必要，但更重要的是互相妥协、淡化分歧、扩展共同利益。中国在这方面已经采取了一些行动，如在朝核问题上把"稳定第一、无核化第二"调整为"无核化第一、稳定第二"、关闭朝鲜外贸银行在中国银行的账户。朝鲜很难在短期内放弃核计划，对六方会谈的兴趣也不高，但很希望改善与美国的关系。而在朝鲜不宣布弃核的情况下美国又无意直接与朝鲜谈判。因此，中美可在战略对话中探索基于1.5轨或2轨的"桥梁模式"，即朝美双方分别组织退休官员、学者组成一个委员会，分别列出己方方案，中方作为协调方在两边穿针引线，并提出折中方案，促使双方达成最低共识并确定操作步骤。

在伊核问题上，美国把暂缓实施制裁与中国减少从伊朗进口油气挂钩，但鲁哈尼就任总统后可能缓和与西方的关系（如可能停止20%浓缩铀的提炼）。因此，中美双方应在对话中探讨美方停止"挂钩"的时机与条件。叙利亚问题上目前争议的重心是政权过渡方式，中国可以在拉近美俄立场上发挥影响力。

东海问题上，中国在钓鱼岛领海水域的巡航已经常态化，这是对日本"国有化"钓鱼岛措施的回应。中美双方有必要在维护现有均衡上达成若干共识。

人权领域，中国已经决定2013年停止使用劳教制度，下一步应考虑适时批准《公民权利与政治权利国际公约》，以此推动刑事制度改革与政治文明建设进程。从长远来看，废除死刑是趋势，而中美目前都保留死刑，双方可以在这方面进行合作，如从学者对话层面做起。

网络安全可能成为今年对话的新议题。美国指责来自中国的网络攻击与对其知识产权的盗取，而中国则证明自己也是网络攻击的一大受害者。在庄园会晤中，中方坦承存在监管漏洞，主张网络安全应成为两国合作的新亮点而非互疑与摩擦的源头。美方对此表示同意。双方已商定通过已设立的两国网络工作组，加强对话、协调与合作，并通过联合国这一主渠道以建立公正、民主、透明的互联网国际管理机制。下个月战略轨道的对话将继续探讨网络监管合作的方式与途径，如主要工作内容、沟通的频率等。笔者的观点是，中国可以适当借力新近发生的斯诺登事件，推进双方的平等合作。政府机构对国内机构与个人的通信监听在全球属于普遍现象，差别主要在于监听的范围与执行程序。中美在这方面进行合作有助于减少摩擦、增进互信。

总之，"庄园会晤"确立了中美新型大国关系的政治基础，有助于两国未来三至十年的关系稳定，第五次战略与经济对话则是新型大国关系的首次实践与第一块试金石。

（本文以《中美利益再定位》为题，发表于《中国报道》2013年第7期）

3.2 中国走向蓝水与中美海上竞争

核心内容：这是应凤凰视频的"凤凰纵议院"栏目之约，作者与胡波博士就海洋问题做的一期对谈，涉及的内容较多，这里列出作者对几个问题的看法：南海问题与台湾问题的重要性不在一个层次上，不属于中国的核心利益；日本将利用钓鱼岛争端实现国家军事上的正常化；中国在南沙进行陆域吹填将为未来的合作、谈判奠定基础，中国不会在南沙地区进行大规模军事化；21世纪中叶，中美的综合实力将远远超过其他国家，两国关系就像是太上老君和如来佛祖，两国将互相尊重对方核心利益，互相帮助，管理好世界。

凤凰博报：在两位看来，东海、南海以及北面的海洋在中国当前来说有多大的价值呢？

胡波：东海、南海包括黄海都有一些海洋争端，我们判断它的价值，首先要看涉及主权的，比如钓鱼岛和南沙群岛岛礁，我觉得应该算是中国的核心利益，而岛礁之外的比方说海域算是重要利益。

薛力：关于岛屿主权问题，胡波博士认为南海岛礁是国家核心利益，我对此有不同的看法。什么叫核心利益呢，首先要有个定义。在我看来，就重要性而言，核心利益就像人的大脑和心脏一样，离开这个活不了。如果你把手指和脚丫子等不影响生存的身体部位都叫核心利益，那就有了太多核心利益，保不过来，也不太合理。

对中国来说，台湾肯定是核心利益，少了它将危及中华人民共和国的政府合法性。而对处于国家边缘地带的有争议的陆地边疆区域与海上岛礁，通常通过谈判解决归属。谈判意味着互相做出让步，一点不妥协不可能达成协议。既然是可以让步的地区，就不是国家的心脏与大脑，也就不宜把它划为核心利益。在我看来，南海争议岛礁本身从重要性角度看，只是到了重要利益层次，到不了核心利益的程度。它们与台湾岛不是一个层次。

胡波：我补充一点，国家利益是发展的、动态的，我也同意核心利益不能泛化，不能说什么都是核心利益。但中国在发展，在从大陆走向海洋，所以岛礁对我们是很重要的。从历史上来讲，我们的主权是没有疑问的，这个第一涉及主权，可能还涉及政治，所以我觉得这个算核心利益。岛礁之外的水域，我同意他的观点，最多算重大利益，这些水域是可以商量、可以谈判的，但是主权谈判妥协的可能性也比较小。

凤凰博报：您（胡波）觉得不可妥协，你（薛力）觉得可以妥协是吗？

薛力：国家作为国际行为体，其道德底线低于个人，国家为了核心利益（如全体民众的生存）什么事情都可以干，因为国家可以把自己的自私行为解释为保护公民利益，而个人如果自私自利很容易招致批评，被批评者也不好理直气壮地为自己辩护。因此，从绝对意义上，国家没有什么不能妥协的。就南沙而言，那些岛礁不同于台湾岛，不属于国家核心利益，因此，只要条件合适，可以妥协。

胡波：核心利益并不是不能交换，但是取决于你出的筹码，从目前来讲的话，比方说钓鱼岛和南沙群岛，中国肯定是不能交换，肯定是属于中国的核心利益。

凤凰博报：那在两位看来，三方（东海、南海和黄海）对于中国是否有不同的价值？

胡波：我 2012 年提出一个观点就是稳北、和南、争东，现在中国的海洋危机全面爆发，从 2012 年开始，或者说更早一点从 2009 年开始。全面爆发的话，我们得有重点，不能全面出击。

从黄海、东海到南海，价值和重要性是不一样的，性质也是不一样的，比如黄海就是海域划界的问题，东海跟韩国有分歧，但这个是非常可控的，在南海的问题实际上第一个是海上通道的问题，第二个是资源开发，再就是岛礁的主权。

当然我们东边的情况就非常不一样，东边很多利益可能是零和的，比如说台湾问题，钓鱼岛问题，甚至东海的制海权问题，基本是零和的，但是也不能说完全是零和的，现在的国际社会不可能有完全零和的东西。

这种情况下，我提出的策略就是：稳北、和南、争东，稳北就是稳定黄海及朝鲜半岛的局势，和南就是通过和平的手段稳固中国在南海的利益，争东是捍卫中国在台湾及钓鱼岛的主权，以及中国东出太平洋的战略通道安全，大概是这样一个情况。

凤凰博报：那当下最迫切要解决的就是南海问题？

胡波：我觉得南海可能五年之后不是问题，为什么这样讲？五年之后南海形势有可能走向缓和，中国现在真正的问题还是在东面。

凤凰博报：在日本。

胡波：是。当然现在双方有点缓和，我说的是十年、二十年长的趋势判断。

刚才说的这个其实也没有主次之分，我说稳北、和南、争东，第一个是方式方法的选择，第二个就是程度的选择，谈不上谁主谁次，因为你可能同时都要进行，同时进行也就是说三者是一个不可分割的整体，只有稳定了北边，和住了东南亚国家，才可能集中精力对付东边的对手。

凤凰博报：其实这一年多来，中国的南海岛礁建设引发了美国南海周边国家以及南海区域外国家尤其是美国的不满，很多人猜测中美之间是否会出现擦枪走火的事件，两位觉得呢？

薛力：因为双方的危机管理还有待磨合，中美在东海、南海有可能发生意料外的事情。但大体上只是偶尔发生的小规模冲突。中美作为经济实力全球排在前两位的大国，在核武器的时代，发生全面大规模战争是很难想象的。台湾问题上双方有可能发生较大规模的冲突，南海不属于这领域。

凤凰博报：对于钓鱼岛这样的对抗，最坏的打算会是什么样？

胡波：最坏的结果可能就是中日之间发生冲突，但是这个冲突其实是小规模的。

凤凰博报：不可能说是再像以前一样大打出手，是吗？

胡波：对于美国来讲，它要控制日本，要防止出现"一战"时候德国犯下的错误，德国当时没有约束住奥匈帝国，导致奥匈帝国向沙俄挑衅，沙俄还击，德国不得不加入"一战"。美国现在对这个问题洞察得很清楚，所以目前来讲，它对日本管控是比较到位的，它可以把日本放出来帮忙承担全球责任，但是同时也在约束，不可能让日本在钓鱼岛问题上无休止地挑衅，所以我觉得目前来讲美国对日本的控制还是比较有自信的。

凤凰博报：那现在中国释放出来的信号，是否会让美国稍微有一些惧怕？

薛力：是这样的，但是具体到日本问题，钓鱼岛问题是一个层次，中美关系是一个层次。中国作为一个崛起国，十年之内经济总量可能超过美国，并继续发展，GDP总量有可能达到美国的两倍，乃至更多。对美国来讲，这是成为世界第一后一百多年来所没遇到过的景象，一个巨大的挑战，觉得紧张是正常的。如果中国旁边有这么个国家，中国一样会紧张。

胡波：事实上美国担心的并不是当下的中国，是未来十年二十年之后的中国。钓鱼岛也好，南沙群岛也好，对于美国来讲涉及利益不大，所以美国的媒体经常报道钓鱼岛就是东海上几个礁石。

但它为什么关注这个问题，它是不希望我们走得太顺，它希望通过岛礁争端包括东海争端、南海争端去牵制中国，但是又不想承担过多的代价，比如这个地方一旦有可能要打仗了，那它又会缩，它是一个比较纠结的状态。

薛力：现在钓鱼岛问题之所以成为中日关系紧张的主要因素，是因为日本想变成一个正常化的国家。这已经成为日本精英的一个共识。而要实现正常化，就要有自己的国防部、自己的正规部队。日本已经实现了第一步，有自己的防卫省。接下来会谋求有军队就像德国一样，成立国防军并向海外派兵，领导维和部队。但是实现这个目标需要一些手段，钓鱼岛是一个比较好用的政治工具，所以必须保持一定的紧张度，利用这个问题调动民意，增加军费，实现国家军队的正常化。

但是，我个人认为，中日两国在钓鱼岛问题上有默契，也可以说是红线，即：中国不登岛，日本不派人常驻岛上。中日两国都没有要打仗的意思。日本不过是利用钓鱼岛制造一些紧张，服务于国家正常化这一目标。

关于核武器，中国奉行的是最低核威慑战略，这跟冷战时代苏联与美国间的核恐怖平衡是两回事。

胡波：是这样的，未来中美之间在亚太的权力转移可能是和平的，当然对抗会比较激烈，但是不会发生战争。现在的军事战争不是在战场上进行，有很多模拟推算，比如2009年兰德公司发了一个报告，美国到2015年可能保护不了台湾了，但是这种判断用的都是模型模拟，你的武器那样，我的武器这样，虚拟对抗。

中美双方都会控制战争，但是同时双方肯定要提高自己的能力，之后到了一个阶段，美国可能会认为，某些对它利益关切不太大的地方，就要往后退。比如中国近海的情况，世界哪一个国家在毗邻地方不能占到优势，所以中国在近海的优势迟早会建立起来，美国在这个地方迟早都会往后退。

凤凰博报：那美国有一个这样的概念，就是空海一体化，这到底是什么？

胡波：它仅仅是一个概念，没有形成美国的一个政策，今年 2 月份的时候就改了名字，范围更大了，就是全球公域介入与机动联合，把陆军与所有的人都算在内了。它这个反介入面积更广，包括海洋、太空、网络，还是针对中国的，没有疑问，因为反介入技术用得最有潜力的也就是中国。

凤凰博报：那这个有望实现吗？实现后对中国又会有什么样的牵制呢？

胡波：这个实现难度很大，是个理想状态。作为反介入技术和介入技术，介入是进攻的一方，要反制这种进攻，本来就是一种真正的劣势。

从另外一个方面来讲，美国现在的国防预算远远不能支撑这些东西。这些概念要建立在很多新兴的武器平台上，要花很多的钱。美国现在的国防预算（加上基础国防预算和临时拨款），可能每年不到 6000 亿美元。中国是 1000 多亿美元，如果照增长速度的话，我们可能在 10 年、20 年之后会跟美国接近。

但是我们还看另外一个问题，中国的主要重心就是在亚太，至少可以把百分之七八十的资源全都投在这，美国做不到。它再怎么平衡再怎么转移，也不可能把自己的资源都投在这边，所以双方资源分配完全不是一个层次。另外从意识来讲也不一样，美国在这个地方可守可攻，对于我们来讲可能必须得攻。

薛力：南海问题不属于中国与美国的核心利益，但中国是亚洲国家，南海问题在中国国家利益重要性的排序上会比美国更重一点。美国作为一个全球霸主，力量要全球分布，按他们的说法，美国 2020 年 60% 的军力分配在亚太地区。按现在每年 6000 亿美元计算，亚太地区将消耗掉大约 3600 亿美元的军费。如果中国继续保持现在的军费增长幅度，再过十年，也就达到3600亿美元了，接下来不排除会继续增加。由于中国的军费开支用于本土与周边防御，至少不需要全球布置，因此，就亚太局部而言，中国的军事实力可能会超过美国。但全球来讲，还要更长的时间。

中国的南海立场正在慢慢调整（薛力）

凤凰博报：那我们可不可以先分析一下，中国填海建岛是奉行什么样的策略？

胡波：岛礁建设是这样的，从目前来讲我们还是应该坚定地做下去，这个有很多的用处。我们官方表态是表真诚：第一，是军事防御，因为中国军队在整个南沙的军事存在是非常弱的，目前来讲可能菲律宾和越南都对抗不了；第二，是社会民生的用处，比如我们的渔民去打鱼，油船去开发，我们现在是没办法；第三，是提供国际安全公共物品。

基于这三个方面，我们的岛礁建设应该坚定地做下去，但是我们的宣传包括外交还有很大的提升余地，就是我们做了没有问题，但是说得不是太好。

凤凰博报：可能现在中国的某些举动会让周边很多国家产生恐惧感，怎么让大家减少这样的恐惧感呢？

胡波：是这样的，完全没有恐惧感是不现实的，中国这么大的国家崛起，肯定会带来一种恐惧感，这是先天的，像你的邻居突然发财了，还突然武装了，有枪了，那你就感到很害怕，很正常。

虽然完全消除是很难，但是我们可以做一些工作，我认为有两个方面：第一个是我们的战略和政策更清晰化，就是中国在东南亚地区包括在整个东亚地区，要追求什么样的秩序，怎么样去追求，用什么手段，要做得更具体一点，明确告诉它，我的目的是什么，我要怎么做。

薛力：他讲的我同意，但是我想补充一点，清晰不是目的，清晰是一种手段，如果我告诉你就是要打你，那再清晰也没用。如果告诉你，我强大了以后，不是要打你，反而可以给你提供安全保证，那你就知道，中国的强大对其不是威胁，而是有利的。所以归根结底，在中国强大的过程中，要让东南亚国家觉得你的强大对它来讲，不单单是经济上的机会，同时在安全上不会威胁到它的利益和存在。目前为止，东南亚国家最关心的地区安全议题就是南海争端，

根据我的观察，中国已经意识到海上丝绸之路建设和南海问题之间，存在一定的张力。中国正在调整南海战略，让东南亚国家觉得不会威胁或者影响到它们的安全利益，中国其实是把它们当作兄弟，当作争取对象，而不是打压的对手，中国正在做这件事。双轨思路就是代表。

双轨思路最早是 2014 年 8 月份，王毅在东盟系列外长会议的记者招待会上提出来的，带一点试探性因素。然后 11 月份李克强总理，在内比都东盟首脑会议上重申，这是政府首脑对双轨思路的政策背书，并同意在协商一次的基础上，尽早签署南海行为准则（简称 COC）。而中国原先的立场是对 COC 要持"合理期待"的态度，潜在的意思是说不同意尽快达成 COC。这说明中国的立场在慢慢地调整。问题是，战略上定下来了，相应的配套政策措施还没有跟上去。"981"事件，以及陆域吹填等行为则让外界觉得中国在"改变现状"。

关于岛礁建设我还想说一点，这一点看上去有点矛盾，一方面同意加快 COC，一方面又搞空前规模的建设。不同的人有不同的解释。我自己个人的解读是，这个岛礁建设是为了未来的谈判打基础。中国在南沙如果没有坚实的存在，说话都没人理你，更不用说推进南沙争端的解决。过去几十年的实践证明，没有中国参与，南沙的共同开发靠东盟国家之间是做不成的。

凤凰博报：接下来中国会采取进一步的强硬措施？

薛力：理论上有两种选择——变得采取更强硬的措施，或者采取让步措施。我在跟一些日本人、东南亚人开会时，他们说，中国先搞岛礁建设，接下来可能就要宣布南海防控识区，就要要求周围二百海里领海

权，甚至就要对这些地方进行大规模军事化。中国可以有这种选择，但是我觉得这种选择不符合中国的国家利益。中国现在的国家战略是要搞"一带一路"，如果这么做的话，无形中就是把东南亚国家往美国的怀抱里面赶。中国不会那么笨。但是中国又需要在南沙有跟国力相称的立足点，在这个基础上，谈合作、谈妥协才有依据。

凤凰博报：真的是有点矛盾，既想让东南亚国家接受，又要通过这样的方式给自己退步的时候留有余地。

胡波：这个肯定是软硬手段都要有，就是你既是要跟它合作，完全不跟它谈和平，那不可能。

中国在南海最有效的手段（薛力）

薛力：举一个最明显的例子，中国原来主张共同开发，人家说你根本没这个能力，为什么要跟你共同开发？中国现在有了981深海钻井平台，就可以说：你不合作？OK，我自己做。这是很现实的一个例子。我一直主张以单边开发撬动多边合作，但是中国必须要有自己的能力，以及在南沙有相应的存在。否则合作免谈。

关于南沙岛礁建设，中国是从2013年下半年开始的。我个人认为，应该不久就会结束，这是一个有限的过程，并不是无限的。这一点金一南少将在香格里拉会上已经说过了，中国肯定不会无限制地做，也知道周边国家对此会有一些不同的理解和解读。

中国政府则多次强调，修建岛礁是自己主权范围内的事情，合情合理合法，但条件成熟时其他国家与国际组织可以利用这些设施，开展人道主义救援减灾合作。这说明中国进行岛礁建设，一方面是为了强化在南沙的存在，另一方面也将提供地区公共产品。整体上，中国的做法不是为了走向军事化，实现单赢，而是希望能够实现共赢。

凤凰博报：您的意思是说岛礁建设只需要到一个适应的度而已。

薛力：对，不会是无限度的。而且我估计，应该很快就会结束。

凤凰博报：我们看印度和俄罗斯这两个紧邻中国的大国，在海洋发展方面对中国会有什么样的影响。

胡波：是这样的，我最近出了一本《2049年的中国海上权力》，用现在的眼光看，近海跟俄罗斯搭不上关系。实际上我们一旦西进印度洋，首先面临的就是跟印度处理关系的问题。印度是先天的印度洋大国，相当于中国先天是亚太大国一样。中印之间在海洋问题上不存在根本矛盾，这是我的一个判断。

中印问题首先当然是有媒体炒作了，印度的媒体炒作是我们在印度洋搞"珍珠链"包围它，我们的炒作是印度要介入南海，实际上这两个话题都是噱头。

在印度洋能够对印度提出挑战的是美国，而不是中国，中国未来20年、30年发展之后也很难在印度洋挑战印度，因为印度在印度洋具有先天的优势，相当于我们在西太区的优势一样，所以美国才是它主要的挑战。

至于中国的"珍珠链"，后来很多严肃的印度人也说，没有这个东西。南海也是一样，印度现在介入南海，跟越南签署了很多油气开发的情况，军事上可能会开两条船过来，问题是南海是通道，它开两条船过来很正常。

所以双方的确有战略猜忌，就是说首先中印之间的战略平衡是这样的，我们在陆上对它具有优势，它在海上对我们具有优势，所以双方能够形成战略平衡。战略平衡是什么呢？就是你可以进攻我也可以进攻，都可以拿住对方，这种情况下双方就没有什么大的问题。

但是在海上可能会有些问题，印度现在是排挤一切想进入印度洋的国家，但排挤美国没有能力，所以首先把中国当成最大对手，但实际上美国才是它最大的对手。如果中国想在印度洋布局，肯定要和印度做好沟通工作，这是一个方面；当然印度对我们西进印度洋，民事也好，军事也好，作用是非常大的，所以中印必须在海上保持一个非常好的关系，至少良好的关系。

再谈谈俄罗斯的情况，最近两年中俄之间走得很近，于是媒体经常就会说，中俄联合对美日，我觉得这是比较天真的想法：首先中俄战略协作伙伴关系的确有海洋的内涵，比如说在北极，在资源开发问题上，在西太一些战略问题上是有一些配合，包括马上在南海要进行联合演习，但是中俄现在是背靠背的关系，而不是肩并肩的关系。背靠背就是说，俄罗斯在西边应对北约和美国的挤压，中国在西太面临着日本和美国的挤压，背靠背就是说自己干好自己的事情，双方是两个战略方向。

肩并肩就是盟友关系，比方说我们在钓鱼岛问题上一起对日本，这个是不太可能的。首先中俄之间不太可能结盟，双方结盟的好处远远低于成本代价。虽然俄罗斯现在跟西方包括跟欧洲、美国闹得很糟糕，但俄罗斯还是对西方的需求很大。当然未来随着中俄之间的战略协作伙伴关系不断推进，双方的利益点会越来越多，但是目前还不足以抵消成本，中俄一旦结盟，双方环境会发生翻天覆地的变化。中国有不结盟的传统，现在结盟有好处也不是那么大。

凤凰博报：薛老师，您觉得这两个国家在中国发展海上权力上有什么影响？

薛力：一种说法是，印度一直把印度洋当成是印度的海洋，这是印度作为一个国家的雄心。我想，从长远来看，印度也很难实现这个目标，毕竟美国在迪戈加西亚群岛上，有一个很大的军事基地，几十年以内，印度拿它也无可奈何。

中国实力强大后，可能会走向非洲，走向南太平洋，即，可能也会建立海外军事基地，包括在印度洋一带。从逻辑角度与长远角度看，不见得中印之间的军事紧张会超过目前美印之间的水平。

关于俄罗斯，从长远来看，俄罗斯的经济实力应该弱于印度。苏联有

2.5 亿人口，俄罗斯现在有 1.5 亿，不到印度的零头。俄罗斯的综合国力很难再恢复到美苏争霸时期的水平，即使想恢复也力不从心。它目前的 GDP 大概是中国的五分之一，这种差距还在加大。

中国的目标不是取代苏联跟美国叫板，这不是中国的目的。如果中国未来头脑发热想跟美国全面叫板，那就意味着中国衰落的开始。我一直强调这一点。对中国来讲，俄罗斯军事技术上有些先进的地方，可以借鉴，但不会发展到中俄联合跟美国对抗。

凤凰博报：也就是说这种可能性不会存在。

薛力：几乎没有这种可能性。不能说没有，但非常低。

胡波：中国可能在军事之外取代美国霸主地位

凤凰博报：从经济角度出发，中国现在算是海上经济大国吗？

胡波：中国现在算是世界海洋经济大国，但不算是海洋强国。我觉得中国在海上军事上可能取代不了美国，经济上外交上反而是有可能的。

但经济上有个问题，就是我们的海域面积是非常小的，刚才说 300 万平方公里，有一半处于有争议的地区，还得跟人谈判，而美国、加拿大、英国、法国都是上千万平方公里的海域。现在世界上有接近 36% 的海域被领海国家瓜分了，就是专属经济区的大陆架。

除此之外，还有大量的公海和海底区域，中国在经济上应该首先把自己的 300 万平方公里经营好，提高我们的经营效率，加强科技含量，我们现在效率比较低；同时要积极开拓国际海岸空间，以世界海岸空间为依托，成为世界海岸经济强国。中国在海岸经济层面，有可能成为世界老大。

凤凰博报：那中国的海洋强国建设和美国的海洋霸权具体有什么不同吗？

胡波：中国的海洋强国内涵更丰富，我们是包括政治、经济、军事、文化各层面的。这并不是说中国多特殊，而是因为中国的起点是 21 世纪，如果美国的起点是 21 世纪，它也会这么选择，没有办法。

现在都讲和平竞赛，并不需要军事占领，不求为我所有，但求为我所用。比如我们跟很多国家签订的双边互惠协议，在别的国家专有地区开采石油，就是互惠互利嘛，因为大部分沿海国家没这个能力。所以我们的海洋强国更强调发展，而美国这种传统海洋强国强调的是控制，主要是军事控制。两者的区别在这个地方，当然我觉得它未来也会与时俱进。

薛力：我作一点补充。"二战"后，我们经历了一个比较长的没有大战的时代。也就是说，"二战"以后，严格意义上的全球大战是没有的。这在人类历史上相对少见。美国作为现行国际体系的领导者，对全球稳定是有贡献的。而且，冷战以后美国军事力量在亚洲的存在，对亚洲地区稳定起了建设性作用。举个最简单例子，美日同盟一方面是针对中国和其他一些苏联国家，另一方面也抑制日本军事扩张。如果美日同盟现在马上解体了，日本肯定是要大力发展军事。这对亚洲来讲，是不是好处？至少在日本完成国家正常化目标前，其他国家会担忧。

美国有自利、不讲道理、霸道与搞双重标准的一面。它觉得现行的世界秩序是自己建立起来的，当老大对自己最有利。现在中国崛起了，可能挑战美国的领导地位，因此出台了亚太再平衡战略，防止中国因为力量增大产生改变现状的冲动。

两方面结合，才能比较好地把握美国行为的根源。

凤凰博报：那假如中国成为海上老二了，世界格局会有什么变化？

胡波：排序的话要综合排序，不能光排军事。中国是这样的，随着我们"一带一路"的实施，我们在欧亚大陆的优势会慢慢建设起来，陆上的优势会慢慢建设起来。我们在海上军事成为老二的可能性非常大，因为目前来看其他国家没有这种可能。这种情况下，我们可能用第一强的陆权加上相对次的海权，跟美国第一强的海权加上美国相对次的陆权形成一个全球平衡。

当然从海洋来讲的话，我们虽然在军事力量上可能比不上美国，但是可能在外交和经济上成为世界老大。另外，海洋经济的评判标准不一样，美国是把整个海岸都算在里面，中国是按着产业算的，跟海洋有关的产业都算海洋经济。但无论怎么算，在海洋经济来讲，中国都有可能成为老大。所以从综合的角度来讲，假以时日，我们跟美国可能不分伯仲，不能说谁老大、谁老二，以后根本不可能有老大了知道吗？

薛力：以 2049 年为例，可能出现这么一种情况：中美两个国家的综合实力远远超过别的国家，从而形成中美两强，或者可以说两霸。在经济方面，中国可能总量上比美国还大，但是在教育水平上、军事技术上、高科技上，美国可能依然保持领先。结果是，中美两个国家就像是太上老君和如来佛祖（张宇燕教授语），某些方面你说了算，某些方面我说了算。两者又竞争又配合，彼此不触犯对方的核心利益，共同把这个世界管好。

（本文以《走向海洋，中国必须全面挑战美国吗?》为题，2015年 6 月 17 日发布于《凤凰网》。作者薛力、胡波）

3.3 南海争端与大国博弈

核心内容：围绕南海问题的博弈包括两个层次：声索国之间与大国之间。就大国博弈层次而言，依据南海在国家利益中的重要性而论，中国、美国、日本将成为三个主要角色。但不大可能爆发战争。南海在东盟声索国国家利益中的重要性也不同。东盟国家并不希望在中美之间选边站。崛起中的中国应该努力把南海变成与东盟合作的促进剂。为此，不妨在应对上从"双边框架"转向"双边＋多边框架"。

在民族国家体系内，大国通常是国际政治的主要行为体。而南海无疑是大国博弈的一个热点。国家利益决定国家行为，利益的重要程度决定国家的投入程度。国家利益依据重要性可以分为四种，其中核心利益指事关一个国家生死存亡的利益，其重要性如人的心脏与大脑；重要利益指虽然不会影响到一个国家的生存，但对国家的生存与发展有重大影响的利益，如手脚之于人体。一般利益指不影响一个国家生存，但影响发展或者某些功能发挥的利益，如人体的手指。次要利益是指对国家影响很轻微的利益，如指甲、毛发之于人体。依据领域的不同，国家利益又大致可以分为政治、经济、军事、文化四个方面。

依据在其国家利益中的重要性，涉及南海博弈的大国主要有：欧盟、俄罗斯、印度、日本、美国、中国。

相关大国利益简析 欧盟在南海的利益主要在经济领域，如大量商品运输要经过这个海域、一些公司参与这一海域的油气开发等；政治上，某些成员国作为前宗主国与东盟国家保持某些特定关系（如都属于英联邦）；军事上，一些欧盟成员国是东盟国家的军品供应国；文化上，许多人到南海周边国家旅游、学习、工作。可见，南海争端在经济上事关欧盟的一般利益，在其他方面则仅仅是次要利益。

俄罗斯对东南亚与南亚的贸易要经过这一海域，但比重不高，以重要的石油出口为例，到印度的出口量仅仅是到中国出口量的五十分之一。俄罗斯的能源公司是越南海上油气开发的主要参与者，俄罗斯还是越南的主要武器供应国，越来越多的俄罗斯游客到东南亚旅游。但其对俄罗斯的重要性，都无法与欧洲、独联体国家和中国相比。南海争端对俄罗斯国家利益的影响在一般利益与次要利益之间。

1992 年**印度**提出"向东看"政治，意味着其对外战略从"聚焦南亚、强调不结盟"转为"依托南亚、积极向东看"。2003 年印度政府更提出建立以东盟为核心，加上中、日、韩、印四国的合作新机制（即"10 + 3 + 1"）。而日本、越南、缅甸无疑成为这一战略中的三个重点国家。印度固然重视发展与中国的关系，但一般认为，"向东看"政策也隐含着"平衡中国对东盟影响力与进军印度洋"的考虑。印度与日本的经贸关系日益密切，而与东盟之间除了经济关系外还进行防务合作，并积极参与南海油气开发。2010 年印度宣布成为一个东亚国家。印度裔与印度教在东盟部分国家都有相当的影响。因此，南海问题在外交、经济、军事、文化等方面对印度的影响明显大于对俄罗斯，总体上处于一般利益层次，从政治领域中外交战略这一方面可能达到重要利益的程度。

对**日本**来说，政治上，东海之争中需要东盟南海声索国的支持，为此从技术、资金、装备（如巡逻艇）等多方面积极援助东盟，日本的对外援助也大部分流向东盟。经济上，南海是日本的主要海上贸易通道，其中进口石油的 80% 要经过这一海域；冷战时期东南亚是日本对亚洲投资的重点区域和市场，是福田主义的诞生地；中日关系变紧张后，东南亚又成为首选替补投资地。文化上，日本动漫、影视、流行歌曲等在东南亚有不小的影响力，东南亚是日本游客的主要目的地之一。即使考虑到贸易船只绕开南海在技术上可行、在经济上日本可以承受，与东南亚国家的经济联系，可能也达到了重要利益的程度。政治、文化上则为一般利益层次。

美国作为唯一的超级大国，维护全球和地区的稳定符合其利益，也是其角色义务。中国正处于快速崛起的过程中是个不争的事实。美国的传统战略思维观是，维护力量平衡是保持一个地区稳定的有效途径，因此习惯于支持某一地区的弱者以"恢复地区力量平衡"。中国研究美国问题的专家中，可能多数人都会同意，美国对华政策不是对付苏联的那种遏制（围堵），而是两面下注（hedging），表现为又接触又防范，其防范的一面主要表现为：强化与亚洲盟国的关系、加大对东盟的支持。具体到南海海域，美国的政策目标或曰国家利益主要是三个：和平解决南海争端；维护南海商业航行自由；维护美军在南海沿岸国家领海以外海域及其上空的航行自由，尤其是情报搜集权。对前两者各方并无异议。而亚洲国家普遍反对非沿岸国在沿岸国专属经济区内的军事活动，而美国认为这是美国海军捍卫的核心价值，属于美国的重要国家利益，不愿意退让，甚至对澳大利亚等盟国也强行实施名为"航行自由行动"（FONOP）的底线测试行动。从政治角度看，东盟国家对美国的重要性有限，即使是盟国菲律宾，其重要性也无法与日本媲美，因此奥巴马在最近的东亚之行中，并没有宣布《美菲共同防御条约》适用于南海争端岛礁，这与他在日本的做法形成了对比。东盟在美国的对外经济关系中只占有很小的比重。总体上，南海问题在美国国家利益中处于一般利益的位置。

南海争端固然是**中国**与东盟声索国之间的争端，但实际上已经演化为中国与东盟整体关系中的短板。政治上，东盟是中国周边外交的重点，新安全观与多边外交的重要平台，21 世纪海上丝绸之路建设的首站。经济上，东盟是中国最大的自贸区，为第三大贸易伙伴，对外主要投资区。文化上是海外华人主要居住区和中国游客的主要目的地。就南海本身而言，政治上涉及领土主权、海洋权益与国民情感，九段线属于共和国从民国政府手中继承下来的重要政治资产。经济上，南海是中国对外贸易的最大通道，80%进口石油运经此地，南海可能存在相当的油气资源（迄今没有可靠的探明储量数据。从地质结构上看，南沙海域储量较大，而且主要是天然气。可燃冰储量可能较大）。军事上，比东海、黄海等更便于潜艇与航空母舰的布置与展开。南海岛礁固然重要，但不能与台湾等核心领土等量齐观，对中国的影响还没有达到人体大脑与心脏的程度，因此，属于重要的国家利益。经济利益在整体经济中所占比例不大，属于一般利益。军事利益亦然。也就是说，南海本身在中国国家利益中的位置为"整体上的一般利益与某些领域的重要利益"，而东盟作为整体在中国的国家利益中属于重要利益。

东盟声索国的视野 对于东盟声索国中的文莱与越南来说，包括油气开发在内的海洋经济占经济总量的一半以上，南海争端就重要性而言属于它们的核心国家利益，因此一定会拼命争取，虽然方式不同。对马来西亚来说南海的重要性稍逊，因此属于重要国家利益。对菲律宾来说，所能获得的油气资源远远少于马来西亚，但由于其非常缺少油气资源，因此对南海油气资源比较重视，将之当做经济方面的重要国家利益处理。上述四国还形成共同立场：以《联合国海洋法公约》为主要依据解决导致争端的各种行为。他们因而有动力把南海争端提升到东盟层次、推进其国际化、引入区域外大国。从而与某些区域外大国形成"共鸣"。

南海博弈的层次 南海争端实际上包括两个层次的博弈。第一个层次是声索国之间的博弈。由于中国大陆与中国台湾主张，处理南海争端，除了"公约"，还要考虑到历史性权利这个客观实在，因此，博弈以中国大陆与中国台湾为一方，以东盟四个声索国为另一方。东盟国家中柬埔寨与老挝立场偏向中国，而其余国家偏向或支持东盟声索国。第二个是大国之间的博弈。南海争端在欧盟与俄罗斯国家利益中属于一般利益与次要利益，虽然欧盟稍稍偏向东盟声索国而俄罗斯正相反，但两国不属于南海争端的主要博弈者。而或多或少涉及国家重要利益的美国、日本、印度与中国就成了南海博弈的大国玩家。出于自身利益考虑，日本偏向于支持东盟声索国。作为体系领导者的美国，既要接触中国又要防范来自中国的挑战，"支持东盟声索国但不主张激怒中国"是政策选项。作为奉行向东看战略的新兴大国，印度很可能会日益加大在南海争端中的投入，立场上也会偏向东盟声索国。

　　简要结论与建议　一些国际关系研究者认为，中国正面临"实力越增加来自体系压力也越大"的"崛起困境"。南海争端似乎在为此提供案例。处理不好，中国将陷入四面为敌的窘境。处理得好，则可望成为实现崛起的一个里程碑。因此，战争显然并非解决南海争端的选项，扩大统一战线是当务之急。为此，有必要调整应对，坚定地从"双边框架"转向"双边＋多边框架"。东盟国家方面，也希望分享中国经济增长的成果，南海争端仅仅是其与中国关系中的一个方面，并且清楚，与中国对抗将失大于得，因而不愿意在大国博弈中选边站。这意味着中国与东盟声索国有可能在谈判的过程中互谅互让，达成若干共识，从而在现有的合作基础上朝互利共赢迈出新大步。

　　　（本文以《南海争端与大国博弈》为题，发表于《瞭望中国》2014 年第 19 期）

3.4　美国对华政策解读：围堵还是再平衡

　　核心观点：冷战后美国的对华政策不同于冷战时期的对苏遏制，实行的是"两边下注"战略，即，既接触又防范，但侧重点在调整中。亚太再平衡依然属于两面下注，侧重点是防范中国。南海政策亦如此。因此，中美在南海可以建立新型大国关系，中国可以在适当关切美国南海利益的同时，拓展自己在南海的利益。

　　对于近几年美国在东亚与南海所奉行的政策，不少中国学者认为是遏制（围堵）中国，美国学者则普遍认为是"再平衡"，旨在恢复因为中国力量上升而导致的地区力量失衡。对这个问题的准确把握是中国制定政策的基础。我们的几点判断是：总体上，美国在东亚与南海地区，执行的是传统的地区平衡政策。具体到南海而言，美国的政策目标有三：争端的和平解决；维护南海的商业航行自由；维护美国海军在专属经济区及其上空的情报收集权。

　　"实现力量平衡"是盎格鲁—撒克逊战略思维的精髓，其核心是：扶助弱国一方以实现某一地区的力量平衡，防止地区大国进一步"坐大"继而冲击美国（英国）的安全与利益。就英国而言，最为人所知的是其对欧洲大陆实行了几百年的大陆平衡政策。实际上，它在殖民地惯常实施的"把少数民族扶持为统治阶层"也是这种战略思维的体现。"二战"后的美国，则把这一战略当作"区域战略原则"：在欧洲支持西欧对抗苏联及其东欧盟国、在中东支持以色列对抗阿拉伯国家、在南亚支持巴基斯坦对抗印度、在东亚通过一系列双边同盟（美日、美韩、美菲、美泰）对抗社会主义国家（如中苏同盟、苏越同盟、中朝同盟）。

冷战后尤其是进入 21 世纪后，中国崛起成为一个突出的现象。中国没有像苏联那样对外扩张并自行组织国际体系，而是持续奉行向西方开放的政策，融入现有国际体系，并与西方国家在政治、经济、文化、科技等方面形成密切联系。各方都在这种联系中获益良多。因此，美国对中国难以照搬对苏遏制（围堵）政策。实际上采取的是"接触加防范"政策。从美国的角度看，"接触"是为了引导中国继续在现有国际体系内发展，"防范"的是中国以实力为后盾强行改变国际秩序与地区平衡等。

南海地区是全球最重要的海上通道之一，保持这一地区的和平与稳定符合包括美国在内的各个使用国的利益。但是，争端的议题多、中国与南海周边国家之间的实力差距变大是客观事实。美国认为，这一地区的力量因而失衡了，需要扶持东盟声索国以恢复力量平衡。美国认为保持平衡有助于防止南海发生冲突并维持南海的商业航行自由，还坚持南海争端应该通过和平方式解决。来自一些东盟国家的邀请是美国实现上述政策目标的一个条件。

其实，"保持南海的商业航行自由、和平解决争端"正是南海争端各方所同意并强调的，已经体现在《东南亚友好合作条约》《南海各方行为宣言》等一系列文件中。有争议的是美国海军在专属经济区及其上空的情报搜集活动。美国认为这是保持海军作战能力的必要组成部分，有助于防止战争发生，并且符合《联合国海洋法公约》。可是，全世界只有美国与英国两个国家认为这类行为是正当的，其他国家都不赞成。而且，为了保持更大的行动自由度，美国迄今没有加入"公约"。显然，美国在这个问题上乃典型的失道寡助。

但是，南海问题不属于美国的核心利益与重大利益，为南海争端与中国开战对美国来说显然失大于得。因此，美国也会防止小同盟国过度刺激中国，并提防自己被小国拉入战争。有两点值得注意：奥巴马此次访问菲律宾，并没有宣布《美菲共同防御条约》适用于南海争端岛礁，这与他在日本的做法明显不同；出售给菲律宾的两艘汉密尔顿级巡逻舰（cutter），是美国海岸警备队的退役旧船，船龄都在 45 年以上，且这种船型1972 年后已不再生产。

本文旨在说明，如果美国在东亚与南海奉行的是遏制或曰围堵政策，那么，这是一种高度敌对的零和游戏，中国没有选择，只能以对抗性乃至战争的手段来应对。如果美国执行的是再平衡政策，那么，中国与美国在南海一样可以建立新型大国关系。这意味着，中国可以在适当关切美国利益的同时，拓展自己在南海的利益。

（本文以《南海无关美国核心利益 南海政策更关心再平衡》为题，2014 年 5 月 26 日发表于大公网）

3.5 "一带一路"与中日关系

核心观点：日本对中国全力推进的"一带一路"战略持抵触态度，中国对安倍大力推行的国家正常化战略冷眼旁观，这体现了两国战略存在结构性矛盾。在未来相当一段时间里，中日关系将摆动于"经温政冷"与"经温政温"之间，"磕磕碰碰地相处"将成两国关系的新常态。

经过 30 多年的改革开放，中国的综合国力与对外影响力都大大提升，有必要调整自身定位与外交方略。新一届中国政府因而提出了"一带一路"倡议。一般认为，这一倡议已经成为中国对外关系的顶层设计，并将塑造未来 8 年左右的中国对外大战略。这表明，中国的地缘政治定位已经不再是"东亚国家"，而是"亚洲中心国家"与"亚欧大陆东端大国"。中国势必要奉行全方位的周边外交，以便塑造周边安全环境、提升自己在区域政治中的作用、推动自身与周边的经济发展、增加对周边国家的吸引力、构建地区政治经济文化新秩序。原先居于"重中之重"地位的美国，依然在中国外交中占据重要地位，但相对重要性已经下降，就提升空间而言，显然小于周边国家。中国与美国建立新型大国关系的目的，并非寄望大幅度提升与美国的政治关系或者成为美国的盟国，而是充分意识到"非和平崛起不可行或者风险太大"的前提下，希望美国在中国和平崛起的过程中不使绊子，至少是少使绊子。美国固然曾多次表态欢迎一个繁荣、稳定的中国，却也念念不忘要保持自己的全球领导地位，这凸显美国的"欢迎"是有限度的。

周边外交在中国外交中的地位明显上升，但周边国家众多，中国需要挖掘具有明显提升空间的次区域与国家。俄罗斯在中国周边外交中的重要性表现为：俄罗斯是中国唯一的"全面战略协作伙伴"，丝绸之路经济带六大经济走廊之一的中蒙俄经济走廊经过俄罗斯。中亚国家是丝绸之路经济带的重点方向而且比较积极呼应"一带一路"，因而在中国周边外交中的重要性明显提升。南亚国家亦如此，尤其是全天候战略合作伙伴巴基斯坦，以及事实上的全天候伙伴孟加拉国。印度虽然对"一带一路"不甚热心，但发展前景与对华合作潜力使印度在中国周边外交中的地位上升。斯里兰卡、尼泊尔等南亚国家，以及伊朗、土耳其等西亚国家同样以对华合作潜力取胜。东盟国家是海上丝绸之路建设的第一个枢纽地区，加上中南半岛是丝绸之路经济带的一个分支，因而在中国周边外交中的重要性不减。就东北亚地区而言，中国与蒙古、朝鲜的合作都有相当的提升空间，韩国更因为与中国的政治经济关系，以及对"一带一路"的积极姿态而成为中国在东北亚次区域的重点合作对象。相比之下，日本则缺乏比较优势，目前在中国周边外交中的重要性很可能已经排在俄罗斯、哈萨克斯坦、巴基斯坦、东盟、韩国之后。这一趋势在可预期的未来难以改变。回顾20世纪八九十年代，日本在中国的大国外交中排在美国之后，在周边外交中则名列前茅。这种变化的原因主要源于日本的选择。

日本追求"国家正常化"滥觞于中曾根康弘任首相时期，现在已经成为日本政界的主流共识。平心而论，日本有权利这么做。德国早就实现了这一目标，并且领导在阿富汗的多国部队（荷兰成为另一个领导国是应德国的要求，实际发挥领导作用的是德国）。要害在于，日本是在没有解决战争责任问题的前提下，以周边国家不能接受的方式追求这一目标。安倍晋三更是把这种方式推到了极致：大力强化美日同盟以获得美国的支持；强化与东盟、印度、大洋洲国家的关系以保持日本在亚太地区的影响力；在历史问题上立场后退（质疑前任的相关表述），从言行上刺激"二战"亚洲主要受害国中国与韩国（如参拜靖国神社，声称没有侵略的绝对定义，把慰安妇称作"人口贩卖的受害者"）；以日本主流民意都不能接受的方式强推动摇和平宪法的政策与法案；安全问题上展示对中国的防范与对抗（如准备与美国在南海进行联合空中巡逻，推动七国集团外长就南海问题发声）；消极对待"一带一路"甚至推出对抗性措施（如推出1100亿美元的亚洲基础设施建设资助计划）；不愿意提升对华经济合作（如建立中日自贸区），并推动日本投资从中国转向东南亚；如此等等。结果是，与韩国、中国的政治关系持续冷淡。经济关系是中日关系的压舱石，但安倍上任以来，日本对华贸易增长缓慢，2015年上半年中日贸易额已经低于中韩贸易额。因此，日本在中国政治经济外交中的重要性不升反降。

日本在中国周边外交中的地位在下降，但安倍似乎持一种"两国经济关系还行，政治关系冷一点也无所谓"的立场，对提升美日同盟关系高度热衷的同时，对提升中日政治关系完全冷感。"一带一路"《愿景与行动》中强调的是与沿线国家共商共建共享，积极推进沿线国家发展战略的相互对接，同时强调这一战略的开放性，因此欢迎原先不属于沿线国的国家参与"一带一路"建设中，英国是典型的例子。而日本原先不属于沿线国家，又对"一带一路"不热心乃至提出对抗性措施，中国也就难以对日本的参与抱有太大的期待。

也就是说，由于"一带一路"战略与日本的国家正常化战略互相矛盾，原先基于东亚共同体建设目标而提出的中日战略互惠，其基础已经不复存在。在缺乏共同战略目标、因而缺乏必要的战略互信的背景下，两国的整体关系显然不可能变得热乎，中日两国很难有大的战略性合作，安倍时期中日韩自由贸易区建设建成的可能性要低于50%。但是，作为全球化时代的两大经济体，大幅度弱化彼此的经贸关系既不合理也无必要，更不符合双方的利益。于是，维持不冷不热的经济关系就成了双边的选择。政治关系的波动有时候还会影响到经济关系，政治关系影响到经济关系时，双方也愿意采取一些措施使之"适当回温"，于是有了 2014 年 11 月 7 日的"四点原则共识"，以及随之而来的习近平与安倍半年内的两次会晤，直至 2015 年 11 月 1 日的中日韩政府首脑会晤。但这些属于治标之举，整体而言，中日关系将摇摆于"经温政冷"与"经温政温"之间。这种关系可能要维持到安倍政权之后。

那么，中日两国未来怎么办？除了维持必要的经贸关系、适当的政治关系外，双方还可以谋求某些具体功能领域合作。战略互惠没有了，战术互惠依然有必要保持甚至深化。中国的商品市场、游客等依然是日本所需要的，一些技术也是日本需要的，如无人机技术、高铁技术、IT 技术等。

日本依然在一些方面具有比较优势，可供双方进行合作：文化领域，官民并举推动人员交流，如旅游、留学、艺术品展览等；技术合作，如节能减排技术、汽车发动机技术；社会管理方面，日本具有成熟的经验，中国则在大规模的城市建设后，需要推行市政的精细化管理，如城市公交、地铁运营的管理，垃圾的回收、利用等。

此外，还可以尝试在第三国的项目合作，如在中南半岛新建铁路项目建设方面互相协调，避免恶性竞争，在利用中南半岛现有铁路线改进运营管理上日本已经积累了相当的经验。而作为油气消费大国，中日可以与韩国、印度等携手合作，成立亚洲区域能源消费国组织，在消除亚洲石油溢价（Asia Premium）等方面互帮互利，实现合作共赢。

（本文以《一带一路与中日关系的未来》为题，2015 年 11 月 23 日发表于 FT 中文网）

3.6 "一带一路"与中菲关系

核心观点：阿基诺上台后在南海问题上采取与中国对抗的方针，这导致中菲关系急剧恶化。但中国民众普遍"厌恶菲律宾"，还因为两个原因：对菲律宾不了解，中国意见领袖的误导。中国是崛起中的大国，处理中菲关系要从两国长远利益出发。中国政府在做外交决策时会集思广益，因此作为有影响的中国意见领袖，有责任提供尽可能翔实、准确、客观的信息与建议。

过去几年里，东盟十国中与中国政治关系最为冷淡的无疑是阿基诺三世治下的菲律宾，在他的任期内，发生了许多影响中菲关系的事件：黄岩岛僵局、南海问题仲裁案、逮捕与审判中国渔民、促进美国在南海的存在、在国际媒体上大打"悲情牌"、把中国比作纳粹德国，如此等等。这些事一件一件地伤害着两国关系尤其是两国的政治关系。为此，中国政府在有礼有节的前提下，也采取了一些冷落菲律宾的措施，无疑是必要的。

值得关注的是，"厌恶菲律宾"的情绪在中国民众中已经比较普遍，一些经常在大众媒体上发声者（包括一些将军级人物），在评论菲律宾时，随意下断语，偏好使用高度情绪性的语言，甚至出现了一些谩骂。比如，有文章在描述阿基诺总统时，断言他竞选时许下的反腐、提振经济等许诺一样也没有实现，形容他上任后感情生活"操劳过度"，对华言行犹如被踩了尾巴，泼皮流氓手段层出不穷，一副厚颜无耻的牛二形象，属于主动找打，等等。这就有点过头了。"辱骂和恐吓绝不是战斗"，上述的战争恐吓与随意的谩骂也不是战斗，无助于南海争端的解决不说，客观上是在给海上丝绸之路建设帮倒忙。

"一带一路"是中国未来十年的对外关系顶层设计，东盟地区是中国建设21世纪海上丝绸之路的第一个枢纽，整体上看，菲律宾与其他东盟国家一样，是中国建设这一枢纽过程中争取与团结的对象，而非打压与排斥的死敌。因此，不能因为阿基诺三世对华态度强硬不友好，就随意进行侮辱谩骂乃至对菲律宾发出战争威胁。如果其他国家的知名人物这么对待中国，我们必然会表示反感。己所不欲，勿施于人。

目前的对菲民间话语中，除了情绪性的表达外，还有一些明显的误解。

第一，认为菲律宾近几年的经济不行。事实是，依据国际货币基金组织统计，菲律宾2010—2014年经济年增长率分别为7.6%、3.7%、6.8%、7.2%、6.2%，五年平均年增长率低于老挝与缅甸，但高于印度尼西亚、马来西亚、新加坡、文莱、泰国、越南。预计2015年增长率为6.3%。

第二，认为菲律宾的外贸尤其是对华贸易大受影响。事实是，菲律宾2010年以来外贸额持续增长，造船业、服务外包等领域发展迅速，继2014年超过印度成为全球最大的服务外包接包国后，2015年4月造船业新承接订单量以59万修正总吨居全球第一（韩、中、日分别为53万、29万、15万）。而中菲贸易在过去几年增长也很快，菲律宾是与中国外贸增长最快的四个东盟成员国之一。即使是发生了南海仲裁案与"981"事件，2014年1—8月，中国与菲律宾贸易额同比还是增长了15%，中国成为菲律宾第二大贸易伙伴。2014年中国对菲投资也高于2013年。

第三，认为阿基诺只会玩不会施政，政策不得民心。事实如上述。至于反腐工作进展不大，这是老问题，而他本人的清廉却为菲律宾民众所公认。依据菲律宾主要民调机构 SWS 的调查,在民众"对总统的满意度"方面,阿基诺三世始终保持较高的水平,一般高于49%。这明显高于埃斯特拉达与阿罗约两位前总统。以中国人最为关心的南海问题为例,依据在菲律宾的一位中国学者观察,少部分菲律宾人认为政府应该调整南海政策以便改善与中国的关系,但主流民意依然支持阿基诺的政策。上述民调数据也佐证了这一点。

这些事实与数据,不管人们喜欢不喜欢,都在那儿,不应该也没有必要忽视与否认它们。对于有社会影响力的意见领袖来说,在分析国际问题时,动笔前先了解相关基本情况、尽量用事实说话、少用高度价值判断字句,这样写出来的的文章说服力更强些。

而在写含有政策建议的文章时,意见领袖更应该谨慎下笔。譬如,有意见领袖在文章中声称,"仁爱礁问题与南海其他岛礁问题更是两种性质不同的问题,仁爱礁不存在岛礁主权归属的问题,它只存在国际信誉问题,存在菲律宾说话到底算不算数的问题"。进而认为可以通过一些方式彻底解决仁爱礁问题,如"中国派拖船公司帮助菲方维修军舰,然后将其拖走……对于滞留在菲律宾军舰上的水兵,可以按照海上难民身份收留,给予人道主义照顾"。这里存在两个问题。

首先,中国政府并没有否认南沙存在主权争议,试举三例:2002 年的《南海各方行为宣言》第四条提到:"由直接有关的主权国家通过友好磋商和谈判,以和平方式解决它们的领土和管辖权争议";外交部发言人洪磊2012 年 7 月 20 日答记者问时表示:"南海问题的核心是有关国家围绕南沙群岛主权和附近海域划界的争议。"9 月 3 日答记者问时他再次明确表示:"就中方而言,南海问题的核心是中国南沙群岛的部分岛礁被侵占所引发的领土主权争议及相关海域海洋权益主张重叠问题。"

其次,1999 年"坐滩"在仁爱礁的马德雷山号军舰,虽然已锈迹斑斑且难以发挥船只的正常功能,但依然是菲律宾的现役军舰,船上驻扎的是海军陆战队士兵。对现役军舰与士兵采取上述行动，很难被认为系针对难民的人道主义行为，而只会被认定为是一种标准的战争行为。

依据笔者的观察，中国政府表现出的一个倾向是，做外交决策前尽量广开言路，以便集思广益。因此，意见领袖们有责任提供尽可能翔实、准确、客观的信息与建议。

（本文以《中国不应该再误读菲律宾》为题，2015 年 7 月 28 日发表于 FT 中文网，英文版 2016 年 1 月 20 日以"Opinion Leaders Should Be Cautious on the Philippines Issue"为题发表于共识网）

3.7 "一带一路"与中缅关系

核心观点：中国在处理果敢问题上，有六种选择，最好的办法是促成果敢特别行政区的设立。为此，需要与缅甸联邦政府合作，促使彭家声势力放下武器。缅甸与丝绸之路经济带、21 世纪海上丝绸之路建设都有关，因此，在处理缅甸问题时，中国首先考虑的是缅甸整体在"一带一路"建设中的地位与作用，其次是在缅华人整体的利益，再次是果敢地区华人的利益。这个顺序不能乱，更不能允许有人以私利绑架中国的对缅政策。

2015 年 2 月初，果敢枪声再起。大量难民逃入中国境内，缅甸政府军飞机不时越境进入中国领空，3 月 13 日还出现有些炮弹落在中国境内导致 5 人死亡 8 人受伤的惨剧。事件的进展，已经不是一般的外交行为所能解决。正在大力落实"一带一路"战略、尝试推进地区政治经济安全秩序构建的新一届中国政府，有必要考虑，如何以创造性的介入推进果敢问题的彻底解决。

从逻辑上看，中国有以下几种选择：谋求果敢划归中国；促成果敢的独立或事实上的独立；允许果敢人到中国定居，中国政府予以安置；与缅甸联邦政府合作，促使果敢民族民主同盟军放下武器与政府谈判，如果同盟军拒绝则支持缅甸政府消除这一势力；促成果敢成立特别行政区；总体作壁上观。

促成果敢设立特别行政区很可能是上策。

决定国家行为的是国家利益，以及政府对于国家利益的认知。对利益认知的变化常常成为国家调整外交政策的主要动因。"一带一路"作为"中国顶层对外战略"的地位，将至少延续到 2023 年。依据这一战略，政治上中国将大力推行伙伴外交，经济上东盟地区将是海上丝绸之路的第一个节点与丝绸之路经济带的重要节点。地理位置使得缅甸成为海陆双节点，加上国家规模、发展意愿、对华战略等因素，缅甸很可能成为中国"一带一路"战略的重点实施对象国之一，或曰支点国家（pivot country）之一。越南、马来西亚、泰国也属于地理上的海陆双节点，但南海争端与对华战略猜疑影响了中越合作潜力的发挥，马来西亚、泰国两国与中国不拥有陆上边界，也没有果敢这样的敏感区域。中缅没有边界纠纷，但果敢问题无疑是两国关系中的一个难点，容易演化为影响两国关系的热点议题。

"一带一路"战略旨在实现合作共赢。只有共赢的合作才能长久持续下去。因此，中国在缅甸落实这一战略的过程中，无疑希望缅甸国民普遍受益，这其中就包括生活在缅甸的大约 200 万华人华侨。而华人华侨占人口比重 90% 的果敢地区，更是中国对缅甸外交中必须考虑的一个因素。但这种因素应该服从于中国的整体战略，而不是相反。

一些人主张**让果敢"回归"中国**，其主要理由有二：满足果敢人的愿望，就像俄罗斯满足克里米亚人的愿望那样；1960 年签订边界协议时把一些地区划归缅甸是个错误，现在中国强大了，应该而且有力量予以纠正，为此不妨从果敢开始。这种看法的问题在于，首先，并没有明确的证据表明有压倒性数量的果敢人要求"回归"中国。其次，退一步说，即使有这种证据，中国也不大可能接受。历史事实是，中华人民共和国政府处理边界问题的原则是：谋求双边可接受而非谋求单赢。这显然不同于俄罗斯（以及苏联）。再次，果敢系依据 1897 年《中英续议缅甸条约》划入英属缅甸。1960 年 1 月签署的《中缅边界协定》，并没有直接涉及果敢归属问题。当然，划界时中方让步相对大一些，这么做一方面是考虑到双方实际控制区与未来管理便利，另一方面则体现双方的战略考虑。缅甸希望与体量庞大的中国有一个相对稳定的北部边界，以利于民族国家建构；中国希望借此落实和平共处五项原则、树立一个大小国家友好相处的典范、在环绕周边的战略压力线中撕开一个口子、为和平解决边界争端积累经验案例。边界协定总体上实现了双赢。现在国力强大了，要求修改一百多年前的划界条约，于情于理于法都说不过去，并可能把周边国家都推到自己的对立面。这对于"一带一路"战略将是个灾难性的打击。

促成果敢的独立或事实上的独立，其效果与"收回果敢"类似。中国特定时期对缅共的支持，不是为了谋求特定地区的独立或准独立。这一政策已经在 1989 年被正式放弃。现在的中国正在全力推进"一带一路"战略，更不会这么做。

那么，是否可以**鼓励有意愿的果敢人到中国定居，中国政府予以适当安置**？中国政府在相当长的一段时期，曾执行这种政策，也确实解决了数十万华人华侨的生计问题。但这一政策的实施是基于当时的背景：东道国的歧视、驱赶等迫害政策，以及华人华侨的回国意愿。

毋庸讳言，果敢人在某些方面迄今依然受到歧视，但程度有限（如身份证功能不如缅族人多），也并没有遭遇大规模的驱赶等迫害。1989 年之后，果敢维持了 20 年相对平静的局面（虽然发生了五次规模不一的内讧）。利用与中国接壤的优势，果敢的经济发展快于缅甸其他地区，全面禁毒也在 2002 年基本实现。在边境通行比较自由的情况下，并没有出现华人华侨大规模迁移到中国的现象。此外，东南亚海外华人众多，但只有果敢地区的人获得正式的民族称呼，这说明缅甸政府已经将之视同一个少数民族，而不是一般意义上的华人华侨。基于上述原因，中国政府不可能出台大规模的安置措施。至于冲突发生期大量人员逃到中国境内，属于暂时现象，冲突结束后一般都会重新回到缅甸家中。

在与缅甸政府合作，促使果敢民族民主同盟军放下武器与政府谈判方面，中国政府可以有所作为。2009年"八·八事件"中，同盟军副司令白所成与缅甸政府军合作，赶走了彭家声及其家族成员，掸邦第一特区被果敢地区临时行政委员会取代，并在2011年成为联邦政府批准的六个自治区之一。而果敢同盟军成员部分被遣散，部分被改组为边防军（1006边防营）。这表面上是白所成背叛果敢特区政府的夺权行为，但统治果敢20年的彭家声如此容易被驱离，主要原因是，他在果敢掌权的初期比较谨慎，但权力稳固后开始打击异己、大搞家天下、把毒品与博彩培植为果敢的两大"支柱产业"（果敢因此有小澳门之称）、把果敢的地方财政变成了彭家的钱袋子，而老百姓并没有从他的统治中受益多少，因此大多数果敢人已经从心里抛弃了彭家声。白所成也确实做了一些事情，1991年开始的禁毒始终进展缓慢，他接手后不到一年就于2002年实现了果敢境内全面禁毒，这是果敢200年来的第一次。2009年主持果敢行政事务后，推广种植农作物（甘蔗是重点）、兴修水利工程、强化教育、推行缅文。到2012年甘蔗成为仅次于博彩的第二产业。目前，包括125跨境工业园区在内的许多项目在大兴土木，这些对于果敢经济发展将起到明显的推动作用。同时，他也让儿子白应能当上了缅甸巩固与发展党果敢地区委员会书记。

离开果敢的彭家声在泰、马、新等国漂泊了几年后，2012年与克钦新民主军（后来还与克钦独立军即KIA）接上了线，获得支持在克钦邦第一特区建立基地、训练武装人员，伺机反攻回果敢。到2014年底，已组成九个营合计1000多人的队伍，并继续使用果敢民族民主同盟军的旗号。2015年底缅甸将进行大选，不同的利益诉求使得联邦政府与缅北多支民族地方武装的冲突激化，克钦更成为重灾区。这成为他攻回果敢的时间窗口。于是，以几个手下士兵回乡途中被杀为理由，于2月9日进攻果敢的政府军，并一度占领果敢首府老街。他还在2月13日发布《致全球华人书》以影响舆论。许多中国人误以为这是缅甸政府军与果敢华人之间的战争，而缅甸军机炸弹导致中国边民十多人伤亡更激起了国人的义愤，主张政府对缅甸采取强硬措施。

实际上，这在次要方面是彭家声与白所成的矛盾，主要方面则是彭家声与缅甸联邦政府之间的矛盾，并且与克钦邦内发生的冲突遥相呼应。因为几个人员伤亡就对政府军宣战，这是典型的军阀行为，在任何国家都没有正当性。彭家声发布《致世界华人书》属于"唤起华人的民族情感为自己的私利服务"。彭家声纵横果敢几十年，其"成功"的秘诀之一就是"审时度势，不断变换合作对象乃至门庭"：从缅甸军政府到缅共再到国民党残部乃至台湾当局，更不用说与其他缅北民族地方武装的分分合合了。不变的是他对自身利益的谋求，并不惜为此从事中国政府所强烈反对的贩毒、武器走私。20 世纪八九十年代，他被中国公安部通缉，多名手下因贩毒在中国被抓。在 2009 年 8 月前，甚至为疆独、藏独势力制造武器，这成为他2009 年 8 月倒台的导火索。在缅北这个特殊的环境里，他可以为了生存采取各种手段，但显然与"维护华人利益"风马牛不相及。尤其是这次，他纯粹是果敢地方稳定的搅局者与破坏者，大规模、长时间的武装冲突导致当地民生凋敝、大量人员逃亡、老街几成空城。有缅甸问题专家告诉笔者，如果果敢进行自由公正的大选，彭家声及其家族必输无疑。

但是，过去几十年的经历表明，缅甸联邦政府无法做到以武力消除缅北地方武装，这次的情况也不容乐观。毕竟政府军要对付的民族地方武装有好几支。以冲突激烈的克钦邦（克钦族与中国的景颇族为同一民族）为例，"世界警察"美国对于居民主要为基督徒的克钦邦怀有亲近感，但不大可能直接干预，而且，即使直接干预，在山高林深的缅北也效果有限。其他国家更是无心无力，除了中国。

中国政府迄今为止对于缅甸境内冲突采取的态度是：总体作壁上观，但严防冲突扩散到中国境内。因此，在发生边民伤亡事件后，中国政府迅速采取行动，包括外交抗议、强化边境地面巡逻、加强空中警戒，并要求缅甸方面对事件展开调查。军委副主席范长龙更明确要求缅甸严格约束部队，否则中方将采取果断措施。

可冲突已经实实在在影响到中国边民的生命财产安全。更为麻烦的是，此次弹落点距边境线为1公里，而由于飞行惯性，缅甸境内军机扔下的炸弹，有可能深入中国境内2.2公里以上。也就是说，缅甸军机无法从技术上避免此类事件再次发生，除非在缅方边界线内划出一条几公里宽的禁飞区。而这正是彭家声所需要的。

可见，目前的应对虽符合"不干涉内政"的外交原则，但存在明显的隐患。而一旦再发生此类边民伤亡事件，中国政府将很难向国民交代。"一带一路"战略要求中国外交理念从"韬光养晦"转为"有所作为"乃至"奋发有为"。因此，对于近在身边并已影响中国国民生命财产安全的这场冲突，中国有必要调整应对方式，从"不干涉"转为"创造性介入"。

具体到彭家声与缅甸政府军之间的这场冲突，中国政府所能做的至少有：第一，要求彭放下武器与政府谈判，建议缅甸政府给予合理的安置。有人担心彭一放下武器就没有了谈判的资本。笔者认为，吴登盛政府过去几年执行的是民族和解政策，对于愿意放下武器的民地武都给予出路，又有中国的调停，彭不会没有适当的出路。第二，如果彭拒绝，则增加对缅甸联邦政府解决这场冲突的能力，为此提供相应的军事、技术、资金支持，直到彭家势力被消灭。第三，强化对出口武器最终用户的管理，消除彭的一大武器来源。一个不争的事实是：缅甸政府军与缅北民地武都拥有大量的中国产武器。这种局面违背中国的整体利益，不可能是中国政府刻意运作的结果，但中国的武器出口管理显然存在改进空间。第四，与缅甸联邦政府合作，把果敢地区作为中缅合作推进"一带一路"战略的综合试验区。

让果敢成为繁荣的边境地区，符合果敢、缅甸与中国三方的共同利益。为此，在现有自治区的基础上成立一个缅甸联邦政府只负责国防与外交的**"果敢特别行政区"**，可能是个有效途径。对果敢人来说，这是真正落实《彬龙协定》，而2008年宪法并不被包括果敢在内的少数民族地区真正认可。成立特别行政区后果敢虽然没有了自己的独立武装（现在的自治区政府也没有），但行政自主权有了法律保障，从而可以充分发挥靠近中国、善于做生意等优势，加上中国的帮助，果敢有望很快发展成为木姐市那样的"缅甸深圳"，甚至超过木姐成为"缅甸香港"。这也有助于彻底解决毒品种植与加工问题（缅甸政府军2009年接手果敢禁毒后，毒品问题反而有死灰复燃的趋势，说明其禁毒能力不及白所成）。对缅甸联邦政府来说，将有效预防果敢地方武装死灰复燃，对果敢的主权落到了实处，并可能会获得了一个"下金蛋的母鸡"，还可能为佤邦、克钦邦等少数民族地区的长久稳定与发展提供某种启示。对中国政府来说，孟中印缅经济走廊建设、油气管道与其他交通设施的维护、对中国公民与华侨的保护，都需要一个稳定的果敢。对于已经入籍的缅甸华人，中国政府所承担的责任与义务不同于中国公民与华侨，但从情感上、文化上、国家战略上，都希望果敢成为缅甸的一颗明珠。这样的明珠越多，中国的软实力也越强，这是中国从"有全球影响力的地区大国"走向"综合性的全球大国"所需要的。

在仰光进行的第七轮全国停火协议谈判于2015年3月30日复会，以解决全部七章协议中的四小点分歧，最终达成协议的可能性很大。但谈到第七轮，说明单纯的停火协定不能根本解决问题，而成立特别行政区才是治本之道。为此，缅甸联邦政府有必要本着"彬龙精神"修改2008年宪法。

（本文大部分内容以《中缅果敢困境是个治理问题》为题，2015年3月30日发表于FT中文网。李晨阳教授对本文亦有贡献）

3.8 "一带一路"与中泰关系

核心观点：在"一带一路"建设中，没有任何一个周边国家或者项目是中国不可或缺的，必须谨守一个原则：沿线国家是项目的发起方，中国是配合方。沿线国家投资风险高于发达国家，而中方投资于"一带一路"项目的一些资金来自外汇储备，必须讲求安全性、流动性与收益性，因此，"一带一路"项目原则上是商业项目，而不是无偿援助或贴息贷款项目，操作上通常遵循市场原则。就中泰铁路项目而言，中方坚持不降低利率是对的，如果贸然答应泰方的条件，将开启一个很不好的先例，影响到沿线国家其他项目的推行。

2006 年 18 个亚洲国家签署了《亚洲铁路网政府间协定》，在韩国共同确立了泛亚铁路网计划，其中的东盟支线起始点为昆明与新加坡，因为途经多个国家而被称作（狭义的）泛亚铁路。在"一带一路"战略推出后，又成为"五通"建设的一个标志性工程。但是，这个项目却好事多磨。从 2012 年酝酿"高铁换大米"至今，中泰双方进行了多轮谈判，并且签署了多个政府间协议，双方就铁路走向、设计时速、轨距、投资与施工方式等达成了协议。2016 年 3 月 25 日泰国政府决定，自筹资金投资中泰铁路项目建设工程，不再向中方贷款。同时决定仅建设曼谷—呵叻段，全长 250 公里，设计时速 250 公里。泰国方面这么做的原因是：中方的预算 1900 亿泰铢（约合 342 亿元人民币）比泰方希望预算高出200亿泰铢；中方不同意把贷款利率从2.5%降低至2%，后者是中方给雅加达—万隆铁路的贷款利率。泰方认为2.5%不是"反映中泰关系的友好利率"。

泛亚铁路东盟支线的起止点为昆明与新加坡，其中昆明与曼谷之间包括东线、中线与西线。经老挝到曼谷的中线最短，经缅甸到曼谷的西线稍长，经越南、柬埔寨到曼谷的东线最长。从距离、沿线经济发展水平、政治稳定度等角度考虑，中线是最佳选择。而泰国政府的决定意味着在万象与呵叻段将形成"断头路"。中国如果想早日贯通昆明与曼谷之间的铁路运输，要么绕远路修东线，要么修西线。而转型期的缅甸又遇上政府换届，新政府上台后千头万绪，显然在短期内没有可能考虑这个项目。当然，泰国政府也强调，曼谷与呵叻段铁路依然是泰国与中国的政府间项目，使用中国制造的火车，并聘请中国的工程师来建造铁路。巴育政府的意思很清楚：泰国已经同意按照中国的主张修建第一条标准轨铁路并使用中国铁路技术、机车车辆、工程技术人员，这条铁路又是五通的标志性工程。此外，昆明到万象段已经在加紧修建中。泰方要求适当降低造价，并且按照雅万高铁的利率，这要求不算过分吧？清迈到曼谷高铁是日本的ODA项目，贷款利率才1.0%。

这等于把球踢给了中国方面。中方怎么办？

笔者的主张是："一带一路"的顶层设计已经完成，在全面落实的过程中会遇到许许多多的困难与挑战，"一事一议"是必要的，但这要基于一些原则与底线。

首先，"一带一路"是中国对外大战略。但是，对于中国这样的大国来说，周边国家的重要性，充其量达到重要国家利益的程度，而不可能达到核心利益。也就是说，没有任何一个周边国家是中国非争取不可，更没有任何项目是中国不可或缺的。周边国家认为可以等等再说的项目，中国更可以等待。

其次，"一带一路"战略的实施无疑对中国有利，但这一战略的显著特点是：不追求单赢，而主张互利共赢，其实现途径是共商共建共享。由于沿线国家多属于发展中国家，投资风险大于成熟的市场经济国家，而中国用于投资的钱，有部分来自外汇储备，这是央行对企业与个人的借贷，乃政府的虚拟财政收入。因此，强调安全性与流动性之余，也需要一定的盈利性，而不可用于无偿援助，也不能普遍用于无息与低息贷款。就商业贷款部分来说，海外项目也是以盈利为主要目标，低息或者无息并非常例。

就中泰铁路项目而言，依据王梦恕院士的观察，中国国内铁路项目的贷款利率通常为3%—4%，而中国国家进出口银行对海外项目通常以3%作为底。可见，2.5%的利率已经属于"友好利率"。要求与日元贷款利率相比是不合理的：日本长期处于低利率状态，现在甚至推行负利率，这是日本的特殊性，不具有普遍意义；日元汇率处于低位，未来升值的可能性大于人民币，这将增加泰国的还贷压力。

修建雅万高铁亏本的可能性很大，中国方面显然是把这一项目当作特例处理，无意成为惯例。泰国方面以此为标准要求中国是不公平的。沿线国家有必要意识到，"一带一路"项目原则上是商业项目，而不是无偿援助或贴息贷款项目。因此，操作上通常遵循市场原则。

再次，中国在推进"一带一路"战略的过程中，必须谨守一个原则：沿线国家是项目的发起方，中国是配合方。中国有权利依据可行性与效益，选择一部分进行合作，但不能主动列出一个项目清单邀请沿线国家进行合作。那将陷自己于被动。现有的许多困难与此有关。既然"一带一路"是中长期战略，就没有必要急于求成，不妨"成熟一个做一个"。仓促上马大量项目，后患无穷，这一点在国内建设中已经被反复证明，不应该在国外重蹈覆辙。

中方目前的做法是：坚持不降低利率，不在意泰方采取任何融资方式。这种应对是恰当的。如果贸然答应泰方的条件，将开启一个很不好的先例，影响到沿线国家其他项目的推行。

（本文英文版以"Feasibility, Profitability shouldn't be Ignored in Assessing Thai-Chinese Rail"为题，2016 年 4 月 5 日发表于 *Global Times*）

第四部分
"一带一路"背景下的国别研究

　　这一部分与前一部分有一定的交叉，但侧重点是对单个国家或其某个具体议题的研究，因此，单独列为一个部分。这一章中，作者围绕乌克兰、日本、越南、苏格兰、美国与利比亚等国家，探讨了 6 个问题。最后回到对过去几年中国外交特征的分析。

4.1 克里米亚变局与乌克兰危机的前景

核心观点：导致乌克兰分裂的主要因素有三个：文化差异、俄欧美对乌克兰的地缘政治战略、乌克兰人的意愿。阻止乌克兰进一步分裂的因素也有三个：乌克兰人对分裂的态度、俄罗斯的权衡、乌克兰在欧盟与美国眼中的战略重要性。比较这些因素可以得出结论：乌克兰进一步分裂的可能性不大。

继克里米亚被俄罗斯"吞并"后，乌克兰东部的顿涅茨克、卢甘斯克、哈尔科夫与西部的敖德萨四个州也陷入动乱，纷纷宣布成立"人民共和国"，有的还要求从俄罗斯引入维和部队，或就加入俄联邦举行公投。乌克兰政府在 2014 年 4 月 14 日表示不反对就国家类型进行公投。4 月 17 日，俄罗斯、乌克兰、欧盟、美国四方达成的协议表明，各方在政治解决乌克兰危机上达成了共识，但局势并没有缓解。5 月 1 日，乌克兰政府宣布进入备战状态，5 月 2 日 1500 名政府军在敖德萨与数百个反政府武装人员发生大规模武装冲突，并导致数十人死亡。于是，媒体纷纷预测，乌克兰正在走向分裂：东部变成亲俄罗斯的政治实体，或者并入俄罗斯联邦，西部则变成亲欧盟与美国的政治实体。

那么，乌克兰会走向进一步分裂么？对这个问题的回答，取决于对以下三个问题的回答：导致乌克兰分裂的主要因素有哪些？防止这种情况发生的主要因素又有哪些？两者相比，哪个占上风？

◇◇ 导致乌克兰分裂的主要因素

东西部的文化差异（尤其是宗教差异），欧美俄对乌克兰所持的不同地缘政治战略，乌克兰人的不同政治意愿，构成乌克兰分裂的主要因素。

文化差异 从人种角度看，乌克兰人与俄罗斯人不仅同属于斯拉夫人，而且是从斯拉夫人的一支古罗斯人中分化出来的。过去的一千年里，在古罗斯国家——基辅罗斯境内，逐步形成三个主要民族——乌克兰族、俄罗斯族和白俄罗斯族，他们均信仰东正教。但是，乌克兰的情况有点特殊，经过11—13世纪的十字军东征与1569年的《卢布林条约》，大量的乌克兰人转而信仰东仪天主教。东仪天主教在宗教仪式上具有东正教的特征，但承认罗马教皇的统治，因此总体上属于天主教。1654年《佩列亚斯拉夫和约》导致了乌克兰与俄罗斯合并，这延缓了天主教在乌克兰的进一步扩展，原先服从君士坦丁堡牧首区的基辅都主教区也转而服从莫斯科牧首区，俄罗斯东正教向乌克兰扩展。但"乌克兰的东正教"并没有完全俄罗斯化，依然保留了自己的一些特征，甚至出现了乌克兰自主东正教（以乌克兰语行宗教仪式）这样的东正教新分支。当然，总体而言，东正教（自主东正教、"乌克兰的东正教"、俄罗斯东正教）是大多数乌克兰人的宗教信仰。

苏联时期俄罗斯东正教"一教独大"，乌克兰东正教会听命于莫斯科的俄罗斯东正教会，而乌克兰自主东正教、天主教、犹太教等均受到抑制，并在1946—1985年期间处于地下状态。20世纪80年代末期，乌克兰加快独立步伐，乌克兰东正教会的独立性增强，包括乌克兰自主东正教在内的宗教得到恢复与发展。1991年乌克兰独立后，这些势头发展更快。可能是为了强化国家认同，1992年乌克兰自主东正教会与乌克兰东正教会合并，组成新的乌克兰东正教会，并成为 85% 左右乌克兰人的宗教信仰。而东仪天主教徒也上升到占人口的 10% 左右，他们主要居住在乌克兰西部。俄罗斯族人主要居住在乌克兰东部与南部。

宗教是文化与文明的核心内容之一，已故的哈佛大学教授亨廷顿在 1996 年出版的《文明的冲突与世界秩序的重建》中提到，冷战体系解体后，意识形态之间的冲突有可能被不同文明之间的冲突所取代。就乌克兰而言，从克里米亚分离开始，乌克兰将"沿着文明断层线分裂成两个互相独立的实体，其东部可能与俄罗斯融合"。冷战之后乌克兰的政治实践，特别是最近的政局变化，似乎在印证着亨廷顿的预言。

俄欧美对乌克兰的地缘政治战略 冷战结束后，俄罗斯、美国与欧洲对乌克兰奉行不同的地缘政治战略。俄罗斯认为，冷战后北约违背承诺大肆东扩，大大压缩了俄罗斯的战略安全空间。如果说中东欧国家加入欧盟与北约俄罗斯尚可接受的话，对乌克兰这么做则决不能容忍。原因在于，它认为乌克兰、白俄罗斯与俄罗斯构成了东正教文明的核心，乌克兰是俄罗斯实现复兴不可或缺的因素。此外，一些现实因素也促使俄罗斯反对乌克兰导向西方：俄罗斯非常需要乌克兰军工产品、农产品与劳动力等，克里米亚海军基地更是俄罗斯海军不可或缺的。因此，绝不允许乌克兰倒向西方。乌克兰加入欧盟的下一步就是加入北约。

欧盟与美国则认为，把乌克兰拉入欧盟与北约，将有效钳制俄罗斯，防止俄罗斯复兴后再度对欧洲形成威胁。法国《世界报》甚至直接把乌克兰称作俄罗斯帝国的钥匙。对美国来说，保护乌克兰免受俄罗斯的威胁是自己的道义与责任。对欧盟来说，5000 万乌克兰人的加入将壮大欧盟的势力，更好地发挥欧盟作为地区与世界领导者的作用。

乌克兰人的意愿 按照民族划分，乌克兰族占乌克兰人口的 73%，俄罗斯族占 22%。其他民族占 5%。按照宗教信仰划分，东正教教徒占乌克兰人口的 85%，东仪天主教教徒占 10%，浸信会教徒、犹太教教徒、马蒙教教徒、穆斯林等约占5%。85%信仰东正教的人口中，22%为信奉东正教的俄罗斯族，10%为信奉乌克兰自主东正教与希腊东正教的乌克兰族，53%为信奉俄罗斯东正教的乌克兰族。

对于东仪天主教教徒、浸信会教徒、犹太教徒来说，"倒向西方"很可能是首选项，自主东正教徒大概也是如此。但他们只占乌克兰人口的25%。对于俄罗斯族的东正教信徒来说，"与俄罗斯合并"很可能是首选项，但是，他们也只占人口的22%。也就是说，从宗教角度而言，大约47%的人口形成了乌克兰分裂的动力。从安全角度看，也是如此。

从经济角度看，可能大部分乌克兰人都倾向于加入欧盟以便获得实际利益。这导致俄罗斯族与俄罗斯的反弹，从而把乌克兰推向分裂。但这尚未成为大多数乌克兰人压倒一切的追求目标。

◇◇ 防止乌克兰进一步分裂的主要因素

在笔者看来，防止乌克兰进一步分裂的主要因素有：乌克兰政府与人民对分裂的态度，乌克兰在欧盟与美国国家利益中的位置，俄罗斯对乌克兰分裂利弊的衡量。

乌克兰人对分裂的态度　首先，乌克兰政府无疑是防止乌克兰分裂的一个重要因素。

其次，俄罗斯族占乌克兰人口的22%。但是，俄罗斯族只在克里米亚半岛占人口的70%。在哈尔科夫、卢甘斯克、顿涅茨克三州，并不占有人口的多数。而且，这三个州公民的政治诉求也不同。要求独立或者加入俄罗斯的是少数，大多数是要求获得更多的自主权，以便分享利益。对于他们来说，乌克兰实行联邦制的吸引力要大于加入俄罗斯联邦。

再次，对于占乌克兰人口53%的乌克兰族东正教徒来说，经济上固然希望加入欧盟，但宗教情感又阻止他们这么做。他们也很清楚东正教国家希腊在欧盟中的角色与地位。他们可以把亲西方的尤先科推上总统宝座，也可以把亲俄罗斯的库奇马与亚努科维奇推上台。也就是说，左右乌克兰局势的不是东仪天主教徒与俄罗斯族东正教徒，而是乌克兰族东正教徒。乌克兰政府固然反对分裂乌克兰，但民选政府通常体现大部分民众的立场。

俄罗斯的权衡 对俄罗斯来说，再次与乌克兰合并是最优选项，但在可以预见的未来难以实现，因此，拉住乌克兰、防止其倒向西方就成了次优选项。过去二十多年里，俄罗斯一直是这么做的，为此多次阻止了克里米亚的独立尝试。2014 年 2 月乌克兰出现了全面倒向西方的形势。普京在权衡之后，决定利用这个机会一劳永逸地解决克里米亚问题，并采用科索沃那样的独立公投方式。然后通过国内法律程序将克里米亚并入俄罗斯。这诱发了乌克兰东部三个州俄罗斯族人的"跟风"念头，并占领了一些政府机构。一些乌克兰族的俄罗斯东正教信徒也希望扩大地方自治权利，因而提出了联邦制主张。乌克兰政府采取了两手应对措施：不反对就实行联邦制进行公投，但对独立与分裂活动，以反恐名义进行打击。俄罗斯方面，既要保护乌克兰境内的俄罗斯族，又要避免乌克兰倒向西方，还希望影响乌克兰未来国家治理形式，因而同样采取了两手措施：在乌克兰东部边境陈列重兵的同时，不反对进行四方谈判，表示无意分裂乌克兰。

其实，即使俄罗斯下决心分裂乌克兰，并因此占领乌克兰东部，也很难保证东部三个州像克里米亚那样，通过全民公决加入俄罗斯。而俄罗斯入侵乌克兰意味着把乌克兰变成另外一个波兰：全面倒向欧美，对俄罗斯怀着根深蒂固的敌意，必要的时候充当欧美反俄罗斯的先锋。而且，俄罗斯的入侵行动必然导致欧盟与美国对俄罗斯进行大规模的制裁，并带动其他一些国家采取类似的行动。这样的结果显然不是俄罗斯希望看到的，也违背了俄罗斯的战略目标。因此，普京的下属表述大致可信：俄罗斯在乌克兰东部边境陈兵 4 万是因为，乌克兰政府不愿也无力顾及当地俄语居民权利；当前的乌克兰危机只能通过对话与民主程序解决，而不能用武力解决。但他说的"俄罗斯在乌克兰东部地区没有任何军队与特勤人员"被认为可信度不高，西方多认为俄罗斯的支持（包括物资、资金、武器与特勤人员）支撑着东部的反政府行动。

乌克兰在欧盟与美国眼中的战略重要性　如果依据与欧盟的关系，把欧洲国家分为内环国家（法德等成员国）、中环国家（新加入的成员国）、外环国家（准备加入的国家），乌克兰显然属于外环国家，而且在外环国家中排名靠后。欧盟把乌克兰看做其与俄罗斯之间的缓冲带，至多充当抑制俄罗斯复兴的一个楔子。因此，乌克兰事务不属于欧盟国家的核心利益。乌克兰在美国国家利益中的重要性比欧盟还低。美国固然不希望乌克兰加入欧盟，也清楚乌克兰危机对欧盟的影响远大于对美国，因而力促欧盟在这场较量中站前台。

当然，如果俄罗斯与欧美陷入冷战时期那样的对抗状态，乌克兰可望得到欧美的大力支持。一般而言，这种情况出现的可能性不大。那么，乌克兰在欧美眼中的重要性，必然大大低于在俄罗斯眼中的重要性。正因为如此，即使在克里米亚被俄罗斯吞并后，欧美也仅仅对俄罗斯进行了不痛不痒的制裁。这与欧美 20 世纪 90 年代在巴尔干的表现大相径庭。

旨在解决乌克兰危机的日内瓦四方会谈在几个小时内就达成一份文件。主要涉及如下内容：各方应在乌克兰避免任何形式的暴力、侮辱性和挑衅行为，强烈谴责乌克兰境内各种形式的极端主义、种族主义和宗教偏见，同意解除所有非法武装组织的武装，呼吁人们从被非法占据的建筑物中撤出，由欧洲安全与合作组织（欧安组织）特别监督团协助乌克兰政府和当地社区立即采取措施缓和紧张局势。乌克兰的宪法改革进程应具有包容性、透明性和可问责性，全国性对话应立即开启，公众可在此过程中提出意见。四方一致同意采取切实步骤缓和日趋复杂紧张的乌克兰局势。

很清楚，文件中涉及的都是相对次要的问题，实质性的问题都被小心翼翼地避开了：如俄罗斯方面关于乌克兰不加入北约的要求，欧美关于俄罗斯撤走俄乌边境 4 万军队的要求。克里米亚问题更是一字不提。这个协议透露出来的信息是：欧美实际上默认了俄罗斯对克里米亚的吞并，只是要求俄罗斯不得进一步吞并乌克兰领土。这个文件多少有助于当前乌克兰危机的解决。当然，真正解决乌克兰危机，还有许多工作要做，包括进行更多次的四方会议，并就各方关心的问题达成妥协。

◇◇ 总　结

从前面的分析可知，乌克兰东西部的文化差异并没有一般人说的那么大，主张分裂的宗教人口是少数，大部分乌克兰人信仰东正教并且反对乌克兰分裂；俄欧美对乌克兰采取不同的地缘政治战略，但乌克兰在它们眼中的战略重要性不同，而它们彼此间的矛盾还没有大到需要摊牌的程度；俄罗斯对进一步分裂乌克兰持谨慎态度，欧美无意因为克里米亚变局采取激烈行动，实际上接受了俄罗斯对克里米亚的吞并。因此，虽然局势整体好转还需要一段时间，但乌克兰进一步分裂的可能性不大。

（此文以《乌克兰会进一步分裂吗?》为题，发表于《中国经济报告》2014 年第 5 期）

4.2　日本政治走向探析

核心观点：安倍2014年7月1日决定，通过修改宪法解释来解禁集体自卫权。这构成日本迈向"正常国家"的重要一步。但是，日本复兴军国主义的可能性甚微。

安倍内阁2014年7月1日决定修改宪法解释以解禁集体自卫权，这一政策变化在外界的预料中。由于干系重大，有些媒体将之解释为"历史性的转折"。因此，饱受日本侵略之苦的国家（尤其是中国、韩国、朝鲜），有充分的理由想知道：这是否构成日本迈向"正常国家"的重要一步？照此发展下去，日本是否将迎来军国主义的复兴？

对于第一个问题，我们的回答是：毫无疑义；对于第二个问题，我们的回答是：可能性甚微。

◇◇ 日本走向"正常国家"的历程

战败国谋求恢复正常国家地位乃普遍现象，其中国防部的重设与军队的重建是重要标志。就"二战"战败国而言，意大利因为投降早，1945年居然成了战胜国，自然有了国防部，组建的武装部队包括陆军、空军、海军与宪兵，多次参加国际维护行动并发挥领导作用，如2007年领导驻黎巴嫩维和部队。联邦德国则在 1955 年恢复了国防部并组建了联邦国防军。1994 年联邦宪法法院裁定国防军的防卫行动不限于德国境内。2003 年德国与荷兰联手接过了驻阿富汗国际安全部队的指挥权。日本 2007 年 1 月把防卫厅升格为防卫省，自卫队还没有改名（未来改名的可能性很大），其在维和行动中的作用限于为盟国供油、提供运输工具、负责裁军复员等。2013 年底首次为韩国维和部队提供子弹并因此遭到批评。

战后的日本表现为奇怪的二重性：一方面拒绝对"二战"进行全面而彻底的反省以赢得其侵略受害国的谅解；另一方面则强调战争给日本带来的各种危害与灾难，尤其强调自己的"原爆"（即原子弹）唯一受害国身份，因而强调和平、不战。美国出于冷战的需要要求德国与日本重整军备。与阿登纳的做法不同，时任首相吉田茂审时度势，对此加以拒绝，并确立了"安全上依靠美国、集中力量发展经济"的吉田路线。而且，这一路线因为"吉田学校"的众多学生而得以长期执行。

随着冷战的结束，小泽一郎在 20 世纪 90 年代提出了"正常国家论"。由于"五五体制"终结后的政局变幻，以及经济上经历"失去的二十年"，"国家正常化"进展缓慢。但是，"实现国家正常化"已经成为大部分日本政治家的共识，差别在于实现正常化的途径：是通过进一步抱紧美国来实现，还是通过适当拉开与美国的距离来实现？

小泉五年多的执政为日本的经济结构调整打下了一定的基础，他迎合日本因为少子高龄化等原因而导致的社会整体右倾保守化趋势，试图以"靠拢美国疏远中国"的方式推进"正常化"进程，参拜靖国神社就是这一路线的集中表现。但他 2006 年 9 月出乎意料地自我结束了政治生涯，并选择安倍晋三为接班人。安倍虽然实现了从防卫厅到防卫省的升格，但自民党的弱势地位与随后民主党的崛起打断了这一进程。民主党外交上的摇摆与内政上的无所作为兼失误让老百姓倍感失望，从而给了自民党东山再起的良机。2012 年 12 月挟高民意支持率第二次上台的安倍因而有本钱展示:"我这次不一样了。"安倍经济学的三支箭在 2013 年虽然只射出两支,客观上还是产生了一些效果。2013 年 7 月的参议院选举验证了这一点:执政联盟虽然没能获得三分之二的多数,但席位过半,改变了"扭曲国会",显示执政联盟依然有过半民意的支持。这给了安倍进一步推进"正常化"的动力,因而在 9 月份提出"积极和平主义",12 月底为韩国维和部队提供子弹。进入 2014 年,基于修改宪法第九条的民意基础尚不具备,他改变操作方式,一方面希图修改宪法第九十六条以降低修宪门槛,另一方面则通过修改宪法解释来解禁集体自卫权,并在 6 月底完成了对公明党的说服工作。

可以预期,在社会整体保守化的趋势下,政权相对稳固的安倍政府,会继续把中国的崛起描绘成对日本的威胁,以此作为推进"国家正常化"的一大动力。实力相对下降的美国在东亚奉行"再平衡"战略,乐见日本在安全问题上发挥更大作用,从而成为安倍推行其"正常化"政策的另一动力。

◇◇ 军国主义复兴的可能性

那么,又怎么证明整体保守化的日本,在变成"正常国家"后,不会走上"二战"时期的军国主义老路?

军国主义大致上可以定义为:把国家置于军事控制下,使政治、经济、教育等各个方面均服务于扩军备战和对外战争的思想体系和政治制度。换言之,军国主义要求做到,一个国家的意识形态、国家制度、国家行为等方面都贯穿"以武力实现国家政策目标"。而国际环境、国家制度设计、民众意识等方面都阻止日本再度变成军国主义国家。

国际环境方面,核武器有助于防止主要大国之间爆发全面战争;北约与美日同盟是美国保持世界领导地位的两大军事支柱，美国不会允许日本摆脱同盟关系进而成为对自己构成重大威胁的国家。美日同盟的功能包括支持日本与约束日本两个方面。

国内方面，国际经济合作让日本实现了"二战"时通过军事手段未能实现的目标：源源不断获得原料，产品与投资进入外国市场，等等。天皇虚位制、三权分立制度、文官制度等则从制度上防止日本恢复为"二战"时的军国主义国家。

民众意识是很重要的一点。大部分的日本问题研究者与观察家大概会同意：日本的军国主义教育制度已经被铲除；"二战"后的日本，和平主义深入人心，日本人现在津津乐道的一点是，"二战"后日本自卫队迄今没有因为战争原因死亡一个人；日本政府拒绝像德国那样反思"二战"侵略罪行的原因有多重，但这不意味着日本人依然好战如昔；日本的和平宪法是在美国主导下制定的，但反对修改和平宪法的力量主要来自日本国内而不是美国。

◇◇ 小　结

按照日本官方的解释，解禁集体自卫权的决定中只是规定，与日本关系密切的国家遭到武力攻击、从根本上对日本国民的生命和权利形成明确危险的情况下，允许日本行使"必要最小限度"的武力。也就是说，以前日本只能在遭受侵略时予以反击，现在可以在自身未遭受侵略时动用武力。这离向海外派遣作战部队还有一段距离。像意大利那样领导维和部队是下一步的事情，像德国那样领导国际安全部队则是下两步的事情。

至于日本以武力侵略他国（比如韩国与朝鲜），很难想象会获得日本国民的支持，也会因为违反时代特征而难以获得其盟友美国的支持。

也许世界战争难以杜绝，但中国现在可以有把握地说：不怕任何国家来侵略。这对于经历百年屈辱的中国来说，具有特殊的重要性。因此，外交部发言人洪磊2014年7月1号下午在记者招待会上也只是说：日本方面应切实尊重亚洲邻国的合理关切，谨慎处理有关问题，不得损害中国国家主权和安全，不得损害地区的和平稳定。其间透露出来的信息是：对于日本的这一变化，中国注意到了，但不紧张。

中日关系要看百年。

（此文以《日本在迈向军国主义?》为题，2014年7月2日发表于FT中文网）

4.3 越南调整海洋政策探因

核心观点：越南在 2009 年前后调整了海洋政策特别是南海政策，并大力推进南海问题国际化。其原因是：越南认为这样整体上更有利于维护自己的利益，实现自己的南海主张。从几年来的实践看，越南大致达到了预期目的。南海问题将继续成为中越关系的主要障碍，但基于政治、意识形态、经济、文化等多方面的原因，双方都不会让这个问题失控。

越南的经济总量中，大约一半来自海洋经济，因此高度关注海洋利益。而越南的海洋，除了少部分位于泰国湾外，大部分位于南海（越南称之为"东海"），因此，越南的海洋政策几乎等同于南海政策。

南海争端的声索国为中国、越南、马来西亚、文莱、菲律宾五国，印度尼西亚并没有占领南海岛礁，但其主张的专属经济区中大约有 5 万平方公里与中国的九段线重叠，中国大陆与中国台湾的南海主张大体一致。上述国家与地区构成南海争端的"六国七方"。

在争端解决方面，"和平解决南海争端"已经成为"六国七方"的共识。差异在于，马来西亚、文莱、菲律宾、印度尼西亚对南海的主张基于国际法尤其是《联合国海洋法公约》，越南、中国大陆与中国台湾的南海主张，除了国际法外，还认为应该考虑历史性因素。中国大陆与中国台湾在坚持九段线上一致，不同之处是，中国大陆主张享有九段线内的历史性权利，中国台湾主张九段线内是历史性水域（2003 年终止《南海政策纲领》后这一立场没有再被公开提及，但也没有用新的主张取而代之）。

越南主张中的历史性因素内涵不确切，可能指历史性水域（其在北部湾划界谈判中一度持这种立场），也可能指历史性权利。引人注目的是，大约从 2009 年起，越南放弃了对历史性因素的强调，把中国的南海（越南称之为"东海"）主张调整为：基于国际法尤其是《联合国海洋法公约》。越南对历史资料的研究也变成为法律主张提供证据，并进而大力推进南海问题的国际化。我们的问题是：越南为什么做这种调整并大力推进南海问题国际化？

南海研究学者的看法是：越南认为这样有利于维护自己的利益，实现自己的南海主张。具体而言，就是：历史资料不够充分，不能支撑越南对历史性因素的强调；与中国的立场区别开来，使中国的立场显得"孤立"；新的立场与北美、欧洲、大洋洲官方与学界的立场比较一致，容易获得国际社会的支持；新立场与东盟其他声索国的立场实现了统一，有利于东盟声索国（尤其是越南与菲律宾）把南海问题提升到东盟层次，从而利用东盟的集体力量实现他们的主张；避免未来为了走国际仲裁程序而被迫调整主张的尴尬；及早部署对国际法的深入研究，以便增加国际裁决中的胜算；便于推进南海问题国际化，赢得国际舆论的支持。

有了上述的匡算，越南从 2009 年开始调整南海政策并大力推进南海问题的国际化也就顺理成章了。采取的主要措施有：2009 年向联合国大陆架界限委员会（CLCS）提交两个外大陆架提案，其中一个与马来西亚联合提交；首次主办南海问题大型国际会议；联合菲律宾把南海问题提升到东盟层次，并要求把西沙群岛争端列入多边谈判框架；2011 年 9 月支持菲律宾把南海划分为有争议海域与无争议海域的主张；2012 年，主办或参加在美国战略与国际研究中心、哈佛大学、韩国光州、雅加达、胡志明市的南海问题国际会议，推销越南的南海主张；推动区域外国家涉入南海事务，其"高峰"则是，利用担任东盟轮值主席国的机会，促成时任美国国务卿希拉里 2010 年 7 月在河内东盟峰会上发表讲话，宣称南海问题是"美国国家利益一部分"，随后于 8 月份在岘港附近海域与美国海军进行联合军事演习；2012 年 4 月在柬埔寨首都金边举行的东盟峰会上，支持菲律宾把南海问题列入会议议程；2012 年 6 月，通过《越南海洋法》，把中国的西沙群岛和南沙群岛包含在越南的"主权"和"管辖"范围内；持续推进南海行为准则（COC）的制定；在国内继续出版大量的南海问题专著与文章；批准或默许了五次越南民众针对中国的抗议活动；2013 年 11 月，举办第五次南海问题国际讨论会，邀请来自欧洲、美洲、亚洲的 200 多人与会，包括许多驻越南的各国外交官，并促成国内外媒体大量报道会议信息。

客观而论，越南的上述努力，在传播其立场主张、推进南海问题国际化上，取得了相当的"成就"，一个例子是，笔者过去一年多里接触的数十位欧美学者中，一些人开始以赞赏的口气谈论越南的立场与主张，或直接或委婉地批评中国的立场与主张。越南国内，民众也越来越相信本国的南海主张有理，对中国的印象明显变差。

当然，越南政府并不希望与中国的关系全面恶化，以免影响到两国关系的大局，并为此采取了一些措施：控制民众的抗议活动；领导人访问中国并接受中国领导人的回访；推进两国成立磋商小组，着手北部湾湾口外的海域划界与资源共同开发；如此等等。

总之，中越两国都不会让南海问题失控，两国的经济合作、文化交流、政治关系会继续稳步推进。但在可以预见的未来，南海争端不大可能获得彻底解决，坚信自己"占理"的越南，也会继续推进南海问题的国际化与南海行为准则的制定。因此，南海争端依然会是中越关系进一步改善的主要障碍。

（本文以《越南为什么调整南中国海政策》为题，2013 年 11 月 29 日发表于《联合早报》）

4.4 苏格兰公投与英国政治特点

核心观点：卡梅伦敢于让苏格兰在 2014 年进行独立公投，固然是基于精明的计算，但也体现了英国政治中善于妥协的特点，这是值得称许的，折射了大英帝国的辉光。但是，英国正在走向相对衰弱，这一次的辉光也可能成为帝国的"返光"。

2014 年 9 月 18 日进行的苏格兰公投以"统派"获胜告终。对于研究者来说，这个结果在意料之中。毕竟，2012 年 1 月 29 日到 2014 年 9 月 17 日期间，10 余家机构进行了 101 次民意调查，"独派"只领先三次，其中 2013 年 8 月 28 日苏格兰民族党进行的那次还被认为可信度不高。《星期日泰晤士报》9 月 5 日的调查显示独派领先 2 个百分点、《星期日电讯报》9 月 11 日的调查显示独派领先 6 个百分点。这两次民调结果让独派精神大振，却引起了英国政府与统派的震惊。一直对公投掉以轻心的统派稍微发力，从 9 月 12 日开始又在民调中领先 1 个百分点，并在 17 日把优势扩大到 5 个百分点。实际投票结果则是 55.3%（2001926 人）对 44.7%（1617989 人），统派领先 10.6 个百分点。在投票人条件、投票时间等非常有利于独派的情况下出现这样的结果，说明卡梅伦的判断是对的：统派肯定占多数，让独派两步统派依然能赢。

如果上述民调数据颠倒过来，只有三次是统派领先，其他 98 次都显示独派会获胜，卡梅伦是否会同意进行公投？很可能不会。人固然只能做到有限理性，但政治决策这种高度现实的行为，仍然是基于反复的计算与权衡。故此，对卡梅伦来说，"拖过自己的任期"是现实选择。

但是，一个不争的事实是，不列颠政治中的妥协色彩一直比较浓厚。这一点让大英帝国受益匪浅。苏格兰与英格兰的关系是一个鲜明的例证，这两个地区迄今已携手创造了307年无战争的超长和平期。这次，英格兰人在事关国家统一的大问题上又用了一次"妥协原则"，结果又赢了，而且因为个中的波折而显得真实、漂亮。这有助于理解为什么英伦三岛能造就一个日不落帝国。大英帝国解散了，英联邦还在，而且，成员国间的关系比帝国时期更为公正、更可持续。

现代国家政治的许多方面来自英国：君主立宪制、两党制、上下议院制、责任内阁制，等等。现在，英国政府可以对存在类似问题的国家说："苏格兰人要求有一次决定自己命运的机会，我们同意了。现在结果已经出来。怎么样，你也来一次？"恐怕没有多少国家敢接招。虽然欧盟对公投结果额手称庆，欧洲大陆却没有国家敢接威斯敏斯特宫与唐宁街10号的招。从这个意义上，我们可以说，大英帝国的辉光并没有完全丧失，英国以一次新胜利给全球多民族国家立了一个新标杆。

一些人认为，苏格兰公投打开了欧洲的潘多拉魔盒。这可不一定。有些地方可能会要求援引"苏格兰案例"，即使不能顺利独立或分离，也会换来一些好处，如加泰罗尼亚、威尔士。有的地方则会因为没有获胜的把握，担心公投失败会削弱独立运动的正当性而犹豫，如科西嘉与北爱尔兰。还有，公投的顺利实施还有赖于政府的同意（至少是默许），但各国内阁与议会没有义务同意部分地区进行独立公投。尤其是，有证据表明独派会获胜的情况下，政府很可能不会同意进行公投，如南奥塞梯、阿布哈兹、纳戈尔诺—卡拉巴赫、德涅斯特河沿岸共和国、北塞浦路斯、克里米亚、科索沃。

问题的另一面在于，为什么苏格兰会在进入帝国300年后要求与英格兰"离婚",而且人数这么多?从国际关系理论视野分析,现实主义者一般会说,因为英国早已失去了昔日的辉煌。在帝国扩展阶段,这种情况不大可能发生。事实上,英国的殖民先锋许多来自苏格兰。新自由制度主义者可能会说,因为撒切尔夫人的经济政策摧毁了苏格兰的工业,导致英国贫富差距变大;2008年的金融危机又使得"约翰牛"变成了"英国病人",经济增长率在七国集团中名列"后三甲",苏格兰跟着"英国病人"混不出好日子来;苏格兰的合法权益受到了侵害,如伦敦拿走了北海油田的大部分收益,苏格兰占英国人口8%却在下议院中只有4%的议席。建构主义者则会觉得,在全球化背景下,苏格兰人(尤其是青年一代)的地方/民族认同强化,国家认同弱化。伦敦的一些做法则伤害了苏格兰人(尤其是中老年人)的国家认同:苏格兰人心仪北欧模式,唐宁街十号却试图削弱国家医疗服务体系(NHS);伦敦为恢复经济而实施的紧缩财政政策等于对中老年人实施"精准打击",对苏格兰的影响远大于英格兰;苏格兰人想留在欧盟英格兰则倾向于退出;苏格兰人反核,英格兰人却是拥核派。"道不同不相为谋","离"了吧。当个友好邻居,说不定还能换个"友谊地久天长"。

英国的国土面积与人口都与中国广西相差不大,刨去苏格兰后其面积与安徽省差不多。由于人口老龄化、低生育率、高福利、实体经济比重太小等原因,联合王国已经不可能恢复伊丽莎白时代的帝国荣耀。随着新兴经济体的兴起,英国将继续走向相对衰弱。这是联合王国的天命。从这个意义上说,上述辉光也许是帝国的一抹午后斜阳,甚至可能成为大英帝国的"返光"。

(此文以《苏格兰公投与英国的妥协政治》为题,2014年9月22日发表于FT中文网。作者为薛力、李骁)

4.5　利比亚局势前景

核心观点：后卡扎菲时代的利比亚安全形势一直不佳，但随着过渡政府在东部城市图卜鲁格成立并获得国际社会的支持，利比亚安全局势正在走出低谷。利比亚不会成为下一个索马里。[①]

卡扎菲 2011 年 10 月被打死后，利比亚的安全形势虽然一直不佳，但政治形势总体向好，议会大选、组阁等在一年内完成并运作，2012 年石油产量基本恢复到 2010 年的水平。但是，进入 2013 年后政治与安全形势开始变坏，冲突各方甚至打破了推翻卡扎菲过程中"不破坏油气设施、不影响油气生产"的共识，石油日产量从 2012 年的 151 万桶下降到 2013 年的 100 万桶。过去几个月形势急剧恶化：全国多处地方爆发大规模冲突，大量平民伤亡，25 万人逃离家园，10 万人流离失所；2014 年 5 月 18 日下午四点国民议会遭武装人员袭击，当天晚上利比亚宪兵部队司令穆赫塔尔·费尔纳

[①]　现在看来，笔者当时对利比亚的形势发展预判不准确。两年来，利比亚的安全形势并没见明显好转。2016 年初的利比亚安全形势表明，利比亚的冲突有长期化的趋势，也可能索马里化。主要原因是：利比亚世俗与宗教两派的冲突在扩大，世俗派并没有能压住宗教派军事力量而在全国占据主动，首都的黎波里依然在宗教民兵力量的控制下，联合国协调下各派于 2015 年 12 月签署的《利比亚政治协定》并没有被东西部两个议会批准，总理委员会以及 2016 年 1 月成立的民族团结政府，都只能在突尼斯办公；氏族力量依然存在活动空间，甚至被卡扎菲的残余力量所利用（如在南部的塞卜哈）；而 ISIS 在受到俄罗斯、美国等大规模空中打击后，开始向利比亚转移，在利比亚的力量在扩大。

纳宣布，解散国民议会，由制宪委员会代行议会职责。6月初，各方为争夺总理位置互不相让以至于一度出现两个总理，好不容易组成的临时政府则难以在的黎波里立足而不得不迁往东边小城市图卜鲁格办公；7月中旬，两大民兵组织在的黎波里国际机场激战并蔓延到首都多处，导致26日美国关闭驻利比亚大使馆，28日中国大使馆要求中资企业员工8月1日前全部撤离；8月初，法国大使撤离了利比亚，的黎波里落入来自米斯拉塔的"利比亚黎明"宗教民兵手中。事态的发展使得国际媒体纷纷猜测，利比亚正在走向全面内战，甚至可能成为又一个索马里。

基于最近的研究，笔者的体会是：利比亚局势不会继续变坏，从2014年9月份起开始向好的方向发展。

利比亚形势在过去一年多里不断恶化的主要原因有两个：宗教派与世俗派的矛盾，东西部矛盾。

世俗派的扎伊丹战胜穆兄会候选人于2012年10月出任总理，但国民议会被穆斯林兄弟会为代表的宗教势力控制。两派争夺的过程中，世俗派逐渐得势，并在2014年7月份的新议会（国民代表大会）选举中获得200个席位的大部分。而邻国埃及严厉镇压穆兄会的塞西已经在6月初就任总统。这些内外因素使得宗教派担心彻底出局，为此而展开激烈的抵抗乃至反扑。过去几个月安全形势变坏与此密切相关。目前，宗教势力在米斯拉塔民兵武装的支持下，控制着的黎波里，并成立"民族拯救政府"。他们9月份还控制了班加西80%的区域并暗杀支持世俗派的利比亚前空军参谋长。但这很可能只是暂时现象。毕竟，他们的支持力量相对较弱并且趋于下降，而世俗力量的支持力量包括大多数民意、西方国家、邻国埃及等，其军事实力也在持续增长。

东西部矛盾的原因也有两个：东部占有60%的油田和运输港口，但石油收益却大部分流向西部的的黎波里等地，这种情况在卡扎菲倒台后并没有明显改变；以班加西为代表的东部地区认为自己是推翻卡扎菲的主力，过渡政府并没有在政治上对此给予补偿。因此，拒绝放下武器听命于的黎波里，并自己动手实现目标。于是，来自东部、代表世俗势力的退役将领哈利法·哈夫塔尔 5 月 16 日带领武装部队开进班加西攻击当地宗教民兵组织（如"安萨尔旅""2 月 17 日烈士旅"和"利比亚之盾第一旅"），18 日袭击国民议会并声称要逮捕"宗教极端人员"。他的行动获得国民军现役军官与宪兵司令的支持，并与世俗民兵武装中力量最大的津坦民兵遥相配合。

政治层面的效果也开始出现，国民代表大会的总部将设在班加西。由于班加西局势不稳，2014 年 8 月 5 日改在靠近埃及的东部城市图卜鲁格召开首次会议，阿基拉·萨利赫·伊萨当选议长。9 月 22 日，新内阁在图卜鲁格组建。国际方面，9 月 17 日，21 个国家、地区和国际组织的代表在马德里举行"利比亚的稳定与发展"闭门国际会议，西班牙首相拉霍伊在会上表示，6 月份的国民代表大会选举具有明显的合法性，应推动组成一个能够团结全体利比亚公民的政府。西班牙的观点获得与会西方国家的普遍认可。

过去两年多里，作为正规部队的国民军，其力量还不如一些民兵武装，这是过渡政府未能维护社会秩序的主要原因。新政府的合法性得到国际承认，在世俗派控制区域办公，并获得世俗武装力量的支持。这些使得政府有能力维持社会秩序，改善安全局势，维护社会秩序，促进经济活动。一个值得注意的现象是，利比亚石油产量近期持续飙升，9 月份升至年内最高水平。这可能出乎一般人的意料。

当然，新政府需要做的事情很多，如先夺回对的黎波里的控制权，然后逐步增加对其他地区的管理与控制，提高工人工资以解决民众生活困难，进一步提高油气产量，消除腐败。但上述的分析显示，利比亚形势不会继续恶化乃至成为第二个索马里，其政治与安全局势正在走出低谷。

（此文以《利比亚不会成为下一个索马里》为题，发表于《世界知识》2014 年第 23 期）

4.6 欧洲天然气来源从俄罗斯转向美国的前景

核心观点：俄罗斯在欧盟石油与天然气供应中所扮演的角色，很难被美国取代。只要俄罗斯不进一步对其他地区（如德涅斯特河沿岸共和国、乌克兰东南部地区）采取兼并行动，欧美对"克里米亚变局"采取的制裁行动是暂时而有限的。

2014年3月26日，美国总统奥巴马在美欧峰会后的记者会上表示，美国准备向欧洲直接供应天然气，以降低欧盟国家对俄罗斯天然气的依赖性。这被视作欧美强化对俄罗斯制裁的准备动作。在此前的"克里米亚变局"中，欧盟已经启动了一些制裁措施，如冻结13名俄罗斯高官与8名克里米亚官员在欧洲的资产、禁止其入境，中止俄罗斯参加八国峰会的资格等。

那么，美国是否可能取代俄罗斯在欧盟天然气进口来源国中的地位？这涉及几个方面的因素：美国的天然气产量增长潜能、美国大规模出口的可能性、美俄天然气价格的比较优势、欧盟与美国双边实现这种替代的政治意愿。

由于页岩压裂技术取得突破性进展，并与水平井技术结合应用，美国的天然气产量大幅度提升，从2009年起取代俄罗斯成为世界最大的天然气生产国。根据《BP世界能源统计年鉴》2013年版的数据，美国的天然气产量从2007年的5456亿立方米增长到2012年的6814亿立方米，同期天然气消费量从 6542 亿立方米增长到 7221 亿立方米，供需缺口从 2007 年的 1086 亿立方米减少到 2012 年的 407 亿立方米。2011 年与 2012 年美国天然气产量均增长 400 亿立方米以上。这种增长幅度是在美国页岩气产能由于气价低迷并没有完全释放的前提下取得的。过去几年，美国亨利中心（Henry Hub）的天然气价格仅仅是欧洲的 1/3，亚洲的 1/4。可见，如果天然气价格提高，美国有望每年增加 500 亿立方米的天然气。而欧盟 2011 年与 2012 年从俄罗斯进口的天然气均在 1000 亿立方米左右。从上可以推论，美国在 2013 年就基本实现了天然气自给。2014 年、2015 两年的增量就能满足欧盟进口天然气的需要。所以，奥巴马敢于做上述表态。

问题是，美国有可能在未来两年内大量出口天然气么？作为全球最大的天然气消费与进口大国，美国长期以来严格控制天然气出口，这种局势在可以预见的未来不大可能改变。原因如下：第一，奥巴马正在力推美国的再工业化，便宜的天然气为天然气化学工业的振兴提供了难得的机遇，过去几年美国上马了许多此类项目。大量出口天然气将推高美国国内的天然气价格，影响天然气化工业与相关利益群体的利益，而且有悖于再工业化政策。第二，过去几年，美国所产的石油只能满足消费量的 40% 左右，美国天然气生产的增量，将首先被用于替代石油与煤炭消费，其次才考虑出口需要。第三，作为全球第二大温室气体排放国，美国面临巨大的节能减排压力，以相对干净的能源（天然气、核能、生物能、太阳能、风能）取代不那么干净的能源（煤炭、石油）是大势所趋，而天然气与核能技术成熟、价格低廉、供应稳定的特点是其他干净能源所不能替代的，将成为美国实现节能减排的有力抓手。因此，美国"页岩气革命"的结果，只是导致大量的美国煤炭涌入欧洲市场，全球减排的领导者欧洲则面临着如下尴尬：在享用美国廉价煤炭的同时，却延缓了温室气体的减排幅度。第四，加拿大是美国最大的石油进口来源国，而加拿大的石油大部分提取自油砂，油砂提炼石油的过程中对环境的影响要大于传统石油，因而被美国的环保团体批评为"脏油",减少进口加拿大"脏油"的呼声日益高涨。这也将阻碍美国在继续大量进口加拿大石油的同时大量出口天然气。第五,在美国的政治与法律制度下,修改长期施行的限制天然气出口法规洵非易事,必须有影响美国重大利益的事件才能推动这一转变。而克里米亚变局,乃至乌克兰危机,主要是关系到欧盟的利益,在美国的国家利益中居于相对次要的地位,不足以推动美国修改相关法律。

与液化天然气相比,管道天然气具有供应稳定、价格低廉等特点。美国天然气出口到欧洲,只能以液化气的形式。而液化、运输、再气化后,对欧洲用户来说,美国天然气的价格将比俄罗斯的管道天然气价格更高。有测算认为,将高出60%左右。这极大削弱了欧洲从美国进口天然气的积极性。不可忽视的一点是,俄罗斯天然气还存在大幅度降价的空间。俄罗斯天然气售价存在明显的阶梯,俄罗斯国内最低,独联体国家次之,欧盟最高。对欧盟的售价大约是对俄罗斯国内居民售价的4倍以上。即使以俄罗斯国内价格出售,俄罗斯天然气工业公司(GASPROM)依然有利可图。由此可见,即使美国历经千辛万苦实现了对欧盟的天然气大规模出口,如果俄罗斯打天然气价格战,美国根本不是对手。

最重要的一点是,乌克兰问题在欧盟与美国国家利益中的位置。如果把国家利益按照重要性分为核心利益、重要利益、一般利益与次要利益,对欧盟来说,乌克兰问题属于重要利益。对美国来说,则属于一般利益,甚至可能是次要利益。

美国在"克里米亚变局"问题上调门很高,这是必须的,因为它是全球唯一的超级大国与"世界警察"。这样做也为了阻止俄罗斯进一步"吞并"乌克兰其他地区。但美国并不希望乌克兰加入欧盟,也清楚乌克兰危机对欧盟的影响远大于对美国,因此力促欧盟在这场较量中站前台(欧盟官员语)。奥巴马甚至表示,欧盟应该更多地开发自己的能源,而不能只依靠美国。这是暗示欧盟(主要是德国、意大利、波兰等)应该修正其在页岩气与核能等问题上的立场，不能在节能减排上唱高调、占领国际道义制高点的同时，又要求美国保证欧盟对天然气的需求。美国甚至在欧盟非常关心的天然气价格上不肯作出明确的承诺。这些都显示，迄今为止，美国在向欧洲供应天然气问题上，主要是做姿态，离大规模向欧洲供应天然气还有很长的距离。

乌克兰危机发展到"克里米亚变局"与欧盟有相当大的关系，它必须出面解决，只是，它愿意为此而付出的代价有限。原因在于，第一，一个非欧盟成员国的部分领土变迁显然不属于欧盟的核心利益。欧洲的政治边界并不清楚，但相对落后、东西部"分裂"的乌克兰并非欧盟必须接纳的对象。而且，欧盟很清楚，接纳乌克兰必然惹怒俄罗斯，在普京执政时期尤其可能遭到强有力报复。克里米亚变局就是显例。第二，以克里米亚被俄罗斯"兼并"为代价，3 月 24 日欧盟与乌克兰签订了联系国协定政治部分，经济部分没有签订固然因为乌克兰经济离欧盟标准还有不少距离，不可忽视的一点则是乌克兰对俄罗斯经济的严重依赖：许多乌克兰工业品难以适应欧盟标准，只能出口俄罗斯；牛奶、肉制品、粮食等农产品主要出口俄罗斯；天然气严重依赖俄罗斯供应；大量人员在俄罗斯打工；等等。因此，欧盟与美国在制裁俄罗斯上"投鼠忌器"。第三，欧盟石油与天然气都严重依赖俄罗斯，仅仅摆脱对俄罗斯的天然气依赖并不能解决问题。根据《BP 世界能源统计年鉴》2013 年版的数据，欧盟 2012 年从俄罗斯进口石油 2.865 亿吨，占欧盟石油消费量的 46.87%。进口天然气 1055 亿立方米，占天然气消费量的 23.77%。在寒冷季节，欧盟显然不敢与俄罗斯"斗气"而让居民受冻。欧盟从俄罗斯进口石油的比重远高于天然气，也更难以摆脱对俄罗斯的依赖，而美国在这方面无能为力。

总之，俄罗斯在欧盟天然气供应中所扮演的角色，很难被美国取代。石油方面更是如此。奥巴马的表态不具有操作性。欧盟也难以对俄罗斯采取实质性的经济制裁。只要俄罗斯不进一步对其他地区（如德涅斯特河沿岸共和国、乌克兰东南部地区）采取兼并行动，欧美对"克里米亚变局"采取的制裁行动是暂时而有限的。

（此文以《美国替代俄罗斯向欧盟供应天然气，靠谱儿吗?》为题，发表于《世界知识》2014 年第 8 期）

4.7 习近平外交的五大特点

核心内容：到 2014 年底，习近平外交展示出五大特点：日益强烈的大国意识，积极进取，重视周边、抓支点国家，底线思维，重视公共外交。

改革开放以来，作为迅速崛起的大国，中国三十多年没有发动任何战争，这在历史上的崛起国中前所未有，显示中国确实奉行了 1982 年确定的"独立自主的和平外交"路线。大致上，这条外交路线的特色有：不结盟，以免受制于人；强调外交为经济建设服务，这明显区别于改革开放前的外交为政治服务路线；从 1990 年左右起，从双边走向多边，对多边外交越来越熟练与自信；20 世纪 90 年代后，侧重推行程度不同的伙伴外交，迄今为止，已经与 67 个国家、5 个地区或区域组织建立伙伴关系。

以上述外交路线与成就为基础，新一届中国政府上台后，依据国力的提升与国际关系的变化，着手调整外交政策。经过一年多的实践，新的外交轮廓已经展露，并且呈现出比较鲜明的习近平风格。总体而言，习式外交具有以下几个特点。

1. 日益强烈的大国意识

中国领导人从毛泽东时代起就强调中国是个大国，但当时的中国，经济与科技水平都比较落后，经济总量在全球进不了前十位，综合国力也在多个国家之后。当时的大国外交，指的是针对美国、苏联、欧盟、日本等全球政治与经济大国的外交。而在 2008 年后,中国在全球的政治经济地位开始凸显,越来越多的国家把中国当作准超级大国甚至超级大国看待。十八大以来,新一届中央领导集体意识到,中国的综合国力与美国的差距日益缩小、经济总量很可能在若干年后超过美国,中国已经是坐二望一的大国,这种情况下的大国外交,其内涵就变成了"作为大国的中国,如何与美国打交道?特别是,如何与其他综合实力不如中国的大中小国家交往?"基于这一角色定位的转换,滋生出其他若干外交行为与特征。

2. 积极进取

中国的角色与地位在提升,已经是全球 120 多个国家的最大贸易伙伴,中国的政策对其他国家的影响越来越明显,因此许多国家关注中国的一举一动。在这种氛围中,继续奉行"韬光养晦"的外交政策已经不可行、不合理、也不利于中国的进一步发展,因此,中国开始转而采取积极主动的外交政策,强化自己的责任意识,并尝试提供公共产品。"一带一路"战略的确定、建立新型大国关系与新型国际关系的倡议、充分发挥主场外交的作用等,都是外交积极进取的表现。很自然地,这方面的外交努力要从本地区做起,如建立亚投行与丝路基金,主张升级中国—东盟自贸区。超出本地区的一些合作机制,则瞄准具体领域,如力推成立金砖国家新发展银行、倡议建立亚太自贸区。安全领域,强化亚信这一地区安全机制,倡导以合作安全为核心的亚洲安全观。

3. 重视周边、抓支点国家

2013 年 10 月召开规格与规模都罕见的周边外交工作座谈会,突出"亲诚惠容"的理念,提倡"正确的义利观",与东盟国家建立"命运共同体",这些集中体现了对周边的重视。而在哈萨克斯坦提出建立丝绸之路经济带,在印度尼西亚倡议建设 21 世纪海上丝绸之路,主张兴建中巴经济走廊、中蒙俄经济走廊则是"抓支点国家"之举。

4. 底线思维

意味着该维护的国家利益坚决维护，如坚持要求日本承认钓鱼岛存在争端，以此作为改善两国政治关系的前提条件；要求菲律宾撤回仲裁案，回到政治谈判的轨道上来；在一些西沙与南沙岛礁进行吹沙造地，以强化中国在南海特别是南沙的存在。

5. 强化公众外交

庄园会晤、瀛台夜话是外交方式创新尝试，让中国民众倍感新鲜，意识到外交不仅仅是正襟危坐状态下的严肃交谈，还可以是放松状态下的深入交流，并达到正式交谈所难以起到的效果。此外，习近平在出访中不时用普通百姓的事迹当例子，在讲演中经常引用对方的国家的谚语、民谣，问候语使用东道国语言等，都让关心外交事务的普通民众印象深刻。

在 2014 年 11 月底的中央外事工作会议上，习近平明确提出中国必须有自己特色的大国外交。这不仅是指中国与大国之间的外交关系，而是说，中国作为大国，外交政策要不同于既往大国。前述列举的若干特征，难免挂一漏万。这有赖于方家的补全。

（此文以《成型中的习式外交》为题，2014 年 12 月 31 日发表于中国网"观点中国"栏目）

4.8 习近平外交：2015 年成果分析

核心内容：回顾 2015 年，习近平外交的基调是主动谋划、积极进取。大国外交上重视平衡与责任，抓周边国家与经济领域，底线思维在南海问题上得到体现，公众外交则表现在体育、文化、"夫人外交"等方面。

2014 年底笔者概括了习式外交的五个特点：日益强烈的大国意识，积极进取，重视周边、抓支点国家，底线思维，强化公众外交。2015 年是"一带一路"战略落实年，积极进取、主动谋划是今年习式外交的基调，其他几个方面则展示了不同的亮点。

大国意识、大国思维、大国外交体现在交往、平衡、责任等方面。 在这一年里，习近平访问了安理会其他四个常任理事国。这在中国最高领导人中属于小概率事件，但他在 2015 年 7 月 8 日到 11 月 29 日这不到五个月的时间里就做到了遍访，而且俄罗斯、美国、英国都是出访的唯一目的国。除了常任理事国外，他还接待了德国、法国、印度等大国领导人的来访，并与日本领导人再次会面。中等国家方面，他访问了巴基斯坦、印度尼西亚、越南、土耳其、澳大利亚、南非等国，接待了韩国、越南、哈萨克斯坦等国领导人。这些展示了大国之间、地域之间、大国与中等国家之间的多重平衡。他也凸显了大国的担当，如在出访蒙古与新加坡时都表示欢迎周边国家搭中国经济发展的便车，在蒙古还说过，与发展中国家合作时，将在一些具体项目上照顾对方的利益。

"一带一路"的重点区域是周边，重点领域是经济。为推进落实"一带一路"，他访问了蒙古、巴基斯坦、越南、新加坡、印度尼西亚等北、西南、南等多个方向的周边国家，强调中国将周边置于外交全局的首要位置，视促进周边和平、稳定、发展为己任，"一带一路"倡议的首要合作伙伴与受益对象都是周边国家。在访问支点国家巴基斯坦时，他签署了大量合作项目，其首期金额即达 460 亿美元。除了在北京接待普京总统，习近平还两度访问俄罗斯，并在 5 月初的访问中与俄方签署《关于丝绸之路经济带建设与欧亚经济联盟建设对接合作的联合声明》。在东部方向，4 月份实现了与日本首相半年内的第二次会面，推动两国政治关系走向缓和。值得一提的是，借助新加坡，两岸领导人实现了 66 年来的首次会晤。

坚守底线的突出例子是，在南海问题上坚决顶住美国多方面的压力，坚持按自己的步骤完成部分驻守南沙岛礁的陆域吹填，为中国在南沙海域获得与实力地位相称的存在奠定基础。这是南海争端各方走向合作的必要条件，同时中国也表明不在南海搞军事化，除了必要的防御设施外，这些岛礁将修建民用设施为地区国家提供公共产品和服务。没有在南沙海域的适当存在，中国推动南沙争端的解决、争端方之间的合作开发等就缺乏适当的抓手。众所周知，南海声索国中，菲律宾、越南、马来西亚、越南都在自己占领的南沙岛礁上修机场、港口，并派驻军队，同时还进行了一些开发性移民，以此作为其在南沙海域展示存在、进行油气开发的支撑。

习式外交的一大特色是**公共外交，或叫公民外交**。这包括几个方面：文化方面，习近平在福建时期就有爱读书的名声，长期而广泛的涉猎，使得他在中西方文化两方面都有比较丰厚的积淀，外交出访时这方面的展露为他的外交活动增色添香；体育方面的爱好与特长则拉近了他与国外同好（特别是足球迷）的心理距离，以至于阿奎罗拉着他与卡梅伦玩自拍；个性方面，偶尔的率性表达（如说夫人不让多吃肉）则让普通人心有戚戚焉；夫人外交更是习式公共外交的一大加分因素。中国第一夫人外交的作用是综合的，但就公共外交而言，彭丽媛女士所发挥的影响已经足以让其他第一夫人妒忌与羡慕。

改革开放以来，中国外交原则是"大国是关键、周边是首要、发展中国家是基础、多边是舞台"，这显示外交的两大重心是大国与周边。随着"一带一路"战略的推进，周边外交的相对重要性在显著增加。从可提升的空间看，周边外交的重要性无疑将超过大国外交。2015 年则是外交重心从大国转向周边的转圜之年。这要求中国制定相应的周边外交方略，并以此为依据指导外交行为。这方面习式外交还有改进的余地。笔者将专文论述这个问题。

（此文以《2015：习式外交奋发年》为题，2015 年 12 月 30 日发表于中国网 "观点中国" 栏目）

APPENDIX

The Belt and Road (B&R) Initiative, proposed by Chinese government in 2013, is a top level design of China's foreign relations and a great strategy as well. It will last for at least ten years. Scholars can do a lot with it. This book is a collection of papers related to B&R I wrote in the past two years. The followings are some of them published in English world. They mainly focus on B&R and transformation of China's foreign policy. I really appreciate co-authors of these English commentaries.

◇◇ Appendix Ⅰ: The main challenges facing China [①]

After enjoying rapid development for nearly 40 years, China is at a turning point in terms of both economic growth and social development. In this series, Dr. Xue Li examines the five most critical challenges and potential pitfalls China faces today.

Environmental pollution is a great challenge that China must face during its next stage of development. Everyone has gradually come to realize this, though

---

① Xue Li, China's Potential Pitfalls #1: The Environment, the Diplomat, November 10, 11, 12, 13, 14, 2015.

some local governments persist in taking the view that development must have top priority. Other localities, however, are already willing to sacrifice some economic development for the sake of the environment. Even some of China's less-developed regions are consciously choosing low-pollution means of economic development.

From the experience of developed countries, we know that remediating pollution problems and restoring the environment is possible but expensive. That means China's environmental problems, to an extent, can only be solved by further economic development.

Although China's economy has seen a long-term period of rapid growth, the process of industrialization is still incomplete, while urbanization has even further to go. Thus China's overall energy consumption as well as its per capita energy use are both rising. Yet China has already pledged that its carbon dioxide emissions will peak by 2030, with a concerted effort toward reaching peak emissions even sooner. Also by 2030, China plans to have non-fossil fuels account for 20 percent of its total energy use (in 2013, non-fossil fuels made up 9.6 percent of China's energy use).

This makes it clear that the Chinese government has already realized that, although adjusting the make-up of its energy consumption is difficult, it must be done. But because there still isn't enough recognition of the problem and because of entangled bureaucratic interests, China still must take further steps to strengthen the implementation of these changes to its energy matrix.

First, China must be firm and resolute in its determination to lower the proportion of coal in China's total energy consumption. China must lower the proportion of coal from 67.5 percent of China's total energy use in 2013 to less than 40 percent, and the sooner the better by 2030 at the latest. China is already the world's largest emitter of greenhouse gases, and accounts for over half of global coal consumption. Coal is a carbon-intensive source of energy; the current measures to clean up coal (such as the coal chemical industry) are only diverting the pollution problem. Meanwhile, carbon sequestration, through helpful in reducing pollution, is prohibitively expensive (and has its own hidden costs).

The main reason why it is so difficult to reduce the proportion of coal is that coal is so cheap. But this doesn't take into account the costs of environmental pollution, and the harm caused to human health. China should realize that, if it hopes to significantly reduce environmental pollution caused by energy use and realistically achieve the goal of sustainable development, reducing coal use is the best choice.

What can China use to replace coal? I've researched this topic before, and there are a number of possibilities: natural gas being the most promising, followed by nuclear power, then hydropower, wind power, solar power, and bioenergy.

Of all the fossil fuels, natural gas is the best choice obviously better than coal, but also preferable to oil. The proportion of natural gas in China's energy consumption should rise from 5. 1 percent in 2013 to 30 percent or higher, surpassing oil (which accounted for 17. 8 percent of energy consumption in 2013). Nuclear energy, meanwhile, should rise from 0. 9 percent to 10 percent or more in China's total energy use. Many people oppose nuclear energy use, but the undeniable fact is that after a comprehensive look at the technological level required, environmental protection concerns, safety, and economic factors, nuclear power is second only to natural gas as an energy choice.

Hydropower is clean energy, but it already accounts for 7. 2 percent of China's total energy consumption; there's no room for more large-scale growth.

Currently, wind, solar, and bioenergy sources combined account for only 1. 5 percent of China's energy use. For a high-energy consumer like China, it will be hard to use these three as primary energy sources, but bioenergy has the greatest long-term potential for development.

On the economic side, by and large the market economy has taken the leading role, but there are some serious shortcomings. The government still intervenes too much in the economy. This problem of improper intervention in the economy has not been solved. To cite just two examples:

First, the stock market bears clear signs of being a policy-driven market. The recent classic example is the government's violent intervention to rescue the market. Regrettably, not only was this action ineffective, it also provided evidence to those abroad who doubt whether China has a market economy. Fortunately, the government has taken note of that and is making suitable adjustments. This new recalibration will be likely to suit the needs of a market economy.

Second, restrictions on and discrimination against private sector enterprises remains a problem. Private sector enterprises already provide employment for most of China's labor force and account for most of China's GDP. However, many fields restrict or forbid the entry of private enterprises. The proportion of state-owned enterprises (SOEs) is too large. SOEs are less efficient and yet still often get special treatment, such as being granted monopoly status or special subsidies. This leads to unfair market conditions and to the waste and reverse flows of economic resources.

Politically, leaders at every level of China's government have too much overall influence on the area which they govern. A change in leaders brings on a cascade of new policies — big changes in planning for economic development, in urban construction and planning, and in the bureaucratic system. Meanwhile, the problem of inadequate oversight of the top leaders at each level has not been solved. Plus, there is no mechanism for effectively constraining the growth of local debt. According to European and U. S. standards, some Chinese local governments are in fact already bankrupt.

China's Social Stability: Political and Economic Factors

Over the past 30-plus years, several factors have made it possible for China to maintain its overall social stability. For one thing, an enormous amount of capital has been expended on maintaining social stability. However, China faces constraints how much it can increase and intensify spending on social stability. Social stability expenses already exceed military spending and there is limited room for further increases.

Another factor in China's social stability is that officials have co-opted political, economic, and cultural elites. Political elites are given status as members of the People's Congress or as members of the Political Consultative Congress and invited to join government leaders' delegations visiting foreign countries. Economic elites are allowed to join the Party and even enjoy special permissions and support for their commercial activities (Geely's purchase of Volvo is a classic example). In the academic world, elites get opportunities to participate in politics, planning, and policymaking, and thereby earn a comfortable income. Most people, and particularly elites, fear chaos. Once these elites have been co-opted into the government system through the means listed above, they generally support it.

However, the most important factor in keeping China's social stability has been the political legitimacy that economic growth has brought with it (what we might call GDP-based legitimacy). But economic growth has a cyclical character. The Chinese economy, which has already grown rapidly for several decades, will at some point change to low growth, zero growth, or even negative growth. All this would be normal. But if there are economic issues, then there will also be political issues.

Dramatically slowed growth will create many different chain reactions in China, both from society at large (such as more mass incidents) and from within the Party. The case of the Soviet Union shows that some party cadres from rich families are always looking for opportunities to legalize and become open about their personal fortunes. This kind of attitude — that the misfortune of the country is an individual cadre's good fortune — under certain circumstances becomes a threat to state stability. There could also be threats from outside, if the United States or even Taiwan decides to take advantage of China's slowing growth.

China lacks core values-values that are widely believed in by both officials and the people and reflected in their actions. Core values can also be understood as a system of cultural and political beliefs.

In place of core values, we see the "religion" of worshiping money and material things widely manifested in China. As an example, when Chinese people make pilgrimages to temples throughout the country, they often throw coins to supplement their requests. We see piles of coins on the back of holy tortoise, on the feet of Buddha, and thrown into free Life pond. These sparkling coins are reflected in popular sayings such as "If you have money you can gets ghosts to act" and "Celestial beings can also be bribed."

It is understandable that such a phenomenon might appear at a certain stage in the commodity economy, but it is not normal. It reflects the lack of religious belief among the people and the rule of the religion of worship of money and material things superimposed on the pragmatic psychology of the Chinese people.

Core values go beyond religion, of course-they reflect the cultural characteristics of a group of people. These are the sources of the group's cohesiveness. Politically, core values are the source of the state identity. For a multiethnic state, this has political implications: the absence of support for a set of core values will affect the stability and even existence of the state. Such a state would lack a solid foundation for its development and rise. Therefore, establishing a shared system of cultural and political beliefs is a fundamental problem that China needs to solve.

Thanks to this lack of core values, there are two social and cultural phenomena worthy of note in China today. The first is that people have a general feeling of dissatisfaction. No matter whether we are talking about leftists, moderates, or rightists; activists, advocates of the status quo, or conservatives; high-ranking cadres, mid-level leaders or grassroots cadres; the wealthy, the middle class, or the poor. Nearly everyone is dissatisfied with the present state of society and with their own personal situation. Many people even hate the rich and officials.

The second phenomenon is a general feeling of insecurity. Officials, owners of small and medium sized enterprises, scholars-especially those intellectuals in the humanities and in the social sciences, workers, migrant workers, and peasants all feel insecure, though for different reasons. Some feel insecure about their property, some about their official position, and some because of the views that they have expressed and still others because of their health insurance. Still others feel insecure about the prospects for their businesses, and others feel insecure about their right to reside in a big city and the related problem of their children's right to an education in that city. Some feel insecure about their lands, which they have cultivation rights to under the contract responsibility system.

How do people handle this insecurity? Some officials or wealthy businessmen transfer their property and send their wives and children abroad. Some entrepreneurs register their companies outside the mainland. Some peasants focus on maximizing their short-term gains by exploiting the land that they work under the contract responsibility system. These are all manifestations of feelings of insecurity, and most people are familiar with these issues.

What few people understand are the insecurities of the middle class in China's big cities, especially in Beijing and Shanghai. Typically, these people have been working hard in the big city for ten-odd years; they have a house and children. They no longer fit in to their old homes in the countryside. They have already become city people, except for the problem of city resident household registration (a hukou). Suddenly one day they find that their child, because of the hukou problem, can't get into a good local primary school or lower middle school. Even worse, their child can't attend a local high school and must return to their old home to take the high school entrance examination.

These families face a difficult choice: they can give up their jobs in the city and have the whole family return to their former home for several years; the husband and wife can live apart while one returns to their former residence with the child; or they can send the child back to their former home alone to study. The alternative is for the child to settle for a mediocre high school in the city and then takes the examination for a technical vocational school, giving up on higher education. Any choice they make will have serious consequences.

These families feel deeply conflicted. You can just imagine the dissatisfaction, the feelings of insecurity and even anger that this leads to. These people are relatively small in number, but they are symbolic. They are the touchstone of China's urbanization and the foundation of China's social stability.

This level of dissatisfaction and insecurity did not exist in the 1980s. These issues became apparent in the 1990s and have now become serious. This means that China's society has become sick and needs treatment. Many people say that these are development problems, they arise during a period of development and can only be solved by further economic growth. But the issue of core values will not be fixed by economic development.

China's problem with separatist forces is related to the issue of cores values, but it is not completely the same thing. China has two kinds of separatist forces: separatist forces in mainland China (i. e. advocates for "Xinjiang independence" and "Tibet independence") and Taiwan separatist forces (Taiwan independence). Let's look at each of these issues briefly:

When it comes to "Tibet independence", we perhaps should seize the moment and start negotiations with the Dalai Lama. This would be to China's advantage since the Dalai Lama and the Chinese government have a long history of interaction spanning decades. They understand each other fairly well. The Dalai Lama's views are more moderate compared with the younger generation of ouevsea Tibetah. For example, the Dalai Lama has not openly supported independence. But he is already 80 years old so time is running out.

The Xinjiang issue is more complicated, as we will see. The Chinese government has, for several years, taken a multi-pronged approach to "Xinjiang independence." The government has resolutely attacked "Xinjiang independence" forces and actions; it has developed a "group defense and group solution" that aims to destroy even the first sprouts of Xinjiang separatism. The government has strengthened border controls to prevent "Xinjiang independence" forces from fleeing across the border while at the same time taking measures to facilitate the entry and exit of ordinary citizens. The government has invested in economic development in order to weaken the economic factors that favor the rise of the "three forces" — religious extremism, ethnic separatism, and violent terrorism.

The problem confronting us today is that the "three forces" are spreading outside Xinjiang to other Chinese provinces as well as beyond China's borders. However, the real threat to the long range stability and development of Xinjiang is religious extremism. Religious extremists infiltrate the ethnic culture of the Uyghurs, thereby influencing the daily lives and worldview of ordinary people. They plot in this way to weaken local governments.

Finally, "Taiwan independence" is certainly a challenge. During Ma Ying-jeou's time in office, cross-strait relations were relatively stable and economic ties strengthened. However Ma's successor will very possibly be Tsai Ing-wen. Her spiritual mentor is former President Lee Teng-hui, who has a reputation as a "Taiwan independence" advocate. In 1999, Lee even proposed the idea of "special state-to-state relations" to govern cross-strait relations. Tsai, as a council member, contributed to planning on the National Security Council and National Reunification Council. Then, in 2002, President Chen Shui-bian in 2002 proposed the idea of "a country on each side of the Taiwan Strait" and Tsai, as chair of the Mainland Affairs Council, made important contributions.

Tsai is a knowledgeable person, a strategic thinker who believes in "Taiwan independence" who will certainly show that she is inferior to none of her male colleagues. We should not lightly assume that she has changed her political views because of words spoken during an election campaign. Any move toward Taiwan independence would cross the mainland's red line and could spark military action — which would severely damage China's foreign trade and economic situation.

China's final potential pitfall is the foreign threat, which comes principally from the United States. Westernizing China remains to be the long-term goal of the United States, and the medium-term goal of dragging China into the current world order is also a westernization tactic.

Over the short term, Americans are working hard to establish win-win cooperation with China. But if China should fall into difficulties, the U. S. will adjust its policy goals. If economic stagnation and mass social unrest should appear in China, the forces aiming to divide the mainland will grow stronger, and those in the U. S. who want to westernize China (and fundamentally obliterate China's capacity to challenge the United States) will see their goals as more realistic.

Ever since China began its reform and opening-up policy, the principal strategy of the United States has been engagement first and prevention second. Since 2014, however, this has been trending toward prevention first and engagement second. The South China Sea issue is now the touchstone for the United States in its monitoring of trends in Chinese foreign policy. Meanwhile, the U. S. has become more and more directly involved in the South China Sea issue. It is now one of the main players.

However, the principal goal of the United States in acting this way is not to contain China (as it contained the Soviet Union during the Cold War), but instead to maintain the regional balance of power, maintain regional stability, and to protect its interests. In order to do this, the U. S. needs to have a fairly clear understanding of China's policy goals in the South China Sea. Therefore the U. S. finds it hard to accept China's ambiguous policies. However, the South China Sea is not a core interest of the United States and so it is unlikely to fight a war with China over the South China Sea.

In fact, neither China nor the United States have any intention of fighting a war in the South China Sea. The disagreement about the South China Sea is actually being controlled effectively by both sides. China is also adjusting its own South China Sea policy in order to facilitate the accomplishment of its "21st-Century Maritime Silk Road" strategy. China and the United States need to maintain communication about the South China Sea issue so that they will be able to reach more understandings and to avoid miscalculations.

If China is able to successfully respond to the five challenges I've listed in this paper, it will not stumble on the threshold of becoming a developed country. China could continue to develop until it becomes the most powerful country in the world — this is the goal of the Chinese renaissance. However, if China is not able to respond effectively, these challenges could become pitfalls on the road to China's rise.

(translation courtesy of Gao Dawei)

◇ Appendix Ⅱ: The main foreign risks facing B&R [1]

In 2014, "the Belt and Road" (B&R), a reference to the Silk Road Economic Belt and the 21st-Century Maritime Silk Road, were the keywords for Chinese diplomacy. The B&R strategy has become China's major foreign policy goal, Beijing will promote this initiative economically, politically, militarily and culturally over the next eight to ten years. In Chinese academia, it's often said that 2013 marked the conception of the B&R idea, while 2014 saw its operationalization. In 2015, the main task will be fully implementing B&R.

---

[1] Xue Li and Xu Yanzhuo, "How China Can Perfect Its 'Silk Road' strategy", *The Diplomat*, April 9, 2015.

In 2014, preparations for the B&R strategy made remarkable progress. Politically, China made use of the Conference on Interaction and Confidence-Building Measures in Asia (CICA) and a dual-track approach; economically, Beijing advanced several economic corridors and upgraded the China-ASEAN free trade zone, as well as the Asia-Pacific free trade zone. All these examples hint that China is undergoing a strategic foreign policy transformation — that is the policy of "keeping a low profile" is fading, as it cannot fully reflect the new government's diplomatic ambitions. Being "proactive and enterprising", in the words of Zhao Kejin and Yan Xuetong, is Beijing's new diplomatic approach. Neighborhood diplomacy has a significant role in this strategy and will probably become more important than the traditional diplomatic priority of China-U. S. relations.

The success of this new B&R strategy depends on three factors. First, how should China assess the United States' "rebalance to Asia" —is it containment or hedging? Second, how can China gain recognition and cooperation from countries along the Belt and Road? Third, how can China avoid economic and political risks as much as possible?

How to assess the U. S. "rebalance to Asia"?

Washington launched its rebalance strategy because of China's rise. In the same way, Beijing put forward the B&R initiative partly in response to the negative impacts of the U. S. Asia-Pacific rebalance.

As a result, how China assesses the rebalance will have a large impact on Beijing's reaction and countermeasures. If the strategy was introduced to contain China, then Beijing has to confront it by establishing and enlarging alliances as well as exploring quasi-allies and partnerships with friendly countries. In that way, China can expand its political clout and dilute U. S. influence in China's periphery.

But the strategy may not be targeted at containing China. Instead, perhaps the rebalance aims to deliver a message: that the U. S. has the capability to confront China, but won't do so except as a last resort. Instead, the U. S. hopes that China will pursue its national interests in an internationally accepted way and play a bigger role in international affairs. In short, such a rebalance is a hedging strategy that has the dual aims of both engagement and prevention. In this case, there is considerable overlap between U. S. and Chinese strategic goals and simultaneous competition and cooperation will become the new normal.

Many people have argued that the U. S. is in fact trying to contain China. The general argument is that Washington is attempting to westernize China ideologically and politically; strengthening alliances and support China's rivals; preventing the sale of advanced technology and arms to China; pushing China to adopt a market economy; and promoting cultural infiltration through exchanges and training.

However, of all the above points, only "westernizing China ideologically and politically" fits the mold of containment. The other factors are better explained as a hedging strategy. And the U. S. is pragmatic enough to realize that, having had so much trouble dealing with Iraq and Afghanistan, it's not capable of "westernizing China". Indeed, the U. S. isn't seeking to westernize China; instead Obama's rebalance to Asia fits with the traditional Anglo-Saxon strategy for foreign policy.

The main driving force of the British Empire's global expansion was the pursuit of commercial interests. Creating a balance of power and fostering regional stability could help to realize commercial goals; hence these became the core of the British Empire's strategy. That entailed helping the weaker side in order to promote a regional balance of power and preventing the rise of a regional power or at least reducing its impact on British security and interests. Britain put these practices to use in its continental policy for hundreds of years. After World War Ⅱ, the superpower U. S. adopted the idea of balancing in its regional strategies: for instance, supporting Western Europe's confrontation with the Soviet Union and its Eastern European allies; supporting Pakistan against India in South Asia; confronting communist countries through a series of bilateral alliance in East Asia. At present, Washington favors Japan in the East China Sea disputes and other claimants in the South China Sea disputes in order to balance out China's rise.

In the post-Cold War era, the biggest challenge for the U. S. is a rapidly rising China. During the Clinton administration, Washington had a clear hedging strategy toward Beijing — that is, both engagement and prevention. At that time, China lacked the capability to challenge the U. S. Thus, Washington highlighted engagement in order to involve China in the international political and economic system. After the global financial crisis in 2008, China has increasingly played a significant role in world politics and economics; thus the U. S. started to adjust its China policy. Since China does not accept the idea of a "G2", the Obama administration began to emphasize prevention. Washington launched the "pivot to Asia", later rebranded the "rebalance to Asia". At the same time, it put forward the idea of an "Indo-Asia-Pacific" to woo South Asian countries while balancing China. It is worth noting that the U. S. has not given up on engaging with China.

How to resolve the distrust of neighboring countries?

Recently, China has tried to establish all kinds of international mechanisms with itself in a leadership role. Beijing has also emphasized great power relations and continued to advocate a non-aligned policy while taking aggressive steps in its maritime disputes. Thus, the surrounding countries are concerned that China's pursuit of its own national interests could harm its neighbors. Because of this fear, many countries have adopted a dual strategy of relying on China economically and relying on the U. S. for security.

A successful implementation of the B&R strategy will help to gain real understanding and support from countries along the Silk Road routes, especially on the security front. This may be the biggest challenge of the entire B&R strategy. To begin, China could build fumctional mini multilateral security mechanisms, such as establishing a common fishing ban system in the South China Sea and carrying out joint patrols as well as bilateral and multilateral military exercises.

Economically, China has advanced its B&R strategy through investment and the joint construction of infrastructure, in order to share China's economic growth with Silk Road countries. However, many small and medium-sized countries are worried that economic dependence on China will lead to a flood of Chinese immigrants as well as an increase in domestic corruption. It's hard to find examples of this happening in previous cases of investment from developed countries, but still Beijing has to make an effort to address these concerns.

There are other challenges as well. Some Silk Road countries are concerned about the negative effects large construction projects will have on the environment, while some small countries worry that large-scale investment will alter their traditional culture and way of life. The Chinese government is currently searching for solutions to these problems domestically, but the current situation requires China to also solve these problems as they apply to foreign investments. Although it will be very difficult to solve these problems, China has no choice.

How to avoid political and economic risks?

A rising country inevitably needs to establish its own political, security, economic, and cultural space. Historically, that space has been exclusive. Even today, the U. S. rebalance to Asia-pacific seeks to build exclusive security and economic mechanisms — strengthening bilateral alliances and quasi-alliances and launching the exclusive Trans-Pacific Partnership (TPP).

China has acted differently. China welcomes U. S. engagement in regional mechanisms led by Beijing, such as the Free Trade Area of the Asia-Pacific and the Asian Infrastructure Investment Bank (AIIB). Compared to U. S. initiatives, China's actions reveal more openness, inclusiveness, and even morality.

Building its own regional space is a necessary step on China's path to becoming a global power. Since China's strengths lie in the economic sphere, the B&R mainly focuses on economic cooperation. But frankly, revitalizing the economies of all the Silk Road countries is a task beyond any single state's capability and responsibility. Hence, China should be cautious about the economic and political risks in implementing its B&R strategy.

Many analysts have argued that the main domestic driving force of the B&R strategy is a need to reduce foreign exchange reserves and to transfer excess capacity. However, the three principles of dealing foreign exchange reserves are security, liquidity, and profitability, with security as the most important. Considering that the investment environment in Silk Road countries is not as developed as the environment in Europe and the U. S. , the return on investment is likely to be low. Some investments may even become bad debts. It's a serious violation of the principles of foreign exchange reserves management to have these funds become bad debts. China needs to avoid this by all means.

As for the question of excess capacity, let's take the steel industry as an example. Even if the demand for steel from Silk Road countries equals the demand of China's domestic railway consumption (itself an impressive figure), China still could not solve the problem of excess steel. In 2014, steel consumption for domestic railway construction totaled 21 million tons; the volume of excess steel reached 450 million tons. That massive discrepancy can't be solved by transferring materials to other countries. In this case, shutting down the factories may be the only solution, even if it is painful.

Additionally, it is also worth noting the political risks of the B&R strategy. Many Silk Road countries suffer from political instability, serious corruption and/ or the threat of terrorism. How to find political stable countries with economic potential that are willing to cooperate with China? This should be a major research question for the B&R strategy. We can loosely categorize Silk Road countries into four groups: small and medium-sized countries; countries that have territorial disputes with China; countries that are sub-regional powers; and countries that could potentially act as "pivot states" (meaning they are reliable partners for China and reach a certain threshold of national power) . Countries in this last group are the key to the B&R strategy.

Summary

This article has raised three questions (or risks) facing the B&R strategy. However, any assessments or adjustments to China's development strategy made in response to these questions should also be considered a necessary part of China's overall rise. The B&R strategy is a blueprint for China to become a comprehensive global power.

The B&R is in competition with the U. S. "rebalance to Asia-pacific. " This competition will test various aspects of China and the United States' national capabilities. If China can properly implement the B&R strategy, it is possible for Beijing to change "America's" Asia-Pacific into "China's neighborhood" . Conversely, if the B&R fails, it will mean opportunities for the U. S. and trouble for China.

The B&R is China's attempt to evolve from a regional power with global influence to a comprehensive global power. The strategy has been decided, but the details could determine success or failure. China is already relatively strong, but it must cautiously consider points of emphasis and its own capabilities in implementing this strategy. China does not want to become the finance ministry of Silk Road countries.

◇◇ Appendix Ⅲ : Rethinking China's diplomacy ①

President Xi Jinping underlined the importance of China's neighborhood diplomacy at the Central Conference on Work Relating to Foreign Affairs held in Beijing on Friday and Saturday. He stressed that "we should promote neighborhood diplomacy, turn China's neighborhood areas into a community of shared destiny, continue to follow the principles of amity, sincerity, mutual benefit and inclusiveness in conducting neighborhood diplomacy, promote friendship and partnership with our neighbors, foster an amicable, secure and prosperous neighbor-

---

① "Confidence can help Diplomacy", *China Daily*, December 2, 2014.

hood environment, and boost win-win cooperation and connectivity with our neighbors. "

But to do a good job in neighborhood diplomacy, we also need to build up our confidence.

Diplomacy among neighboring countries has been a hot topic in the Chinese media. When Indian Prime Minister Narendra Modi visited Japan in September, it was interpreted as "echoing" Japan's intention of containing China. Vietnamese Prime Minster Nguyen Tan Dung was said to be giving "support to India against China" when he visited India. Even Philippine President Benigno Aquino III's tour to Europe was reported with headlines "seeking support for disputes in the South China Sea".

Such assertions show domestic public opinion lacks confidence, and is sometimes too nervous. Actually, cooperation is the trend in global politics, which is both advocated and followed by China.

For historical reasons, China has territorial disputes with many neighbors. Some of them, for example India, are successfully controlling the disputes and preventing the disputes from hindering economic cooperation.

Some others, though, have failed to control the territorial disputes and as a result they have affected mutual economic ties; among them Japan, the Philippines and Vietnam. It is these nations that some Chinese media and analysts worry and speculate about, especially when their moves involve global powers such as the United States. Many media typically describe the moves as "containing China".

(translation courtesy of Zhang Zhouxiang)

◇◇ Appendix IV: Reform of China' foreign policy making [①]

China's foreign policy agenda will change significantly as it implements its "the Belt Road" (B&R) strategy. Not only will the number of departments involved greatly increase, but the field for proactive initiatives will expand. However, as foreign policy is made with incomplete information, it's likely that the chances of mistakes in China's policymaking process will also rise.

Since it is impossible to avoid policymaking mistakes, it's a more realistic goal to reduce the number of mistakes by improving the collection and analysis of relevant information, strengthening the selection and summary of policy suggestions, and enhancing the quality of policymaking. This article will deal with the problems facing China's foreign policy decision-making. We will make suggestions for improving the process in tomorrow's piece.

The U. S. has a well-developed foreign policy making mechanism, where the government departments (and sometimes specialized agencies) are responsible for collecting and analyzing information and giving policy advice. Meanwhile, professional institutions (mainly think tanks) provide policy suggestions. The National Security Council and Cabinet will select, judge, and summarize the numerous policy suggestions, then form and recommend some plans for the president. The president then makes the final choice.

[①] Xue Li and Xu Yanzhuo, "The Problems With China's Foreign Policy Bureaucracy", *The Diplomat*, April 17, 2015; Xue Li and Xu Yanzhuo, "How to Fix China's Foreign Policy", *The Diplomat*, April 18, 2015.

In contrast, China's foreign policymaking mechanism has flaws in each step of the process: the collection and analysis of information, the selection and summary of policy suggestions, and the decision making.

Research and Analysis

In terms of research and analysis, each agency and its affiliated institutions have exclusive information relating to their own specialty (just as in the U. S.). Policy suggestions are often based on the agency's own interests or its leaders' concerns, particularly in China. There just aren't enough capable, independent, and professional researchers in the Foreign Ministry (MOFA) and the International Department of the Communist Party of China's Central Committee (IDCC), and those with talent aren't used to the fullest extent.

Specialized research institutions previously affiliated with the IDCC split off in the 1970s and 1980s. This led to a lack of research support just as the IDCC resumed large-scale diplomatic efforts in the 1990s (especially party-to-party diplomacy).

At the same time, MOFA, to some extent, faces a similar lack of research institutions and specialists. It has three major research institutions: the Department of Policy Planning (DPP), the China Institute of International Studies (CIIS) and China Foreign Affairs University (CFAU).

The DPP, although in theory responsible for research, actually makes little commitment to research. Because "there are no ' trivial ' issues in diplomacy", the limited number of DPP personnel are kept busy dealing with diplomatic affairs.

Compared to DPP, CIIS and CFAU have stronger research capabilities and often participate in fieldwork assigned by MOFA. CIIS focuses on policy analysis and provides internal reports, but it only has a few dozen researchers and has less comprehensive influence than its counterpart with the Ministry of State Security, the China Institutes of Contemporary International Relations (CICIR). CFAU engages in both policy analysis and theoretical research and has made outstanding contributions to IR theory and methodology. However, their affiliation to MOFA has limited both of these institutions' ability to provide comprehensive diplomatic policy suggestions, especially when the results may go against the interests of MOFA.

Being independent of MOFA, other professional research organizations have started to play their role through a few prestigious scholars who provide policy advice. However, this advice is often made on the basis of the scholar's personal knowledge and experience rather than based on empirical research projects.

We've started to see some commissioned research projects, but they face two limitations. One, researchers can hardly provide deep thinking and analysis in a limited time; sometimes the reports are submitted as a quick, initial response. We often see this phenomenon in political studies. Two, the commissioning department has a clear bias for certain research results. Sometimes, the projects only serve as an academic endorsement for the patron's arguments. We often see this in economic studies and projects commissioned by local governments.

Policymaking

Regarding the policymaking process, top leaders don't choose between a few proposals with clear distinguishing features, presented in order of preference. Instead, they often make decisions based on their awareness of certain problems and the research they authorized on that subject. Research authorized by leaders often paints an incomplete picture. Leaders are also faced with large number of incomplete policy suggestions or are lobbied by certain departments and political elites. Under these circumstances, leaders find it hard to choose among numerous suggestions while the lobbying sides do not consider the national interests as a whole. In general, the foreign policymaking process is incoherent.

The key problem is the lack of a "policy suggestion and selection agency", meaning a department that is responsible for selecting, summarizing, and judging all kinds of policy suggestions.

In theory, the Office of Foreign Affairs of the CPC Central Committee could play this selection role; however, in practice, considering its status, it can only serve as an implementation agency. By contrast, the Foreign Affairs Leading Group has a high enough administrative rank and is broadly representative, but as a non-permanent agency it cannot function regularly as a policy selection and summary body. The Policy Research Office of the CPC Central Committee, whose entrusted responsibility is "policy design and related theoretical research," can only partly fulfill the task. Meanwhile, the National Security Commission was expected to shoulder this responsibility, yet in practice it tends to focus on domestic affairs.

Additionally, the foreign minister's administrative level is not high enough to allow him to select policy suggestions. In a party-led decision making system, the state councilor, who is responsible for foreign affairs, serves as the top figure, yet even he is not one of the 25 Politburo members. In China's bureaucratic system, the state councilor does not make the top 30, and the foreign minister has an even lower status. As a result, the MOFA has been downgraded from "decision makers" to "policy implementers". The IDCC and other foreign affairs agencies face similar issues.

The Problem of Rank

Because China lacks a systemic mechanism for policymaking, in practice, each cadre's political status, administrative level, and relationship with top leaders all have an impact on decision making. Members of the Politburo, particularly the two vice-chairmen of the Central Military Commission and the secretary of Commission for Political and Legal Affairs, have a much more significant impact on decision making. Due to their occupations, they tend to adopt a tougher approach, which MOFA is unable to argue with. In the past few years, several ineffective diplomatic actions (some even taken without notifying MOFA) can be attributed to these factors.

In the B&R, China is committed to building a regional and global mechanism, which inevitably requires the cooperation of the many relevant countries. In a peaceful era, inter-state cooperation relies on a large amount of profitable exchanges and mutual compromise, which is the major priority and agenda of the MOFA and Ministry of Commerce. However, due to the foreign minister's limited influence, it is hard for him to negotiate profitable exchanges and the effective concessions required for compromise, which would form the basis for policy suggestions to top leaders. It must be said that this is a major reason for China's slow pace in providing regional and global public goods.

China's self-identity has evolved from an "East Asian country" to an "Eurasian country" and finally to "the heart of Asia." It marks a return to an old regional pattern. Although a return to the Sinocentric hierarchical system is neither possible nor desirable, a leading role in the contemporary international system is within China's grasp.

The idea that all nations, big or small, should be treated as equals is one of the basic features of current international society. Today, it is hard for nations to emerge through wars, as has happened historically; a peaceful rise is the most realistic choice. To achieve this goal, China must reform and innovate the conceptual framework, bureaucratic systems, and talent selection of its foreign policy bureaucracy.

In terms of **conceptual frameworks**, China should get rid of its "victim mentality" and be confident. It may be normal to fear that falling behind will get you attacked, but China has already passed through this stage. No state is able to bully China. Putting forward the strategy of "new type of major power relations" indicates China's confidence when it comes to great power relationships.

As a central state in a rapidly developing continent, China is necessary to lead peripheral countries on the path of mutual development—but first the surrounding countries must be willing to be led by Beijing. Thus, China has to gain understanding and trust from its neighbors.

That requires Beijing to have wide-ranging political vision and long-term perspective in its relationship with surrounding countries, especially small and medium states. Furthermore, China should put itself in other countries' shoes and consider those countries' concerns and demands from Beijing. Even if it is impossible for China to fully fulfill their needs, sympathy and understanding toward the situation could be help to deal with tensions. In addition, Beijing should ease its domestic nationalism and cultivate great power tolerance in its citizens.

Regarding **the bureaucratic system**, China should balance the internal and external functions of the National Security Commission (NSC) and strengthen its control over external affairs. Since General Secretary Xi Jinping, who serves as chairman of the NSC, is in charge of domestic issues, China should appoint a standing member of the Politburo as deputy NSC chairman and deputy leader of the Foreign Affairs Leading Group. This official would then be responsible for foreign affairs.

At the same time, the post of foreign minister should be held by a vice premier who is also a member of the Politburo. In addition, candidates for foreign minister should ideally be selected from a pool of non-diplomats; that way, the minister will be expected to focus more on selecting policy suggestions. In support of the deputy chairman mentioned above, the foreign minister could select, summarize, and rank policy suggestions on major diplomatic events. This could largely improve the quality and effectiveness of top leaders' decision making process and the coherence of China's foreign policy. Such a system would also enable China to provide more public goods in the region and even worldwide, furthering China's ability to play a leading role in the regional order and global system.

In terms of **talent selection**, it is necessary to scrap the exclusive system that currently exists in MOFA and largely increase the staff of non-diplomats. In the long run, the solution lies in the separation of political appointees and civil servants but this will require coordination with other ministries.

In the medium term, MOFA at least can start with the following two measures: strengthening off-the-job training and extending training terms, thereby increasing officials' relevant knowledge and skills. An even more effective strategy would be increasing the number of "outsiders", such as enlarging the proportion of non-diplomats in the Foreign Policy Advisory Group (among the newly elected members of the committee, only six out of 29 are non-diplomats). MOFA should also consider strengthening the capabilities of the committee or even upgrading it to be the Foreign Policy Advisory Group of the National Security Commission.

More importantly, it is necessary to appoint experienced specialists and scholars as departmental-level or even ministerial-level officers who are included in decision making agencies. Professor Wang Huning's experience should not be a special case; instead, after a transition period, this should become the new normal.

◇◇Appendix Ⅴ: China's neighborhood diplomacy ①

Under the "One Belt One Road" strategy (B&R), China has two diplomatic priorities: diplomacy toward great powers and diplomacy toward neighboring countries. Neighboring diplomacy obviously has more potential for improvement than diplomacy toward the United States. During his visit to Singapore in November 2015, President Xi Jinping expounded clearly that neighborhood will be important for China's overall diplomacy, and China will take on the duty of promoting neighboring peace, stability, and development. Xi also declared that neighboring countries will benefit from B&R and become the chief cooperative partners of China.

Based on Chinese diplomacy in 2015, the first year of B&R enforcement, the gravity of Chinese diplomacy is turning from great powers, especially the United States, toward neighboring countries. Moving forward, China's diplomacy toward great powers, including the U. S. , will decline, relatively . China, now identifying itself as a comprehensive great power, will try to adopt a more bal-

---

① Xue Li and Zheng Yuwen, "A Blueprint for China's Neighborhood Diplomacy", *The Diplomat*, March 30, 2016.

anced approach to great power diplomacy, compared to previously when the Sino-U. S. relationship was the "core of the core" of Chinese diplomacy (中国外交的重中之重). Now, neighborhood diplomacy is moving to the center of Chinese diplomacy.

However, there are huge differences among the large number of neighboring countries. Based on that, China has to work out a conception on how to tackle each of them.

China's neighbors

China defines its neighbors broadly. Neighboring countries refer to those who are located east of the Ural Mountains, the Bosporus Strait and the Suez Canal; south of the Caucasus Mountains; and west of the Bering Sea. There are 63 such countries, which implies that China should not, and cannot, conduct an equidistant diplomacy. China needs to sort its 62 neighboring countries then define the level, strength, pattern, and fields of diplomatic policy toward these countries.

China's neighbors can be divided geographically into sub-regions: Northeast Asia (Japan, North Korea, Russia, South Korea and Mongolia), Southeast Asia (divided into two parts: the countries on the Indochina Peninsula, including Vietnam, Laos, Cambodia, Burma, and Thailand and the island countries, including Malaysia, Singapore, Brunei, the Philippines, Indonesia and East Timor), South Asia (India, Pakistan, Bangladesh, Nepal, Bhutan, Sri Lanka, and the Maldives), West Asia (the six countries of the Gulf Cooperation Council, Iran, Iraq, Afghanistan, Turkey, Israel, Palestine, Cyprus, Lebanon, Syria, and Jordan), Central Asia (Kazakhstan, Uzbekistan, Turkmenistan, Tajikistan, and Kyrgyzstan), the South Caucasus (Georgia, Azerbaijan, and Armenia) and Oceania (Australia, New Zealand, Papua New Guinea, and the 11 Pacific Islands countries).

According to their comprehensive power and relations with China, these countries could be divided into four main categories: sub-regional great powers (SGP), sub-regional secondary great powers (SSGP), sub-regional small and middle powers with close relations with China (SSCC), and other sub-regional small and middle powers (SSMP).

Focusing on China's more immediate neighborhood, SGPs include Japan, Indonesia, Vietnam, India, Kazakhstan, and Australia; Russia, the sub-regional great power in North Asia, will be discussed separately later. SSGPs include Thailand, South Korea, Uzbekistan, New Zealand, Malaysia, and Pakistan. North Korea, Papua New Guinea, Turkmenistan, Bangladesh, Myanmar, Laos, Cambodia, and Singapore should be categorized as SSCCs. The remaining countries belong to the SSMP category.

A blueprint for neighborhood diplomacy

Given the unstable political situation within many Silk Road countries, and the fact that B&R is a long term strategy, China, besides inter-government relation, must develop ties with various parties in those countries, and pay attention to public diplomacy as well. In this regard, China can learn a lot from Japan, the United States, and European countries.

China needs to keep in mind that most programs and projects for cooperation should be proposed by Silk Road countries. China should only choose some for cooperation; an active China with hundred of project proposals will scare its neighbors and cause many unintended consequences. Besides that, China also needs to conduct diplomacy differently according to the category each country belongs to.

The principle for SGP is "cooperation with balance". SGPs are often inclined to become global powers and worry about China's influence in their respective regions. To balance China, they would like to develop close ties with a global power (say, the United States). The United States, as a unique superpower, will be sure to take them as tools for balancing China in Asia.

Acting as a "balancer" is an iron-clad rule practiced by different hegemons in past centuries. Why doesn't China adopt that rule for itself?

China should apply this rule in different ways toward different SGPs according to their relations with China and America respectively. That is, counterbalance supplemented by cooperation toward Japan and India; cooperation supplemented by counterbalance toward Kazakhstan and Indonesia; equal measures of counterbalance and cooperation toward Vietnam and Australia.

For SSGPs, China should offer what could be called "sincere support with a limitation". Facing strategic pressure from SGPs, SSGPs need strategic support from China. China should support these countries sincerely and strongly, with the limitation that these countries are China's partners, not allies.

For SSCCs, China should carry out "whole support without guarantee". A few SSCCs are good at handling their relations with different global powers and finding the most beneficial status for themselves. Most SSCCs do not mind relying heavily on China, especially in regards to economy development and infrastructure building. Besides infrastructure construction, China should place importance on improving their soft capabilities, such as legal systems, medical conditions, and education.

For SSMPs, China needs to conduct "cooperation limited to certain fields and methods". For those states echoing the B&R positively, China should show sincere support through some projects proposed by the host states, based on careful evaluation. Some of these may become SSCC-like partners in the future. For those whose evaluations of B&R are not very positive, China should strictly evaluate proposed projects and only choose those that are low-risk. As to those states hostile toward B&R, China may let it be. B&R will last for at least eight years; China must have enough patience to see it through. Quality is better than speed.

Diplomacy toward "pivot countries"

To carry out B&R effectively, China needs to find some "pivot countries", by which I refer to those states having strong strategic ties with China and able to develop the model of B&R. They are mainly from the SSGP category, secondarily SSCCs. Neighborhood diplomacy should propel this process. Pakistan, China's only all-weather partner and with a population of 200 million, is one of the best candidates for a pivot country. Even so, projects for cooperation must go through feasible evaluations. China should slow down a bit on investment in Pakistan, as many failed programs will no doubt harm both bilateral relations and B&R. Thailand, Malaysia, New Zealand, and Papua New Guinea are other candidates for pivot countries; possibly Uzbekistan as well.

I will argue that it is Bangladesh, rather than Sri Lanka and Myanmar, that will grow to become a pivot country. Based on intensive bilateral military cooperation, solid political relations (perhaps only next to Sino-Pakistani relations in South Asia) and economic complementarity, China and Bangladesh may expect a rapid and huge increase of bilateral cooperation.

According to my analytical framework, Indonesia and Kazakhstan will not become pivot countries, though both are enthusiastic toward B&R. Their internal dynamics have created ceilings for bilateral political and economic cooperation. However, it's possible they could provide pivotal fields for cooperation.

Diplomacy toward Russia

Russia, the most important country in China's neighborhood diplomacy, deserve special attention. Russia plays an irreplaceable role for China when it comes to national security, international strategic collaboration, bilateral military cooperation, bilateral energy cooperation, and the construction of China's envisioned economic corridor and land bridge. Thus, some Chinese scholars advocate rebuilding the Sino-Russia alliance. I disagree — Russia always fails to maintain stable relations with the United States and Europe; it keeps strategic prevention toward China in many ways; and its civilian technology, economic structure, and GDP are all far behind China's.

If China and Russia form an alliance, China's loss will obviously surpass China's gains. Russia will dominate bilateral military cooperation while becoming China's burden, economically and technically. The United States, together with its allies, will shift its China policy from engagement with prevention to total prevention. That will be a disaster for China's foreign trade, inward/outward investment, technology imports, international education exchanges, etc.. Under those conditions, many Silk Road countries would hesitate to join international institutions led by China.

Russia always views itself as a part of the Western world and keeps its main economic and cultural links with the West. Putin has also expressed many times that it is impossible to form any formal military alliance with China.

Sino-Russian relations should benefit both B&R and China's peaceful rise. Generally speaking, Sino-U. S. relations will prevail over Sino-Russia relations, though Russia is crucial for China's neighborhood diplomacy.

◇◇ Appendix Ⅵ: Sino-ASEAN relations [1]

China's ties with the members of the Association of Southeast Asian Nations (ASEAN) remain stable and bilateral cooperation will likely deepen in the coming year. China is likely to accelerate its "the Belt and Road" (B&R) strategy, which will inevitably require cooperation with ASEAN countries. Meanwhile, China is willing to keep the South China Sea disputes stable.

On the economic front, an upgraded version of the ASEAN-China Free Trade Agreement was signed in November, 2015. However, negotiations on the Regional Comprehensive Economic Partnership (RCEP), which includes ASEAN members and the regional bloc's existing FTA partners, will make limited advances to finalize an agreement, because some countries, like India, are reluctant to further open up domestic markets. In addition, economic dyads without bilateral FTAs, like China-Japan, South Korea-Japan, and India-Australia pose another obstacle. Generally, though, China-Southeast Asia relations will be improved next year, with more economic and cultural cooperation between China and ASEAN.

In the security realm, multilateral security cooperation, like joint military exercises based on the existing exericses between China and Malaysia, is likely.

---

[1] Xue Li and Xu Yanzhuo, "A Preview of China-Southeast Asia Relations in 2016", *The Diplomat*, January 8, 2016.

Meanwhile, tensions in the South China Sea may continue to flare up in 2016, but not as intensely as in 2015. Laos, which maintains friendly ties with China, holds ASEAN's rotating presidency in 2016 and is unlikely to comment on the dispute in high-profile ways, such as a chairman's statement (as happened in Kuala Lumpur in 2015).

Negotiations on the Code of Conduct in the South China Sea might make some progress in 2016. If Tsai Ing-wen, chairwoman of Taiwan's Democratic Progressive Party, is elected to be Taiwan's leader in January, China believes she will pursue *de jure* independence. In this case, China's maritime priority will shift to the East China Sea, especially the Taiwan Strait, which means China will take on a more restrained approach in the South China Sea. China will finish its construction on civilian facilities on expanded reefs and rocks to provide public goods to the region, including the two lighthouses brought into service in 2015. However, the possibility of further massive land reclamation is extremely low.

Probahly In the first half of 2016, the arbitration tribunal will make a decision on the case launched by the Philippines. The tribunal is likely to support some of its claims, which could trigger a new diplomatic crisis between Beijing and Manila. At the same time, the United States will likely support the Philippines, its treaty partner, to some extent, while ASEAN's members will remain at odds on whether to support the international trihunal decision. Additionally, a new Philippine president will take office in June 2016; this leader might take measures to ease the current tensions with China, which could bring both parties back to the negotiating table.

The main reason for regional tensions in 2016 will shift from land reclamation to the Freedom of Navitation Operations (FONOPs) launched by the United States. The United States will continue to carry out Freedom of Navigation Operations in the South China Sea, especially in the first half of 2016, which could strain Sino-U. S. relations and spark further debate on the legal status of the disputed waters. Are these areas territorial seas, exclusive economic zones (EEZ), or international waters? In turn, China may respond with a more assertive approach because it regards such U. S. military behavior as escalatory action.

Since the HD-981 oil rig incident, the South China Sea issue has developed along three layers: the balance between great powers, mainly China and the United States; the relationship between China and ASEAN as a whole; and the disputes between China and ASEAN claimant states. Currently, the dynamic is such that the ASEAN claimants stay behind the scenes while the United States takes center stage. This indicates that the United States has changed its stance on the South China Sea, from taking no position to acting in favor of some claimant states. To extend the stage metaphor, Washington's role has shifted from being a director to being both actor and director. Since 2015, the United States has further pushed China to clarify its claims in the South China Sea by conducting FONOPs. This decision reveals Washington's misjudgment toward China's South China Sea policy.

Washington should realize that China's ambitions in the South China Sea are limited and that Beijing has long pursued a restrained approach. China has never explored any oil and gas in the Spratly Islands and has even tolerated the claimants' driving away, arresting, or even shooting Chinese fishermen. Currently, the land reclamation is compensation, in order to establish an appropriate presence from China in this area. That, in turn, lays the foundation for future solutions, compromise, and cooperation. Beijing never intends to escalate the disputes, as doing so might impact the implementation of the B&R strategy, especially the Maritime Silk Road in Southeast Asia.

China is learning to be a global power, and maintaining freedom of naviga-
tion and overflight is compatible with its national interests. It is also willing to
play a greater role in the solution of the South China Sea disputes, such as the
negotiation of a COC. However, China prefers to hold talks with ASEAN's mem-
bers (rather than ASEAN as a whole), and sign the COC based on a concensus,
instead of negotiating with the drafts having been discussed by the United States
and ASEAN in advance. In that way, both parties can improve the weakness in
China-ASEAN relations.

◇◇ Appendix Ⅶ: China and main powers in Asia①

China is leaping into "the Belt and Road" (B&R) era — a reference to the
Silk Road Economic Belt and 21st Century Maritime Silk Road. In 2014,
hundreds of meetings related to B&R strategy were held in China. Entering
2015, provincial governments discussed the implementation of the strategy in lo-
cal National People's Congress and local Chinese People's Political Consultative
Conference sessions. In response to these demands, the national B&R plan will
probably be published soon. As China enters the fast lane of B&R development,
it should seriously examine the neighboring diplomatic environment in order to
discover any gaps in this strategy. One such gap is the need for a diplomatic
strategy targeted at neighboring Asian powers.

Asia is undergoing a major transformation, from the region with the world's
fastest economic growth to one facing the most dramatic changes to the political

---

① Xue Li and Xu Yanzhuo, "China Needs Great Power Diplomacy in Asia", *The Diplo-
mat*, March 12, 2015.

situation. China is the driving force and reason for this transformation and will face the most serious test from this change. If China can't respond properly, the B&R strategy, as well as China's rise, could suffer a serious setback.

Historically, rising powers used to engage in land battles with opponents in order to control as much land and the surrounding waters as possible and become the strongest land-based empire. But in the maritime age, rising powers instead relied on establishing colonies and building a trade network between these colonies and the mother country. Because of this, building an unrivalled naval fleet was critical. The United States, which became the world's most powerful country after World War II, was influenced by a century and a half of isolationism and mercantilism. Its way of governing the world was not to expand its territory, but to protect the free trade system. This was a major purpose behind establishing the Bretton Woods institutions, the General Agreement on Tariffs and Trade and the World Trade Organization, and even the United Nations itself. It was also a driving force behind the establishment of U. S. overseas bases.

Under the free trade system, the U. S. could show it comparative advantage in the economic sphere, and come to dominate and control the world market. This also made it easy for the U. S. to export its values. In the 21st century, America's comparative advantage lies in the service sector, so it strongly pushed for free trade in services (with bilateral investment treaty as the primary model). When it comes to the trade of merchandise, the U. S. emphasizes "fair trade" as it seeks to promote domestic re-industrialization.

Against this backdrop, China has become the world's second largest economy and is likely to be the largest by 2030. China has laid the economic foundation for developing into the world's number one overall power. No matter whether China can replaced America's global role and status, becoming the most powerful country in overall terms will mean China has realized "national rejuvenation. "

Since the 1990s, China's diplomacy has centered on partner relationships, built on the foundation of a non-alignment policy. China thus maintained good o-verall relationships with neighboring countries. However, that foreign policy approach fit with the period of "keeping a low profile" (tao guang yang hui) . The current situation is different: the U. S. is pursuing a "rebalance to Asia-pacific"; Japan accelerating steps toward national normalization; India's economy is growing rapidly. In the eyes of neighboring Asian countries, China's rise isn't entirely positive; their wariness toward China is increasing. In response to the situation, Beijing has put forward its B&R strategy. The goal is threefold: to deal with the U. S. through "new type major country relations," to build several routes for the Maritime Silk Road, and to set up an interconnected, interoperable system on the Eurasian continent (particularly in the central and eastern regions) .

However, Beijing knows quite well that it cannot be like the U. S. , acting as a "neighbor" to nearly 200 countries around the world. To seek the power and influence of a global power, one must first have a good strategy for the regional situation. When it comes to regional diplomacy, China has moved from viewing itself as simply as East Asian country to an identity as part of Central Asia and a main power on the Eurasian continent. This means China is clearly returning to a traditional regional focus: paying attention to all of China's neighbors rather than some of them.

The issue is that China has a large number of neighboring states. It is bordered by 14 countries, and has more than 30 "neighbors" if we count nearby states that don't actually border China. Considering the huge differences among these neighbors, China cannot (and should not) use a single principle, standard, or policy in implementing its B&R strategy. In other words, Beijing must to categorize these countries in order to find a balance between its own diplomatic policies and the demands of its neighbors. Generally speaking, this categorization results in a threefold policy.

For the medium and small countries, it's best to use the principles agreed on in 2002: building friendship and partnership with neighboring countries; building an amicable, tranquil and prosperous neighborhood; a new security perspective of mutual trust, mutual benefit, equality and cooperation; and jointly building a community of common development and shared interests. For those ASEAN states who are claimant in the South China Sea, these principles can still work. China needs to handle South China Sea issue under the China-ASEAN framework and to "manage differences and strengthen cooperation." To this end, China must develop a "dual-track approach" and accelerate the formulation of a South China Sea Code of Conduct.

The second group involves neighboring "pivot states." Here, pivot states must have two characteristics: reliability and a certain amount of strength. Accordingly, countries that hope to become "pivot states" for China are often not the strongest states in their sub-region; they are secondary or even small states. Pakistan in the southwest, Cambodia and Singapore in the southeast as well as Turkmenistan in western Asia all need China both economically and strategically and wish to be considered as "reliable" by Beijing. Thus, they are very likely to become pivot states. Uzbekistan is the most populous country in Central Asia; however, it resists regional integration and frequently stalls cooperation in the Eurasian Union and Shanghai Cooperation Organization. As a result, this state could hardly become a pivot state for Beijing. South Korea, Thailand, Myanmar, and Malaysia also need China economically and to some extent strategically. These countries could become pivot states as well.

But because these states have limited power and influence in their respective sub-regions , it will be difficult for them to play a leading role in their neighborhoods. These states are an important object of the B&R strategy. However, China can only offer financial support (based on strict assessments) for the projects proposed by those countries. China cannot do everything for these countries.

The group that needs special attention are the neighboring great powers, that is, the most powerful countries in their sub-regions. Although Russia is a comprehensive strategic partner to Beijing, it won't be discussed here as it is not as Asian country. West Asia lacks a true regional power; Iran, Saudi Arabia, and Turkey each only have partial strength in specific areas. But Kazakhstan to China's west, India to the southwest, Indonesia to the southeast and Japan to the northeast are all classic sub-regional great powers (of course, this doesn't mean that their status is limited to their respective sub-regions) . is all typical sub-regional great power. Yet when it comes to these countries, China's current diplomacy lacks a systemic approach.

Great powers are indispensable in global affairs and their role cannot be replaced by medium and small countries. Similarly, the role of regional power in solving regional issue cannot be replaced by other states. Therefore, China must take these states seriously in its B&R strategy. What should Beijing do?

U. S. experiences in global governance can provide some suggestions to China. Generally, the U. S. supports the second greatest power in each region, setting up alliance with them or providing security to them when necessary, in order to balance out the dominant power in this region. At the same time, Washington maintains frequent interactions and establishes close economic and cultural ties, sometimes even military communication, with the largest powers, both to secure mutual benefits and to ensure the U. S. has ways to influence these regional powers. Setting up institutions and platforms (such as the U. N. Security Council and the G20) that can be used to influence major countries is another prominent characteristic of U. S. global governance.

The four countries listed above are the greatest powers within their sub-regions and have more influence in regional affairs than the other countries. They have close economic ties with China but have kept their distance from Beijing on security issues. At the same time, they have close security relationships with great powers outside of the region.

But these sub-regional great powers have different features. Kazakhstan, undoubtedly the strongest country in Central Asia, has a relatively developed economy and is positive toward the Silk Road Economic Belt. Long-serving President Nursultan Nazarbayev has strategic vision and fresh ideas for regional cooperation. In 1992, he pushed for establishing CICA as Asia's collective security mechanism. In 1994, he proposed the Eurasian Union.

Meanwhile, Indonesia, the world's largest Muslim country, has a stable political environment and has kept up a growth rate of more than 5 percent for the last decade. Indonesia is expected to become a powerful leader in ASEAN. In terms of security issues, this country has a louder voice than the other ASEAN member states. Its ambition of becoming a maritime power meshes will with the Maritime Silk Road strategy.

Japan will retain its status as a global economic heavyweight. Its medium-term national policy focuses on promoting national normalization through strengthening Japan-U. S. relations. Recognizing China's rise (and concerned about a corresponding decline in Japan's influence on Asian affairs), Tokyo remains cautious about strengthening political and economic ties with China while it makes effort to keep its influence in Asia.

India, with unrivaled cultural confidence and high political ambitions, has always been eager to become an strong state with power an influence, one free of external interference. Recently, India has been strengthening its economic ties with East Asian countries and seeking a greater voice in Asian affairs.

Each of these countries faces obstacles to becoming a comprehensive leader in Asia: a marginalized location; small territory; fairly low GDP (with the exception of Japan); limited political influence. By contrast, China has overcome the above issues and is still rapidly rising.

As a result, in the process of carrying out its B&R strategy and conducting neighborhood diplomacy, it is both necessary and reasonable for China to carry out Asian great-power diplomacy targeted at these four countries. By doing so, China can display a new type of international relations, with win-win cooperation as the core. Considering the economic status of these five countries, it is worthy considering founding an "G5-Asia" to strengthen economic ties among this group, thereby promoting overall Asian economic cooperation.

In the end, B&R and neighborhood diplomacy are long-term strategies and should not be limited to economics. When it comes to military and security affairs, mechanisms for cooperation among these five countries still aren't mature enough. However, there's no reason not to strongly promote cultural cooperation.

Even if the overlaps of different civilizations in Asia used to serve as a main cause of wars and conflicts, we still can view it from an optimistic perspective: this diversity is Asia's pride. Asia has served as fertile ground for many different cultures, ultimately breeding most of the world's major civilizations. After hundreds of years' worth of religious and civilizational strife, it is time to explore the coexistence of different civilizations. In this respect, Asia is the world's best testing ground and could see a breakthrough in solving religious and historical problems. Therefore, China should push for cultural exchange mechanisms, like an "Asian Civilization Dialogue".

◇◇Appendix Ⅷ: Sino-Japanese relations [1]

After a three year hiatus, China, South Korea, and Japan resumed their trilateral summit at the end of 2015, which would seem a step forward in improving political and economic relations among the three countries as well as keeping peace and stability in Northeast Asia. However, problems between China and Japan will prevent further improvements. For the foreseeable future, China-Japan relations will probably remain lukewarm to cold rather than being truly friendly. Expect political zigzags ahead.

After three decades of its reform and opening-up policy, China's comprehensive national power and international influence have risen enormously. It's the right time for China to adjust its identity and diplomatic strategies. Therefore, the new Chinese government has proposed "the Belt and Road" strategy (B&R), the top-level design for China's foreign relations, which will consequently shape China's foreign strategy in the coming years. From now on, China will again view itself as a central country in Asia writ large, as well as a main power on the Eurasian continent, instead of merely an East Asian country.

Based on that, China has obviously strengthened its diplomacy toward neighboring countries. Now China needs to discover which relationships have the most potential. It's easy to see how most of China's neighbors fit in to the B&R plan.

---

[1] Xue Li and Zheng Yuwen, "Japan's Declining Place in Chinese Diplomacy", *The Diplomat*, March 16, 2016.

But what about Japan?

When it comes to Northeast Asia, South Korea has become China's key sub-regional partner. In contrast, China-Japan relations are no longer as important as they were in the 1980s and 1990s when Japan was a very important country-behind only the United States — for China. Japan now has fallen behind Russia, Kazakhstan, Pakistan, ASEAN, and South Korea on China's diplomatic priority list. This situation will continue in the foreseeable future, thanks mostly to Japan's own foreign policy.

Since assuming office in 2012, Prime Minister Shinzo Abe has taken several steps unacceptable to China, from stirring up historical issues by visiting Yasukuni Shrine to working to eliminate Article 9 of the Japanese Constitution, despite steep public opposition in Japan. Abe has also adopted a confrontational attitude on B&R, meaning the Chinese government cannot expect Japan's participation on Beijing's top foreign policy priority. There are structural contradictions between B&R and Japan's current pursuit of "national normalization." Lacking common strategic goals and therefore the necessary strategic mutual trust, it is impossible for China-Japan relations to truly warm up.

However, China and Japan won't witness the reduction of economic ties, which would be obviously harmful for both. Both sides will try to keep their economic relations stable. When political relations affect economic ties, China and Japan may take action to warm things up, as we saw with the "four point consensus" reached on November 7, 2014, followed by two meetings between Xi Jinping and Abe in the following six months. But these temporary fixes won't really cure the disease of bilateral relations; the situation probably won't change until Abe finishes his term. In other words, don't expect major progress (like the completion of a China-Japan-South Korea free trade agreement) during the Abe administration.

What can two sides do, then? If strategic cooperation isn't a possibility, they could try to promote functional cooperation in specific fields. Japan would benefit from cooperating with China on technologies like unmanned aerial vehicles (UAV), high-speed rail equipment, communication standards, and so on. Meanwhile, Japan still has comparative advantages in fields such as energy conservation and emission reductions, urban public transportation management, and waste management.

Japan and China could also try to cooperate in third countries. For example, they might cooperate in infrastructure construction in the Indochinese Peninsula, which could indirectly bring Japan into the B&R initiative.

◇◇Appendix Ⅸ: Sino – Thai relations[①]

In 2006, 18 Asian countries signed the Intergovernmental Agreement on the Trans-Asian Railway network. The ASEAN branch line starts in Kunming, China and ends in Singapore.

This project has met with a number of obstacles. After China and Thailand agreed to launch the "rice for high-speed rail" deal in 2013, the two sides conducted several rounds of negotiations. They also agreed a packet of intergovernmental deals on the direction, speed, track gauge and means of investment and implementation.

However in late March, the Thai government decided to go it alone in build-

---

① Xue Li, "Feasibility, Profitability shouldn't be Ignored in Assessing Thai-Chinese Rail", *Global Times*, April 5, 2016.

ing a section of the original Thai-Chinese railway project, between Bangkok and Korat, without getting loans from China. Thailand says the budget of 190 billion baht ($ 5. 39 billion) China suggested is 20 billion baht higher than necessary. Besides, Thailand finds it hard to ask China to slash the interest rate from 2. 5 percent to 2 percent. The lower interest rate is the one China gave to the Jakarta-Bandung high-speed rail project. The Thai side believes the higher rate cannot reflect the friendship between Beijing and Bangkok.

There are three main routes from Kunming to Bangkok. The central route via Laos is the shortest, the western route via Myanmar is a bit longer, and the eastern route via Vietnam and Cambodia is the longest. Taken into consideration the distance, economic development along the route and political stability, the central route is the best option.

The Thai government's decision means the route between Vientiane and Korat will be disconnected from the rest. If China wants to build a railway between Kunming and Bangkok, it has to take the longer eastern or western route.

Now that the railway between Kunming and Vientiane is under construction, Thailand believes it is reasonable to ask the Chinese side to reduce the costs and offer the same interest rate as it did in the Jakarta-Bandung project. Moreover, the high-speed rail from Chiang Mai to Bangkok is a Japanese development aid project with the interest rate of only 1 percent.

Now the ball is at China's side. As China has begun to implement the "Belt and Road" initiative, it is bound to meet various challenges. But China should stick to certain principles and bottom lines.

For a big country like China, neighboring countries are important to China's national interests, but China does not have to woo any single country or beg for any single project. If a neighboring country hesitates on a joint project with China, China can afford to wait.

A distinctive feature of "the Belt and Road" initiative is that it advocates mutual benefit through cooperation. Countries along the route are mostly developing ones with more investment risks than mature market economies. We emphasize the safety and mobility of funds during transactions, but profitability is also important.

In terms of China-Thailand railway projects, experts estimate China's domestic railway projects get loans at an interest rate of 3 to 4 percent and the Export-Import Bank of China grants overseas projects at an interest rate of at least 3 percent. Therefore, the 2. 5 percent rate is already quite favorable. It is unreasonable to compare China's loan rate with that of Japan's. Japan has been pushing interest rates at a low level for years. Now it has even entered an era of zero or negative interest rates. This cannot serve as a universal example. The exchange rate of yen is at a low ebb, and is more likely to appreciate than the yuan, as a result of which Thailand will have more pressure to repay the loans in the future.

It is likely that the Jakarta-Bandung high-speed railway will be built at a loss and China has no intention to make this a routine practice. Countries along the "Belt and Road" route should realize that the projects conducted under the initiative are commercial ones and stick to market principles.

When pushing forward "the Belt and Road" initiative, China should bear in mind that for specific projects, countries along the route should act as initiators and China as a coordinator. China should take into account the feasibility and potential profits of these projects, and choose proper ones to collaborate. As the initiative is a medium and long-term one, there is no need for China to rush for quick results.

China is right to insist on the interest rate originally offered to Thailand. If it compromises as Thailand demands, it will set a bad precedent that will create a negative impact on further projects with other countries along the "Belt and Road" route.

◇◇ Appendix Ⅹ: Sino-Myanmar relations [1]

In February 2015, armed conflict broke out again in Kokang, displacing 100, 000 people from their homes. While most fled to relatively safe places in Shan State, or other neighboring states in Northern Myanmar, tens of thousands fled to China. In its hostilities with the Myanmar National Democratic Alliance Army (MNDAA), the Myanmar military has relied more on air strikes than in the past. Myanmar fighter planes have sometimes also crossed over into Chinese airspace. For example, a fighter plane dropped bombs inside the Chinese border on March 13, killing five people and wounding eight. Faced with public outrage, China responded with tough rhetoric.

With large numbers of refugees crossing the border and citizens getting injured or killed, the conflict cannot be solved through usual diplomatic means. Chinese citizens are demanding that China adopt stronger measures in response, but China has yet to resort to a military solution. Its response has included the reinforcement of border controls, negotiations with the Myanmar government, and involvement in the seventh round of ceasefire negotiations. What should China do next? To answer this question, we need to carefully review the history and current state of affairs in Kokang.

---

[1] Xue Li, "Can China Untangle the Kokang Knot in Myanmar?" *The Diplomat*, May 20, 2015.

The Root of the Conflict

Kokang, a 2000 square kilometer territory near the Chinese border, has a population of around 150, 000 people, 90 percent of whom are ethnic Chinese. Although those in Kokang account for only 7 percent of the ethnic Chinese population in Myanmar, they are unique among Chinese groups in the country, as they were defined as an ethnic minority by British India. The Kokang area is known for cross-border settlements of ethnic minorities, including Kokang Chinese, Kachin, Shan, Wa and Ta' ang, among others. Expectations of a high level of autonomy on the part of these ethnic groups date back to the signing of the Panglong Agreement in February of 1947. After the July 1947 assassination of General Aung San, who signed the agreement on the behalf of the Myanmar government, it was never actually implemented, thus becoming the root cause of the armed conflicts we witness today.

Kokang was first ceded to British India by China in an agreement signed in 1897. After its independence in 1948, Kokang became an ethnic autonomous area of Myanmar. The China-Myanmar Border Agreement of January 1960 clarified sovereignty over several contested areas, but Kokang was not included in this agreement. Practically speaking, from 1897 until the present, Kokang has been governed by ethnic Chinese.

Besides conflicts between the central government and local armed groups, which is a problem throughout northern Myanmar, Kokang also has seen conflict between different factions of ethnic Chinese groups. From 1989 to 2009, the primary factions were MNDAA leader Peng Jiasheng and his family and the Yang family. The last round of this conflict resulted in the withdrawal of Peng from the

Kokang area for several years. After the "August 8 incident" of 2009, Bai Suocheng replaced Peng Jiasheng as the leader of the Kokang, and the Kokang started to enjoy stability and economic development. Nonetheless, the Kokang people continue to suffer from discrimination.

The "August 8 incident" saw the vice commander of MNDAA collaborate with the Myanmar army to displaced Peng and his family. Peng, who had controlled Kokang for 20 years, was easily defeated for several reasons. After consolidating power, Peng attacked dissidents, engaged in nepotism, and encouraged drugs and gambling (earning Kokang the nickname "little Macau"). Revenue from Kokang business activities went into the pockets of the Peng family. Most people in Kokang did not benefit from his rule, and increasingly sought his removal.

Bai on the other hand, had seen some achievements. Steps to control drugs in the region moved slowly since 1991. After Bai was in change of druy control, he realized full control over drugs in Kokang at the end of 2005, for the first time in over 200 years. Since 2009, he has encouraged agriculture (mainly sugarcane), water conservancy projects, and Burmese language education. By 2012, sugarcane had become the second largest industry in Kokang, next to gambling. At the present, many projects, including 125 cross border industrial parks, are under construction. These will contribute greatly to economic development in Kokang.

After leaving Kokang, Peng traveled around Thailand, Malaysia, and Singapore for several years. In 2012 he reached out to the Kachin New Democracy Army (NDAK), and later also to the Kachin Independence Army. He was allowed to establish a base and train soldiers in Kachin State, and began planning to return Kokang. By the end of 2014, he had built an army of 1000 men under the name of the MNDAA. With general elections just around the corner at the end of

2015, Peng saw his opportunity. After several of his soldiers were killed on their way back to home base, Peng responded by launching an attack against the Myanmar army stationed in Kokang on February 9, and managed to temporarily take control of the capital of Kokang. He released "a letter to the global Chinese community" on February 13 in order to influence public opinion. As a result, many Chinese believe that this is a war between the Myanmar government and Kokang Chinese. After Chinese citizens were killed by the Myanmar army's airstrike, public anger was further aroused in China. Many Chinese now demand a strong response from the Chinese government.

In fact, the real conflict is between Peng and Bai, and Peng and the Myanmar government. Peng has been active in Kokang for decades. The secret of his success has been to change partners at the right time. He worked with the Myanmar government, the Burmese Communist Party, the Chinese Nationalist Party, the Taiwan government, and with many local armed groups. The only common thread is his pursuit of his personal interests.

Peng is certainly no friend of China's. He allows drugs and arms smuggling, which are forbidden by the Chinese government. He was wanted by the Chinese police in the 1980s and 1990s and many of his drug dealers were arrested by Chinese police. Before August 2009, he even provided weapons to separatists in Xinjiang and Tibet. Peng was willing to do anything to survive, but his acts have nothing to do with protection of the Chinese people. His actions this time are resulting in little more than the destruction of Kokang. Large-scale and long-term armed conflict will only devastate livelihoods and cause large numbers of refugees. If Kokang held elections, Peng would undoubtedly lose.

How China Should Respond

The Chinese government has responded so far by observing the situation, while preventing the larger conflict from crossing over the border into China. Still, the armed conflict has jeopardized the lives and property of Chinese citizens, with more misfired shells from Myanmar injuring Chinese citizens on May 14.

The current response from China has many disadvantages. If more citizens are killed, the Chinese government will find it hard provide an outlet for public anger. Moreover, the conflict jeopardizes the implementation of "the Belt and Road" strategy in Myanmar. In many ways, Myanmar will be a pivotal country for the strategy, but the ongoing conflict is impacting China-Myanmar relation. Many in Myanmar, citizens and media, believe that Peng was armed by the Chinese government to take back his territory.

The Chinese government needs to create more favorable environment for peace in Kokang. First of all, the Chinese government needs to demand that Peng drop his weapons and negotiate with the Myanmar government. The Myanmar government needs to provide a reasonable arrangement for Peng. U Thein Sein has been implementing a reconciliation policy for the past few years. He is willing to offer a way out for local armed groups. With the support of China, Peng can also find a way out of the conflict.

If Peng refuses to negotiate, China should increase military, technological and financial support to Myanmar to defeat Peng. Plus, China should strengthen control over exported arms to cut the weapons supply to Peng. Both Myanmar's national army and local armed groups have many weapons from China, proof that China needs to better control its arms exports.

Finally, China should use the advantages of the Kokang area, and make it a model for implementation of the Silk Road and the Maritime Silk Road Strategy. A prosperous Kokang can benefit both China and Myanmar. Establishing a Kokang Special Administrative Area (a step forward from the current autonomous area), where the Myanmar government is only responsible for defense and diplomacy, might be a viable solution. This will need Myanmar's government to genuinely implement the Panglong Agreement, and to go beyond the 2008 constitution, which is not recognized by local ethnic minorities.

An autonomous Kokang can provide economic benefits. It can also set an example for Wa and Kachin States. For the Chinese government, a stable Kokang is beneficial to the Bangladesh-China-India-Myanmar Economic corridor, oil and gas pipelines, and other transportation infrastructure, and allows for the protection of ethnic Chinese in the area.

(translation courtesy of Jason Tower)

◇◇ Appendix XI : Sino-Latin relations [1]

The First Ministerial Meeting of China-CELAC Forum, held in Beijing in early January 2015, was undoubtedly a successful one. More than 40 ministerial-level officials from 33 member states of CELAC participated in the meeting, while the heads of Venezuela, Ecuador, Costa Rica, and Panama attended the opening ceremony. Panama's President, Juan Carlos Varela, suggested elevating the next

---

[1] Xue Li and Xu Yanzhuo, "Why China shouldn't get too Invested in Latin America", *The Diplomat*, March 31, 2015.

meeting to heads of state and government level.

The meeting launched three outcome agreements, including the China-Latin American Countries and Caribbean States Cooperation Plan (2015 – 2019). China signed a $20 billion joint project loan agreement with Venezuela and a $5.3 billion loan agreement with Ecuador. Beijing also agreed to establish special economic zones in Costa Rica. Additionally, President Xi Jinping pledged in the opening ceremony that China will provide 6000 scholarships and 6000 training opportunities to member states of CELAC in five years, and will invite 1000 party leaders from Latin America to China, as well as training thousands of Latin American youth leaders through the "bridge of the future" project. So far, the pledges that Chinese President Xi Jinping made during his visit to Latin America last July have been successfully fulfilled.

China's "the Belt and Road" (B&R) strategy strategically targets developing countries. As the China-CELAC forum was held at the beginning of the year, the Chinese government considered this forum "the first international event of its all-around diplomacy". The forum launches a new cooperative mechanism between China and developing countries, following its cooperation with Africa, the Arab League, the Gulf Cooperation Council, and ASEAN. With the establishment of the China-CELAC forum, China has covered all its bases, setting up cooperative mechanisms with groups of developing countries all over the world. The next step will be to strengthen each cooperative mechanism and to enhance the level of cooperation — for instance, expanding the business forum into a comprehensive forum.

China has experienced a diplomatic transformation. In practice, Chinese diplomacy has evolved from "keeping a low profile" to "striving for achievement" as Zhao Kejin and Yan Xuetong put it. Xu Jin described the change as a switch from practicing diplomacy toward great powers to practicing diplomacy *as* a great power. China's B&R foreign policy is a result of these changes.

So what is Latin America's role in China's international strategy? Will it become another important destination of the 21st Century Maritime Silk Road, just like Africa?

Culturally, Latin America has been part of Western civilization. Geographically, it borders the U. S. , thus the regional economies are closely tied to the United States'. Some Latin American countries rely on the U. S. for security or are deeply influenced by the U. S. Meanwhile, the U. S. considers Latin America as its "backyard" and has a great impact on some Latin American countries' domestic and foreign affairs. U. S. influence is wielded through the Organization of American States (OAS), the Inter-American Development Bank, bilateral economic cooperation and assistance, multinational corporations, military aid, and even military intervention.

When it comes to Latin America and the Caribbean, U. S. tolerance for China to expand partnerships and economic interests within this region is one thing; the development of military and security ties is quite another. Conversely, China could set up security and military alliances with African states if necessary, as that continent is far less influenced by the U. S. and Europe.

Both Latin America and Africa are less important than Eurasia in China's B&R strategy. And the China-Latin America relationship is of less significance than China-Africa ties, considering the factors of geographical distance, the United States' great influence, weak economic ties, cultural differences, and a lack of ground transportation. Additionally, the relationship between China and Africa has developed for more than half a century, while economic ties between China and Latin America have only developed in the past two decades.

Furthermore, the establishment of diplomatic partnerships indicates that China will not set up military alliances with Latin American countries. Political ties with countries in this region are also shallow. China and Brazil just started deepening their bilateral political ties, for example. China's political relationship with Cuba has only limited effect and is not stable. Meanwhile, Chinese culture has little influence in Latin America and this phenomenon is unlikely to change in the short run.

To sum up, the potential for China-Latin America relations lies in their economic interactions, mainly investment and trade. Since the relationship between China and Latin America focuses on economic ties, generally Beijing should make decisions according to economic logic and pay attention to risk control. China's investments in Latin America can be low-profit or even zero-profit, but should not result in big losses. Thus, China's Latin America strategy under B&R will focus on three points:

First, identifying priority partner countries. CELAC has 33 member states. China has neither the capability not the responsibility to develop deep investment and trade relations with each member state. It can only select economic cooperation (mainly referring to investment) with key countries based on its own national interests. The governance capability, economic development level, and legal system is different in each Latin American country. Some countries have weak economic structures, such as a high dependence on exports, particularly of a single product, or have budget shortfalls. Generally, these kinds of countries with financial "black holes" are not considered as key cooperation partners. Based on purely economic logic, Uruguay and Trinidad and Tobago should be regarded as key investment destinations for China. In terms of overall national strength, China should pay attention to Argentina. If the key factors are political stability, economic potential, and resources, China may prioritize relations with Bolivia, Ecuador, and Chile.

Second, identifying priority cooperation fields. Some countries are potential energy partners, such as Ecuador, Venezuela, and Trinidad and Tobago. Others — for instance, Chile and Peru — can cooperate with China on mining projects. Costa Rica and Nicaragua can work with China on special economic zones; some other countries can be regional trade hubs, such as Mexico and Chile. Beijing can also expand political relations with Brazil, mainly through BRICS, and explore the establishment of a free trade zone with Mexico.

Third, paying attention to risk control. No single Latin American country is an indispensable economic partner for Beijing, given that China is a super economy. It is not necessary for China to invest too many funds and resources into any one. The majority of China's oversea investments come from large state-owned enterprises, who are more capable of resisting political risks than their Western counterparts. However, even China's SOEs cannot fully avoid political risk in Latin America. Thus, it is necessary to conduct regular risk assessments and set up a "stop-loss point" for investments and loans in Latin America. Take Venezuela as an example-China's investment and loans in that country amount to more than $ 70 billion. Considering the state's political and economic situation, it is inappropriate to further increase the amount of investments and loans. In short, China should guard against bad debts.

CELAC cannot play a significant role in China's global diplomatic plans; for China, it is less important than Africa. China-Latin America engagement mainly focuses on the economic aspect and the potential for bilateral trade. Latin American countries will emerge as new destinations for China's rapidly growing foreign investments. However, Chinese investments in Latin America mostly come from national funds, which are implemented by state-owned enterprises, the State Administration of Foreign Exchange, and the sovereign wealth fund. That in turn implies that a significant proportion of these funds come from foreign exchange reserves; thus China cannot be too cautious in emphasizing economic rationality and risk control in these investments. In order to improve financial efficiency, China may also found Sino-Latin America development funds based on market-oriented operations to increasingly support private enterprises when they go to Latin America.

Beijing is not expecting to make a fortune on China-Latin America economic and trade relations, but neither can it suffer a big loss. China can tolerate short-term financial costs but cannot ignore the long-term economic balance; it can properly take political considerations into account, but cannot be purely politically-driven. In short, when it comes to Latin America, China has the money, but must be cautious when it comes to spending.

后 记

　　我的研究领域是中国战略、中国外交、能源政治与海洋问题，过去两年里重点研究"一带一路"与南海问题，包括全球战略、区域战略、双边关系、国别问题①、中国外交转型、中国和平崛起中面临的主要内外挑战、如何应对南海问题有助于中国实现和平崛起。本书收集的就是这方面的学术论文、深度战略评论、一般时事评论、演讲记录、采访记录等。在研究的过程中，主要从战略与外交视野着手。这便利了作者按照学术专著的框架分类安排文章，但有些文章并非按照学术专著的章节要求统一写作，因此，全书在体例上不够统一，而且有些环节与议题没有涉及。未来三年，我的研究将围绕"一带一路与中国外交"这一创新工程项目进行。在此过程中，将弥补这些研究短板，并对一些议题做进一步的研究。

　　在研究写作、组织会议、参加会议等工作中，笔者得到了多方面的支持：中国社会科学院世界经济与政治研究所领导、中国社会科学院国际合作局领导与同事、本所同事、国际战略研究室同事、国际关系学界同仁、刊物与网站的编辑与记者。对于我求教过的诸多专家学者，特别是那些我

---

　　① 笔者并非国别问题专家，深知自己很难写出深度与新意，最好不碰这些议题，但研究工作需要涉及某个具体议题，或因为种种原因对某个具体议题感兴趣，希望做个初步研究。作为补救措施，在写此类文章前，除了自己大量阅读相关材料外，还向相关国别与领域的知名研究者请教，通过交流深化自己的认识，写出初稿后再请他们过目，提出修改意见。笔者较少涉及此类问题，收入本书的只有 7 篇。

冒昧求教的对象，在这里无法一一列出，但他们的慷慨帮助与奉献，我铭记于心。由于他们的帮助，我避免了许多知识硬伤，深化了对一些问题的认识，领受到了获得新知的愉悦。感谢这些文章原发表单位及其责任编辑。如果说这些文章有一点小影响的话，离不开他们对文章的精心编辑。有些文章是他们与作者反复沟通、修改的结果。在此过程中，作者对一些问题的认识得到深化。

感谢拨冗为本书作序的中国社会科学院国际研究学部主任、院学部委员张蕴岭研究员。他在国外出差时收到我的作序请求，不但应允而且很快发来了序言。谢谢中联部李骁和中国社会科学院研究生院马文龙，两人帮我处理了书稿整理过程中许多烦琐的技术工作。没有他们的全力投入，这本书不可能这么快面世。有些文章的英文改写版发表在 The Diplomat、共识网英文网等，感谢这些英文文章的合作者徐晏卓、刘明懿、郑宇文、Jason Tower、Gao Dawei。英文世界的反馈促使我思考更多的问题，也促使我决心择机出版"一带一路"的英文文集。

需要说明的是，这些文章发表时，编辑出于版面安排、字数控制、吸引眼球等原因做了若干删节与调整，并使用了新的标题。本书中，全部使用未经过删节的原文，以便更为准确地体现作者的思想与希望传递的信息。

谨以此书献给薛谋洪教授。薛老师与我都来自福建省屏南县双溪镇薛家，属于同一祖，但不同房。薛家在双溪以出产读书人著称，从清代起就是如此，我这一房就有"兄弟明经、父子登科"的牌匾，迄今依然挂在南门埕高祖所建的老房子里。薛老师那一房也出了不少读书人。他家的老房子离我们家祖宅不到200米；但他在福州出生、长大，只是偶尔回双溪扫墓祭祖，且越到晚年乡思越浓。我不时带一些老家的相片给他，一边看一边聊天，一待就是好几个小时。

他很欣赏我的大伯父薛承健博士。大伯父比薛老师大七岁，在薛老师福州家中住过一段时间，给少年时期的薛老师留下的印象是：高大威武，篮球打得好，学习拔尖，还会一些乐器，是一个才华横溢、全面发展的人，是他少年时的偶像。其实，薛老师本人也非常聪明，是20世纪40年代的北大研究生（当时北大全校也就20来个研究生），参加工作后，无论是在朝鲜板门店参与停战谈判，还是在国际问题研究所从事国际问题研究，抑或是给领导撰写讲话稿，他都干得很出色，深得乔冠华等领导的赏识。现在与外交部的老人们谈起，都说薛老师是部里公认的才子。但他属于有才有棱角的人物，这样的人必然要经历一些挫折，与"右派"是标配。22年"右派"经历后复出，先后出任《国际问题研究》主编、外交部外交史编辑室主任兼《当代中国外交》编辑部主任、中国驻肯尼亚大使兼中国驻联合国环境规划署及联合国人类居住委员会常任代表。古稀之年受清华大学校领导的邀请创办清华大学国际问题研究所，后来又经唐家璇国务委员推荐成为西安交通大学经济与金融学院创院院长。他与宦乡、赵宝煦三人是国务院批准的全国首批国际政治类博士生导师，他任兼职教授的高校与研究机构有40多家。

我在这里想说的是：他是我进入国际政治行当的引路人。1998年秋天，在福州美海酒店的一席夜谈，对当时正寻找人生定位的我非常关键。当天夜里我就决定重入校园"再作冯妇"，以国际政治为后半生的志业。这些年他一直对我期勉有加，觉得双溪薛家在这一行总算有了继承人，稍稍弥补了他的两个儿子未能子承父业之憾（其实，这两位堂弟都是优秀人才，在自己的行当都干得很不错）。他说注意到了我发表的一些时评文章，觉得我有自己的想法，挺好，但也坦言对我的理论研究论文不感兴趣。转眼18年过去了，我已年过五旬，在国际关系这一行干得不亦乐乎，也获得了同行的初步认可。遗憾的是，他在迁延病榻数年后，于2016年年初仙逝。这本小书，权当献给他的一瓣心香。

最后，我要感谢本书的责任编辑王茜博士。书稿完成后到正式出版，还有大量的工作要做，其间的烦琐与巨大的工作量，每每让我头疼。而责任编辑则保证了这个过程的顺利进行并让书以合乎标准的形式呈现给读者。

薛 力

2016 年 5 月 3 日